지식 혁명으로 다시 읽는

산 / 업 / 혁 / 명

영국 산업 혁명의 지적 · 기술적 기원

송병건 지음

도서출판 해남

지식 혁명으로 다시 읽는 **산업 혁명**

영국 산업 혁명의 지적 · 기술적 지원

초판1쇄 인쇄 2018년 6월 15일
초판1쇄 발행 2018년 6월 20일

지은이 송병건
발행인 노현철
발행처 도서출판 해남

출판등록 1995. 5. 10 제 1-1885호
주 소 서울특별시 서대문구 충정로 38-12(충정로 3가) 우리타워 6F
전 화 739-4822 **팩스** 720-4823
이 메 일 haenamin30@naver.com
홈페이지 www.hpub.co.kr

ISBN 978-89-6238-124-5 93320

이 저서는 2014년 정부(교육부)의 재원으로 한국연구재단의 지원을 받아 수행된 연구임(NRF-2014S1A6A4026825)

감사의 글

4차 산업 혁명이 온 세상을 집어삼킬 분위기다. 초연결과 초지능을 핵심 특징으로 하는 전례 없는 혁명의 물결이 우리의 가까운 미래를 휩쓸 것이라고 한다. 사물 인터넷, 자율 주행차, 인공 지능, 3D 프린팅과 같은 새로운 기술이 인간의 생활을 전면적으로 바꾸어 놓을 것이며, 노동 시장에 극적인 변화가 발생해 직업의 지형도가 예상하기 힘들 정도로 급변할 것이라고 한다. 낙관적인 이들은 4차 산업 혁명의 시대가 오면 힘든 일을 기계에 맡기고 인간은 확대된 여가와 기본 소득을 가지고 자아실현에만 신경을 쓰는 유토피아가 올 것이라고 기대한다. 비관적인 이들은 대다수의 인간이 기계에 밀려 실업 상태에 놓이게 되고 인공 지능에 인간이 종속되는 디스토피아의 시대가 도래할 것이라고 우려한다. 또 다른 이들은 4차 산업 혁명이 어떤 모습으로 전개될지는 인간이 얼마나 현명하게 기술적 및 제도적 선택을 하느냐에 달려 있으니 낙관론과 비관론을 벗어나 현실의 구체적인 문제 해결에 힘써야 한다고 격려한다.

새로운 기술 진보가 만들어 낼 미래 사회에 대한 이런 논란은 이번이 인류사에서 처음이 아니다. 중요한 기술 진보가 이루어질 때마다 질적으로 다른 새로운 시대 – 긍정적이든 부정적이든 – 가 열릴 것이라는 예언이 학자, 기업가, 정치가, 작가의 입에서 쏟아져 나오곤 했던 역사를 우리는 가지고 있다. 특히 다수의 기술 진보가 동시적으로 발생했을 때에 이런 예언의 홍수는 극에 달했다. 사람들은 예언을 신봉하기도 했고, 무시하기도 했고, 혼동으로 휘둘리기도 했으며, 스스로 예언자가 되려고도 하였다.

이런 예언들이 모두 틀렸던 것은 아니다. 어떤 기술 진보는 인간의 생활을 규정하는 경제 체제와 사회 질서와 문화 양식에 지대한 영향을 끼쳤다. 가장 대표적인 사례를 오늘날의 역사가들이 1차, 2차, 3차 산업 혁명이라고 명명한 변화들에서 찾을 수 있다. 이 산업 혁명들 속에서 이루어진 핵심적 기술 진보는 세상에 엄청난 변화를 초래하였다. 18세기 후반 증기 기관의 개발로 상징되는 1차 산업 혁명, 19세기 후반 전기와 중화학 공업의 발달의 두드러졌던 2차 산업 혁명, 20세기 중반 컴퓨터와 인터넷의 확산이 초래한 3차 산업 혁명은 모두 역사를 바꾼 거대한 변혁이었다.

이 책은 1차 산업 혁명인 영국 산업 혁명의 기원에 관한 연구서이다. 2차, 3차, 4차 산업 혁명은 1차 산업 혁명의 연장선상에서 발생하였다. 그러나 1차 산업 혁명의 중요성은 단순히 시기적으로 다른 산업 혁명들에 앞섰다는 데에 머물지 않는다. 더욱 큰 의의는 1차 산업 혁명이 전통 사회를 근대 사회로 전환시켰다는 데에 있다. 후발 산업 혁명들은 이미 근대화된 체제 내에서 발생하였다. 그만큼 1차 산업 혁명은 역사적 대변혁의 선구로서 의미가 크다. 1차 산업 혁명은 또한 역사상 최초로 인류를 맬서스 트랩에서 벗어나 지속적인 경제 성장을 가능하게 한 사건이었다. 인구와 환경의 상호 작용이 굴레로 작용하여 일정한 소득 수준을 벗어날 수 없었던 인류가 처음으로 그리고 비가역적으로 생활 수준을 비약적으로 향상시키게 된 것이다.

그간 학자들은 후발 산업 혁명일수록 지식이 핵심적 역할을 했다고 유형화를 하였다. 이른바 지식 기반 경제 또는 지식 기반 사회의 출현을 강조하는 주장들이 이에 해당한다. 반면에 최초의 산업 혁명은 지식이 아니라 노동, 자본과 천연자원이라는 생산 요소의 증대에 의해 추동되었다고 말한다. 이 연구는 이 같은 해석이 타당하지 않다는 점을 밝히고자 한다. 1차 산업 혁명도 후속 산업 혁명들과 마찬가지로 생산 요소가 아니라 지식에 의해 창출되었다고 주장할 것이다. 비록 당시의 지적 수준, 특히 과학 기술의 수준을 후대와 비교하기는 어렵지만, 계몽주의 사조의 연장선상에서 성장한 지적 관심, 기술의 후생 증대 효과에 대한 확신, 지식인과 기술자들의 교류, 지식의 성장을 뒷받침한 제도적 및 문화적 배경이 긴밀하게 작용해 산업 혁명을 이룰 수 있었다고 논할 것이다. 간단히 말해 산업 혁명을 지식 혁명의 관점에서 재구성하는 것이 이 책을 저술한 목적이다.

연구를 진행하는 과정에서 다양한 도움을 받았다. 우선 2014년 한국연구재단 저술출판지원사업으로부터 재정적인 지원을 받았다. 덕분에 유용한 책과 자료를 많이 접할 수 있었다. 저자가 근무하는 성균관대학교에서는 대학원 수업을 통해 여러 학생들과 해당 주제에 관해 함께 책과 논문을 읽고 토론하는 소중한 기회를 가졌다. 적극적으로 토론에 임해 준 대학원생들에게 감사를 표한다. 도서출판 해남은 늘 그랬듯이 꼼꼼하면서도 빼어난 편집 솜씨를 발휘하여 멋지게 책을 만들어 주었다. 노현철 사장님과 편집진에게 깊이 감사한다. 마지막으로 늘 격려와 자극과 안식이 최대한 가능하도록 힘써 준 아내와 딸에게 뜨거운 고마움을 전한다.

2018년 6월

혜화동 연구실에서

송병건

차 례

제4장 산업 혁명과 기술 진보

제5장 기술 공급과 커뮤니티

제6장 특허 제도의 효과

제7장 산업별 분석

제8장 맺는 글

Chapter **1**

들어가는 글

1.1. 여러 산업 혁명의 역사적 이해

1.2. 지식 혁명의 중요성

Chapter 1
들어가는 글

1.1. 여러 산업 혁명의 역사적 이해

18세기에 영국에서 시작되고 이후 세계 곳곳으로 전파된 산업 혁명은 인류 역사의 중요한 분기점이었다. 이전까지 인류는 장기적으로 인구 증가와 소득 증가를 한꺼번에 경험할 수 없다는 이른바 '맬서스 트랩'(Malthusian trap)을 벗어나지 못하였다. 그러나 산업 혁명은 생산력을 비약적으로 증대시킴으로써 인구가 증가하면서 동시에 일인당 소득도 증가하는 현상을 역사상 최초로 탄생시켰다. 경제사학자 그레고리 클라크가 시도한 과감한 방식의 유형화에 따르자면, 인류의 경제사는 맬서스 트랩에 갇힌 시대와 맬서스 트랩을 벗어난 시대, 즉 산업 혁명 이전과 산업 혁명 이후의 두 시기로 크게 구분할 수 있다.[1]

그렇다면 산업 혁명 이후 시기에 대해서는 어떤 시기 구분을 할 수 있을까? 시기 구분의 기준을 무엇으로 잡느냐에 따라 다양한 구분선을 획정하는 작업이 가능할 것이다. 그러나 논의의 초점을 기술적 특성에 맞춘다면 다음과

1 클라크(2009).

산업 혁명의 유산 1851년 런던에서 개최된 만국 박람회는 산업 혁명이 바꾼 세계를 보여 주는 전시장 역할을 하였다.

같이 네 기간으로 구분 짓는 것이 일반적이라고 볼 수 있다.[2] 첫째, 1780년대-1870년대에 이르는 기간으로 우리가 산업 혁명 1.0이라고 부를 만한 시대이다. 영국에서 세계 최초로 산업 혁명이 시작되고 그 영향이 점차 후발 공업국들에게 미친 시기이다. 과거에 거의 사용되지 않았던 석탄이라는 화석 연료를 캐내 증기 기관을 이용하여 본격적으로 사용하는 새로운 동력의 시대가 개막되었고, 기계화가 진전되고 공장제가 널리 확산되었다는 점이 중요한 특징을 이룬다. 이 시기에는 산업 혁명의 상징적 산업이라고 볼 수 있는 면 공업을 포함해 석탄 공업, 제철 공업 등이 핵심 산업으로서 경제 발전을 주도하였다.

둘째, 산업 혁명 2.0은 1870년대-1970년대의 기간을 지칭한다.[3] 이 시기에

2 Schweb(2016) 등 참조.

는 전기가 새로운 동력원으로 등장하였고, 석유가 에너지원으로 널리 사용되었다. 전기 공업, 화학 공업, 제강 공업, 조선 공업, 자동차 공업 등 중후장대 산업이 경제의 근간을 이루었고 대량 생산 체제가 중요한 특징으로 인식되었다. 셋째, 산업 혁명 3.0은 1970년대부터 시작된 기간으로, 컴퓨터가 널리 보급되었고 경제 전반에서 자동화가 크게 진전되었다. 전자 공업과 IT가 경제의 중추로 자리를 잡았고, 현재까지 강력한 영향을 끼치고 있다.

석유의 시대 미국 캘리포니아에 위치한 유정에서 석유를 뽑아내는 광경을 1895-1901년경에 촬영한 사진. 석유의 대규모 사용은 산업 혁명 2.0 시대를 대표하는 특징의 하나이다.

일부 학자들은 산업 혁명 4.0으로 불릴 만한 시기가 이제 갓 시작되었다고 말한다. 이 시기는 사이버-물리 시스템을 통해 생산 설비와 제품의 지능화가 광범위하게 이루어지는 때를 지칭한다. 산업 혁명 3.0 시대는 생산에서 소비에 이르는 과정에서 자동화가 크게 진행된 시기였지만, 이와 달리 자본주의 4.0

3 산업 혁명 2.0 시기가 마무리되는 시점을 1970년대가 아니라 1950년대 무렵으로 잡는 것도 가능하다. 그러나 이 책에서는 산업 혁명 3.0의 시기를 특징 짓는 자동화가 경제 대부분의 영역에서 이루어지지 않았던 1950년대-1970년대를 산업 혁명 2.0 기간에 포함시키는 것이 기술적 측면에서 더 타당하다고 판단하였다. 중화학 공업이 1970년대까지 중추 산업이었다는 사실도 판단의 근거가 되었다.

표 1-1 첫 산업 혁명 이후의 시기 구분

구분	기간	핵심 동력/기술	핵심 산업
산업 혁명 1.0	1780년대-1870년대	증기, 기계화, 공장제	섬유, 기계, 제철
산업 혁명 2.0	1870년대-1970년대	전기, 중화학	전기, 화학, 제강
산업 혁명 3.0	1970년대-2010년대	컴퓨터, 자동화	전자, IT
산업 혁명 4.0	2010년대 이후	사이버-물리, 초연결성, 지능화	인공 지능, 빅 데이터, 사물 인터넷

자료: Schweb(2016)의 틀을 대체적으로 따르고, Freeman and Perez(1988)와 Dicken(2007) 등을 참조하여 기간을 포함한 내용을 조정하여 작성.

시대는 한 단계 더 나아가 사물 자체가 지능화된다는 특징을 갖는다. 사물 단위로 인터넷을 통해 상호 긴밀하게 연결되고, 빅 데이터의 활용이 널리 확산되며, 인공 지능의 이용이 본격화되는 소프트 산업의 시대를 의미한다. 2016년 3월에 진행된 구글의 컴퓨터 프로그램 알파고(Alpha Go)와 한국의 바둑 기사 이세돌 간의 바둑 대결은 자기학습 능력을 갖춘 인공 지능의 현실화가 먼 미래의 이야기가 아님을 여실히 보여 주었다. 알파고의 승리는 지능화 시대의 개막을 상징하는 역사적인 사건으로 기록될 것이다.

이와 같은 시기 구분이 우리에게 특별히 중요한 이유는 각 기간에 경제 발전을 이루게 된 핵심적 요인이 달랐다고 보이기 때문이다. 많은 학자들이 산업 혁명 1.0과 산업 혁명 2.0에서는 각각 노동 공급과 자본 공급의 증가가 중요했다고 평가한다. 경제 발전에 기술 진보가 기여한 바가 미미하다고 주장하는 것은 아니지만, 산업 혁명 3.0과 산업 혁명 4.0에 비해서는 그 기여도가 상대적으로 낮다고 인식하였다. 그러나 산업 혁명 3.0부터는 생산 요소의 증가와 같은 여타 변수들에 비해 기술 진보의 중요성이 두드러지게 강조될 뿐만 아니라, 기술 진보의 속성에 대해서도 차별화된 시각을 보여 준다. 즉, 산업 혁명 1.0과 산업 혁명 2.0 시기의 기술은 외생적 성격을 강하게 띤 반면에, 산업 혁명 3.0부터는 내생적 속성이 강해서 인위적이고 의도적인 기획 · 투자 · 관리를 통해 기술 진보의 방향과 수준이 결정된다고 본다. 특히 IT 기술의 발달과 그것이 끼친 영향이 강조되면서, 지식과 정보의 가치가 경제와 사회 운영의 중추를 이루는 이른바 '지식 기반 사회'(knowledge-based society)가 만들어지게 되었다는 주장이다. 산업 혁명 4.0의 시대에는 기술 진보의 내생성이 더욱 커질 것이라는 점에 학자들은 대부분 동의할 것이다.

기술 발전을 위한 계획적이고 체계적인 투자는 분명 산업 혁명 1.0과 산업 혁명 2.0에 비해 산업 혁명 3.0에서 크게 증가하였다. 그러나 앞의 두 기간에 발생한 기술 진보가 의도된 경제 활동의 바깥에서 형성된 외생적 변수라고 보는 시각은 실제 역사상과는 크게 다르다. 과연 외생적으로 주어진 기술 진보가 노동과 자본이라는 생산 요소의 투입 증가와 결합한 것이 해당 기간 경제 발전의 핵심 원동력이었다고 볼 수 있는가? 이 연구는 기존의 구분법이 지나치게 이분법적이어서 실제 역사 과정을 그릇되게 이해하고 있다고 비판하고자 한다. 산업 혁명의 가장 낮은 단계인 산업 혁명 1.0에서조차 기술 발달과 경제 발전에 지식과 정보의 축적과 활용이 결정적으로 중요한 역할을 했다는 점을 이 연구는 보이고자 하는 것이다. 앞으로 이 책에서는 구체적으로 이런 '지식 혁명'(Knowledge Revolution)이 어떤 사회적 · 제도적 배경을 바탕으로 발생하게 되었는지를 역사적으로 탐구하고자 한다.

1.2. 지식 혁명의 중요성

지식 혁명의 내용과 중요성을 이해하기 위해서는 '지식 기반 사회'라는 개념을 논의의 출발점으로 삼는 것이 유용하다. 간단히 말하자면, 지식 기반 사회는 지식과 정보가 차지하는 중요성이 과거와 비교가 되지 않을 정도로 큰 사회를 말한다.

경제와 사회의 구조와 위계, 질서를 결정하는 요인으로서 노동이나 자본을 중시하던 기존의 주장을 대체하여 지식과 정보가 훨씬 중요한 요인이라고 보는 주장은 1960년대부터 본격적으로 등장하기 시작하였다. 사회학자인 대니얼 벨(Daniel Bell)이 1962년에 기술과 사회 변동의 관계를 다루는 한 토론회에서 발표한 내용이 초창기 논의의 대표적 사례로 알려져 있다. 그렇지만 보다 본격적인 논의는 경영학자인 피터 드러커(Peter Drucker)가 1993년에 발간한 저서 『자본주의 이후의 사회』에서 이루어졌다고 볼 수 있다.[4] 드러커에 따르면 자본주의가 충분히 성숙한 사회에서는 지식의 중요성이 크게 확대되어 마침내 지식이 부가 창출되는 원천으로 작용하게 된다. 경영학의 분석틀을 이용해 말하자면, 창조적 지식이 가치 사슬(value chain)의 각 단계에 적용됨으로써 생산성을 높이고 혁신을 일으킨다는 주장이다.

드러커의 지식 기반 사회 논의는 20세기 후반에 전면적으로 발생한 블루칼라 노동의 몰락을 배경으로 전개된 것이었다. 전통적인 노동자 계층의 역할이 축소되면서 그 자리를 지식 노동자 계층이 메우는 현상이 발생하였다. 특히

4 드러커(2002).

정보통신 산업 및 이와 관련한 산업이 빠른 속도로 성장하는 기술적 상황을 바탕으로 기존의 노동자들과는 특성이 전혀 다른 노동자들이 경제의 중요한 축으로 등장하였다. 이런 사회를 드러커는 '자본주의 이후'(post-Capitalist) 사회라고 칭하였다. 이 호칭이 타당한가에 대한 논의를 별도로 하고 보면, 지식 기반 사회라는 성격 규정은 매우 시의적절할 뿐만 아니라 향후 경제적 및 기술적 변화의 방향을 절묘하게 예측하는 혜안을 보여 준 사례라고 평가할 수 있다.

컴퓨터의 아버지 초기 기계식 계산기의 아이디어를 발전시킨 과학자 찰스 배비지. 지식 혁명이 우리가 통상 생각하는 것보다 오랜 역사를 지녔다는 점을 상징적으로 보여 주는 인물이다.

그렇다면 지식 기반 사회는 자본주의가 충분히 성숙한 시기에 대해서만 적용될 수 있는 개념일까? 20세기 말 이전의 역사 단계에서는 지식 기반 사회적인 요소를 찾아볼 수 없는 것일까? 지식과 정보의 축적이 과거에 미미하다가 20세기 말에 와서야 폭발적으로 증가되었다는 주장은 지나치게 근시안적이어서 수긍하기 어렵다. 적어도 17세기경 과학 혁명이 진행되기 시작한 이래 인류의 지식과 정보가 장기적으로 누적되어 오늘날의 경제를 만들었다고 보는 게 역사적 전개에 더 부합한 해석일 것이다. 그렇다면 지식이 경제에 끼친 영향은 장기간에 걸쳐 서서히 확대되고 증폭되어 왔다고 봄이 타당하다. 물론 이것이 지식의 영향이 시간의 경과에 따라 동일한 속도로 확대되어 왔다는 뜻은 아니다. 시기에 따라 지식의 영향이 빠르게 커지기도 하고 느려지거나 심지어 감속을 경험하기도 했을 것이다.

이 연구는 약 두 세기 앞선 영국의 산업 혁명 시기에 대해서도 지식 기반 사회의 시각이 적용될 수 있는 여지가 많다는 점을 밝히고자 한다. 이 시기에 전면적인 지식 기반 사회가 도래한 것으로 평가할 수는 없겠지만, 동시대의 많은 혁신이 지식과 정보의 발달에 의해 이루어졌고, 이것이 눈부신 경제 성장을 가능케 한 추동력이었다고 주장할 바가 충분하다는 것이 저자의 판단이다. 이런 면에서 '지식 혁명'이 이미 산업 혁명 시기에 발생하였다고 볼 수 있다는 것이 본 연구가 주장하고자 하는 핵심이다. 과연 어떤 근거에서 산업 혁명을 지식 혁명의 관점으로 해석하는 것이 정당화될 수 있는가에 대해서 다음 장부터 논의를 시작할 것이다.

Chapter 2

근대화와 지식

2.1. 근대화와 지식의 이해

2.2. 근대 초기 개관

2.3. 과학 혁명, 계몽주의, 산업 계몽주의

2.4. 유럽 각국의 계몽주의

2.5. 과학 협회와 출간 활동

Chapter **2**

근대화와 지식

2.1. 근대화와 지식의 이해

근대화의 개념적 검토

근대화란 무엇인가?[1] 간단히 말하자면, '전(前)근대적(premodern) – 혹은 전통적, 봉건적 – 상태로부터 근대적(modern) 상태로 전환하는 과정'을 말한다. 전근대적인 것은 구래의 낡은 것이고 근대적인 것은 새로 등장한 것이다. 그런데 '근대성'은 단순히 시간적 전후 관계로서 정의되지 않는다. 통상적으로 전근대적인 것은 후진적인 것이고 근대적인 것은 선진적인 것이라는 가치 판단이 개념에 내포되어 있다. 이런 논의와 달리 근대화를 가치 중립적으로 보자는 견해도 있다. 즉, 근대화를 진보와 전진과 개선의 관점에서 보는 관념을 폐기하고 과거에 없었던 질서와 사고방식과 관습이 주도적 위치를 차지하는 과정으로 이해하자는 것이다. 두 주장 가운데 어느 쪽 견해를 따르더라도 한 가지 점

1 송병건(2014), 357-358쪽에 의거한다.

에서는 차이가 없다. 과거의 사회와는 질적으로 상이한 사회가 형성되는 구조적 변화의 과정으로 근대화를 이해한다는 점이다. 이상의 논의에도 불구하고 여전히 남는 논점은 근대화가 다양한 영역에서 발생할 수 있다는 점이다. 정치, 경제, 사회, 문화 등 여러 부문 가운데 어느 영역에서 변화가 전개되는가? 근대화의 개념을 둘러싼 역사적 논의에서는 어떤 부문에서 발생하는 어떤 변화를 근대화의 핵심으로 보느냐에 대해 학자들 간에 견해가 일치되지 않은 채 다양하게 존재한다.

이와 같은 여러 영역에서의 변화들을 차례로 살펴보자. 첫째, 근대화는 공동체주의에서 개인주의로 전환되는 것을 의미한다. 인간의 사고방식과 행동양식이 전통 사회에서는 자신이 소속된 가족, 친척, 지역 등 공동체의 입장에서 결정되었지만, 새로운 사회 환경에서는 개인으로서의 자신이 가장 중요한 기준이 된다.

둘째는 첫째와 관련성이 깊은 기준으로서, 관습 중심의 사회에서 계약 중심의 사회로 변모하는 과정을 강조하는 견해가 있다. 크고 작은 의사 결정과 문제 해결에 있어서 전통적으로 지속되어 온 관습과 관례에 의존하는 방식이 사라지고, 대신에 명시적인 계약에 의거하여 권리와 의무의 범위가 결정되는 방식이 자리를 잡는 과정임에 이 견해는 주목한다.

셋째, 종교적 색채가 강한 사회로부터 세속적 성격이 강한 사회로의 이행이 강조되기도 한다. 특히 서구에서는 중세 사회에 강한 통제력을 가졌던 기독교의 영향력이 종교 개혁과 과학 혁명을 거치면서 급속하게 약화되었다. 정도의 차이는 있지만 세속화 추세는 세계의 다른 여러 지역에서도 목격되었다.

넷째, 경제 구조의 변화에 주목하는 견해는 농업 중심의 경제가 상공업 중

대도시의 성장 19세기 중반 영국의 대표적인 공업 도시 리버풀의 전경을 보여 주는 이 그림에서 새로운 공장들과 거주 지역이 밀집한 모습을 확인할 수 있다.

심의 경제로 전환되는 과정에 논의의 초점을 둔다. 인구의 대부분이 농업에 종사하던 사회가 상업의 확대 및 공업의 발달을 통해 경제 구조상에 커다란 변화를 맞게 되는 과정으로 근대화를 이해하는 것이다. 역사적으로 볼 때 앞으로 자세히 다루게 될 산업 혁명이 바로 이런 변화를 담은 핵심적인 과정이라고 널리 이해된다.

다섯째, 근대화는 인구의 대부분이 농촌에 거주하는 사회로부터 많은 인구가 도시에 거주하는 사회로 변화되는 과정을 의미하기도 한다. 도시화의 진전이 끼친 영향은 인간의 물리적 거주 환경을 바꿔 놓았다는 데에 그치지 않는다. 도시가 성장하고 인구 밀도가 높아지면서 익명적 사회의 대두는 피할 수 없는 현상이 되고, 그에 따라 인간 관계, 사회 조직 및 이를 통제하는 제도에도 많은 변화가 뒤따른다.

여섯째, 가족 형태에도 중대한 변화가 발생한다. 전통 사회에서는 여러 세대가 함께 거주하는 대가족 체제가 지배적인 데 비해 근대화된 사회에서는 핵가족 체제가 보편적이다. 근대 사회는 전근대 사회보다 상공업에 종사하는 인구의 비율이 높으며 이런 산업들은 농업에 비해 노동력의 높은 이동성을 요구한다. 핵가족은 이와 같은 산업적 요구에 잘 부응하는 가족 제도이다.

마지막으로, 근대화는 정치적인 측면에서 절대주의에서 국민 주권으로의 전환을 의미한다. 군주가 절대 권력을 보유하던 시대가 저물고, 시민 세력이 성장하여 실질적인 국가 정책의 결정권자가 되는 과정을 이 견해는 강조한다. 절대주의 시대에는 군주 및 소수의 귀족이 정치 권력을 독점하고 특권적인 신분제를 통해 권력이 세습되는 체제였다면, 근대화된 사회에서는 시민 세력이 타고난 신분과는 무관하게 정치적 권리를 행사할 수 있었다. 물론 근대 초기에는 정치권의 행사가 비교적 소수인 부르주아층으로 제한되어 있었지만, 점차 국민 일반이 정치에 참여하는 사회로 나아가게 된다. 봉건적 신분제가 사라지고 정치 권력이 군주에서 법률상 자유롭고 평등한 시민에게로 넘어오는 과정을 시민 혁명이라고 부른다. 시민 혁명은 서구 사회가 근대로 이행하는 데에 결정적인 영향을 끼쳤으며, 우리가 근대화의 여러 기준 가운데 특히 주목할 경제 구조의 변화 측면에 대해서도 아

시민 혁명의 사상가 존 로크는 영국 시민 혁명이 갖는 역사적 가치를 철학적으로 설파한 중요한 사상가이다.

주 깊은 함의를 담고 있다.

지식이 근대화에 끼친 영향

이상에서 살펴본 것처럼 근대화의 핵심적 내용이 무엇인가에 관해서는 다양한 견해가 존재한다. 이런 다양성에도 불구하고 전반적인 역사적 방향성은 분명하다. 관습과 종교와 전통이 지배적이던 시대가 종언을 고하고 이를 대신하여 계약과 세속적 이해관계와 변화의 수용이 일반화되는 시대가 도래하였다는 점이다. 이 역사적 대전환은 인간의 지식이 향상되는 과정을 동반했다. 구래의 가치관과 기준을 그대로 답습하던 시대를 벗어나 새로운 사고와 제도를 받아들여야 하는 시대를 맞게 된 데에는 그에 부합하는 지식의 혁명적 변화가 있어야 했다. 구체적으로 지식상의 어떤 변화가 발생하였는지에 대해 앞으로 살펴볼 것이다. 그에 앞서 근대 초기의 역사상을 개관하는 작업으로 논의를 시작하고자 한다.

2.2. 근대 초기 개관

서양 우월주의

근대 사회는 서양이 동양에 대해 지배력의 우위를 보인 사회였다. 오스만 제국의 군대가 비잔틴 제국의 수도 콘스탄티노플을 함락시킨 사건이 서양의 신항로 개척 움직임을 촉발했다는 사실은 15세기만 해도 서양이 동양에 비해 경제적, 군사적으로 우위에 있지 않았음을 단정적으로 보여 준다. 이 시기까지 서양은 동양에서 수입하는 고급 상품들과 경쟁할 만한 자체 상품을 보유하고 있지 못했다. 그러나 그로부터 불과 3-4세기가 흐르자 서양은 산업화라는 거대한 역사적 변화를 주도하게 되었고, 반대로 동양은 역동성을 상실하고 정체되는 양상을 보여 주게 되었다. 비교적 짧은 기간에 서양이 군사적, 경제적으로 헤게모니를 장악하게 된 이유에 대해서는 그동안 수많은 학자들이 다양한 설명을 제시해 왔다. 이렇게 제시된 수많은 설명 가운데 가장 대표적으로 언급되는 것들을 대별하면 환경, 시장, 국가 시스템이다. 자주 언급되는 주장만을 간략하게 살펴보자.[2]

첫째, 환경적으로 가장 먼저 지적되는 것이 부존자원이다. 유럽에서는 자원이 산재해 있는 편이어서 무역을 유도하는 경향이 강했다. 곡물 재배에 적합한 토지도 마찬가지로 산재하여서 인구가 고루 분포되고 정치적 분권에 적합하였다. 또한 유라시아 서쪽에 위치한 점도 유리하게 작용하였다. 호전적인 유목 세력이 있는 중앙아시아로부터 멀리 떨어졌고 해안을 활용하기에도 용이하였다. 지진, 홍수, 가뭄 등 천재지변의 영향이 아시아보다 유럽이 작은 편이어서 자본 축적에 유리하였다는 주장도 있다.

둘째, 시장이 지속적으로 성장하였다. 인구가 증가하고 무역이 활성화되면서 시장이 확대되었는데, 이런 애덤 스미스적인 성장의 결과로 분업과 기술 진보가 자극을 받았다. 유럽이 팽창하여 대항해 시대를 맞은 이후에는 지구적

2 양동휴(2014), 56-65쪽.

차원의 시장 공략이 가능해졌기 때문에 아시아와 달리 성장에 가속도를 붙일 수 있었다.

셋째, 국가 시스템에 관한 논의는 권력의 분포 형태, 그리고 국가와 국민 간의 관계에 초점을 맞춘다. 아시아는 주로 전제 군주의 통치 하에서 제국 체제를 유지했다. 이와 대조적으로 유럽에서는 중세에 분권적인 권력 분포가 형성되었고, 근대 초 국민 국가가 형성된 이후에도 유럽 전역이 단일한 제국으로 통합되지 않고 세력 균형이 지배적인 형태로 자리를 잡았다. 국가 간의 경쟁 속에서 군사 기술이 발달하고 이를 뒷받침하기 위한 목적으로 금융 시장의 혁신이 추진되었다. 부국강병을 위한 유럽 국가 간의 경쟁은 대외적 경쟁이 거의 필요하지 않았던 아시아 대제국들의 상황과 뚜렷한 대조를 이루었다.

애덤 스미스의 설명 경제학의 아버지로 불리는 애덤 스미스는 시장의 확대가 분업을 통해 성장을 가져온다고 설파하였다.

그러나 이상의 논의들에 대해 역사가들의 견해는 통일되어 있지 않다. 현재 학계는 백가쟁명의 시대라고 부를 만큼 다양한 학설이 난무하고 통설적 지위를 차지하는 주장이 부재한 실정이다. 아래에서는 유럽의 부상과 아시아의 쇠퇴에 관한 설명 가운데 학자들이 관심을 크게 기울이고 비판과 반비판을 계속한 몇 가지에 초점을 맞추어 좀 더 상세히 논의를 해보고자 한다.

국민 국가와 제국

근대 초 유럽에서는 다수의 국민 국가가 형성되어 개별 국가 간에, 또는 국가 집단 간에 경쟁을 하는 체제를 이어 갔다. 이런 체제가 대규모 제국이 상대적으로 장기간에 걸쳐 안정을 유지한 아시아의 체제에 비해 유리했다는 주장이 많다. 환경론자라는 명칭이 어울리는 역사가 에릭 존스(Eric L. Jones)의 견해가 대표적으로 이에 해당한다.[3] 유럽적이라고 평가할 수 있는 경쟁적 국민 국가 체제와 상반되는 중앙 집권적 제국 체제가 아시아의 여러 지역에서 존재하였다.

오스만 제국의 핵심 세력 예니체리는 오스만 제국의 군대와 관료 체제의 중핵을 차지하였다.

오스만 제국은 사유 재산을 허용하지 않는 토지 제도를 지닌 제국이었다. 10-20%에 달한 일부 종교적 토지를 제외하면 모든 토지는 국가의 재산이었다. 황제가 제국 내의 대부분 재산을 통제하였으므로 안정적인 세습 귀족도 존재하기 어려웠다. 과거 기독교도였던 노예로부터 예니체리(janissary)라는 지배 계층이 형성된 사실이 이를 뒷받침한다. 인도의 무굴 제국은 다른 제국에 비해 다양성이 돋보였다. 그러나 카

3 Jones(2003).

스트 제도가 사회와 경제의 발전을 저해하였고 쇠퇴기의 오토만 제국과 마찬가지로 자주 부패 문제가 심각하게 대두하였다. 중국은 가장 대규모의 제국으로 황제와 엘리트의 상호 작용을 통해 유지되었다. 화이사상이라는 도덕적 우월감에 기초해 대외적으로 폐쇄적인 태도를 보인 시기가 길었다. 대내적인 이동성도 낮았고, 국가가 주도하는 이념 체계 이외의 가치관은 억압되기 일쑤였다. 그리고 화약의 발명국이었으면서도 화약 무기의 개량에 대한 관심이 크지 않아 점차 유럽에 군사력에서 밀리는 상황이 전개되었다.

이 제국들은 유럽에 비해 성장 저해 요인을 많이 지니고 있었다는 것이 존스의 평가이다. 그에 따르면 유럽 사회의 다중심적인 특성에 기반한 개방성이 아시아 제국들의 정태적 위계질서에 비해 성장의 기회를 더 넓게 제공하였다. 제국 체제 하에서는 국가로부터 독립적인 법률 체제나 언론의 자유, 개인의 권리, 재산권 등이 보장되기 어려웠다. 개인에 대한 인적 및 재산권적 보호가 부재한 상태에서 지속적인 경제 성장을 기대하기 어렵다는 해석이다.[4]

존스로 대표되는 이런 해석을 반박하는 주장도 제기되었다. 장-로렝 로젠탈(Jean-Laurent Rosenthal)과 왕궈빈(R. B. Wong)은 제국 체제와 국민 국가 체제를 단순하게 비교하는 데에는 위험이 따른다고 비판한다.[5] 그들은 제국이 규모에서 오는 이익을 누릴 수 있었다고 보았다. 제국은 정치적 평화를 유지하고, 규모의 경제를 누리고, 스미스적 성장과 분업의 효과를 경험하고, 조세율을 낮게 부과하고, 장거리 무역을 실시하는 데에 장점을 지니고 있었다는 것이다.

로젠탈과 왕궈빈은 또한 개인주의에 기반한 공적 계약과 집단주의에 기

---

4 양동휴(2014), 65-80쪽.

5 Rosenthal and Wong(2011).

반한 비공식적 영업 방법을 비교하였다. 전통설에 따르면 영국과 네덜란드는 재산권의 보호와 계약법에 의거해 경제 활동을 촉진하였고 이와 대조적으로 중국은 대가족에 의존하는 비공식적 네트워크가 상거래의 중요 기반이었다. 그러나 로젠탈과 왕궈빈에 따르면 이런 차이는 두 지역의 문화 차이에서 비롯된 것이 아니라 거래의 특질에 따른 것이었다. 달리 말하면, 유럽은 부동산 거래나 지역적 신용 거래의 비중이 높았던 반면에 중국은 장거리 무역이 중심이었다는 것이다. 이런 차이가 바탕이 되어 거리가 멀고 거래 빈도가 높을수록 비공식 네트워크에 의존하고, 반대로 거리가 가깝고 거래 빈도가 낮을수록 공적 계약에 의존하는 차이가 발생한다는 것이다. 두 방식 중에 어느 것이 경제 발전에 유리한지는 사전적으로 알 수 없다는 것이 이들의 주장이다.[6]

근대적 재산권

재산권의 존재 여부 및 보호 수준이 경제 발전에 중요한 영향을 끼친다는 주장에 많은 역사가들은 동의를 해왔다. 특히 에르난도 데 소토(Hernando de Soto)는 남아메리카 빈곤 문제의 연원을 탐구하는 과정에서 재산권이 확립되지 못한 데에서 연유하는 바가 크다고 밝혔다. 법적 범주의 외부에 존재하는 자산은 '죽은 자산'일 뿐인데, 이를 합법적인 재산권 체제 안으로 들여와야 경제 발전을 기대할 수 있다는 것이다.[7]

6 양동휴(2014), 80-81쪽. 서양에서는 공적 정의(formal justice)를 중시하는 반면에 동양에서는 실질적 정의(substantive justice)를 중시했다는 Ma(2004)의 논의도 맥락이 유사하다.

7 데 소토(2012).

통상 재산권 체제는 아래와 같은 여섯 가지 효과를 통해 경제 발전에 이바지한다고 이야기된다. 첫째, 합법적인 재산 문서는 다양한 잠재적 용도를 가시적 형태로 고정시킴으로써 거래를 용이하게 한다. 둘째, 재산권 체제는 다양한 형태의 자산을 통합하여 보여 줌으로써 누구나 자산의 경제적 가치를 용이하게 파악할 수 있도록 만든다. 셋째, 재산권 체제가 통합되면 개인이 익명성 뒤에 안주할 수 없게 되므로 책임을 갖춘 경제 주체로서 활동하게 된다. 넷째, 재산권 체제는 자산을 특성에 따라 비교하고 분할하고 조합할 수 있도록 만들어 준다. 다섯째, 통합된 재산권 체제는 자산이 경제 주체들 간에 원활하게 이동하는 광대한 네트워크를 조성하게 된다. 여섯째, 재산권 제도는 소유권의 이동 상황에 관한 정보를 정확하게 알려 주기 때문에 경제 주체들이 신뢰 속에서 안전한 거래를 도모할 수 있다.[8]

영국의 경우 1688년 명예혁명(Glorious Revolution)이 근대적인 재산권을 확립하는 계기가 되었다는 것이 통설이다. 절대주의적 통치 체제를 확립하고자 했던 군주에 대항하여 중상주의 시대를 맞아 한창 성장하고 있던 의회파 부르주아지가 대립하였고, 후자의 군사적 승리로 인해 결국 시민 혁명이 이루어지게 되었다는 내용이다. 그러나 실제 재산권의 확립은 법적 정비만으로 이루어질 수 없다. 사회와 경제 각 부문에서 국가의 자의적 개입을 막고 실질적으로 시민의 재산권이 보장되기까지는 현실에서의 갈등 극복이 필요했던 것이다.[9]

대표적으로 농촌에서는 인클로저 운동(enclosure movement)이 이런 역할을 했다. 인클로저는 과거에 개방 경지(open field) 혹은 공동지(common)였던 토지를

8 양동휴(2014), 91쪽.
9 Cox(2011).

인클로저 이전의 토지 인클로저 운동을 통해 그림에서와 같이 분산적으로 존재하고 공동으로 경작되었던 토지에 배타적 소유권이 주어졌다.

개별적 구역으로 분할하고 울타리나 돌담 등으로 그 경계선을 표시하는 작업이었다. 그런데 이 작업은 단순히 물리적인 경계선을 긋는 데에 그치지 않았다. 인클로저의 진정한 역사적 의의는 과거에 공동으로 경작을 하고 자원을 공동으로 이용하던 체제를 버리고 특정 필지를 개인이 완전하게 소유하고 사용하는 체제, 즉 토지 재산에 대해 근대적인 사적(私的) 소유권이 확립된 체제로 전환되는 데에 있었다. 인클로저가 이루어진 토지에서는 소유자 개인이 경작물의 종류, 경작 방법, 수확물의 처분, 자본의 투여 등에 대해 배타적이고 독점적인 결정 권한을 가질 수 있게 된 것이다.

인클로저는 두 차례에 걸쳐 집중적으로 진행되었다. 인클로저가 처음 대규모로 이루어진 시기는 16세기를 전후한 시기였다. 양모의 가격이 상승하던 시기였기 때문에 인클로저의 주된 목적은 양을 기르는 목초지를 확보하는 것이었다. 대부분의 인클로저는 개방 경지 및 공동지에 대해 일정한 권리를 가진 이해관계 당사자들 사이의 합의에 기초하여 이루어졌으며, 대부분 지역별로 작은 규모 단위로 사업이 진행되었다.

한동안의 소강 상태를 지나 인클로저가 다시 대규모로 진행된 것은 18세기 중반부터 19세기 초반에 이르는 시기의 일이었다. 프랑스와의 정치적 긴장 및 나폴레옹 전쟁이 포함된 이 시기는 앞선 시기와는 달리 밀 가격의 지속적 상승이 인클로저 운동을 견인한 상황이었다. 또 다른 차이점은 사업의 실행 여부를 이해당사자 전원의 합의로 결정하지 않았다는 점이었다. 인클로저를 원하는 지주는 의회에 사업 승인을 위한 청원을 하여 법률적인 근거를 만들었는데, 이 경우 개별 법률에 따라 다소의 차이는 있지만 대개 인클로저의 대상이 되는 토지 면적의 2/3 내지 4/5를 소유한 사람들의 합의가 있으면 나머지 이해당사자의 반대에도 불구하고 사업을 실시할 수 있었다. 이 시기의 인클로저를 의회 인클로저라고 부르는 것은 이 때문인데, 속성상 의회 인클로저는 강제적 성격이 내포되어 있었다. 따라서 토지 소유의 집중화가 가속화되고 그 과정에서 많은 수의 농업 노동자가 발생한 것은 자연스러운 귀결이었다.[10]

도시에서도 재산권 체제가 확립되는 과정이 발생하였다. 18세기 영국에서는 농촌의 인구 증가와 노동 수요의 감소, 그리고 도시의 성장을 배경으로 이촌향도의 양상이 펼쳐졌다. 대다수의 이주민들은 오늘날의 저개발국에서 볼 수 있는 것과 마찬가지로 길드제의 통제나 엄격한 상법과 같은 장애물 탓에 경제 활동을 합법적으로 수행하기 어려운 경우가 많았다. 그에 따라 도시 비공식 부문이 성장하고 가내 수공업과 같은 불법적 영업에 종사하는 인구가 늘어났다. 길드는 자신이 보유한 독점권을 계속 유지하고자 했고, 정부는 기존의 규

---

10 송병건(2014), 9장.

전형적인 홈스테드 1862년 홈스테드법이 제정된 이후 조성된 미국 네브라스카주의 홈스테드 모습.

제 체제에 변경을 가할 생각이 없었다. 불법적 경제 활동이 계속되고 일부 분야에서는 이들이 길드에 속한 업체보다 경제적 및 기술적으로 우위에 서는 현상도 발생하였다. 이런 변화는 결국 길드와 정부의 태도를 변화시켰다. 길드는 불법적 생산자를 하도급의 대상으로 삼았고, 정부는 일방적으로 길드 편을 들던 입장에서 한 걸음 물러났다. 이런 과정은 결국 기존의 법 체계가 현실과 충돌하자 점차 시민들의 요구에 맞추어 법 체계가 포용적 태도를 보이게 된 것이라고 해석할 수 있다.[11]

이런 변화는 서구 여러 국가들에서도 목격되었다. 미국에서는 초기 정착민들의 '토마호크 권리', '오두막 권리', '옥수수 권리' 등의 불법적 권리가 소유권 매매와 이전의 대상이 되는 상황이 전개되었고, 법 체계로의 통합 과정이 진전되면서 마침내 홈스테드법(Homestead Act)의 제정에 의해 기존 법 체제와

---

11 양동휴(2014), 92-93쪽.

새 질서 사이의 마찰이 해결되었다. 이렇듯 재산권 체제의 확립은 단순히 기술적인 요인의 문제가 아니었다. 현실에서 불법적 범위에서 경제 활동을 하는 사람들에 대한 이해를 바탕으로 엘리트 집단을 설득해 개혁을 이끌어 가야만 달성할 수 있는 것이었다.[12]

명예혁명과 금융 개혁

영국에서 재산권 체제의 확립에 결정적인 계기로 작용한 '시민 혁명'(Civil Revolution)의 과정에 대해 좀 더 논의해 보자. 시민 혁명은 17세기를 거치면서 이루어졌다. 1640년 찰스 1세가 절대주의 권력을 내세워 의회의 승인을 받지 않고 징세와 통제 강화를 시도하면서 의회파와 대립을 하게 되었다. 독점품의 판매, 강제 공채의 발행, 재산의 자의적 몰수 등은 재정적 위기에 처한 절대주의가 쉽게 택하는 메뉴였다.

의회와 보통법재판소는 군주와 자주 충돌할 수밖에 없었다. 왕당파와 의회파의 대립이 격화되면서 결국 내전으로 치닫게 되었는데, 여기에서 올리버 크롬웰(Oliver Cromwell)이 이끄는 의회파가 승리하여 왕을 처형하고 공화정을 수립하였다. 청교도 혁명(Puritan Revolution)이라고 불리는 이 역사적 사건을 통해 영국은 전혀 새로운 정치 질서를 도입하는 것으로 보였다. 다양한 대안적 정치 체제의 실험이 진행되었지만, 영국인들의 궁극적 선택은 공화정이 아니었다. 전후 의회와 군대의 갈등이 고조되는 상황을 배경으로 1660년에 네덜란드에

12 양동휴(2014), 93-99쪽.

명예혁명의 현장 영국의 시민 혁명은 명예혁명이라는 역사적 사건을 거치면서 완성되었다. 그림은 윌리엄과 메리 부부가 왕위에 오르는 장면이다.

망명 중인 찰스 2세가 귀국하여 다시 왕위에 오르게 된 것이다. 스튜어트 왕조가 부활한 이 역사적 과정이 왕정복고(Restoration)이었다.

군주의 절대주의 권력과 시민 세력의 의회 권력 간의 긴장 관계가 최종적인 해결의 실마리를 찾은 것은 그로부터 20여 년이 더 흐른 후의 일이었다. 1685년 왕위에 오른 제임스 2세가 독단적으로 구교 부활 정책을 펴면서 신교–구교 간에 갈등이 심화되자, 의회의 지도자들이 네덜란드의 오렌지공 윌리엄과 메리 부부를 영입하여 영국의 새로운 왕으로 추대하고 제임스 2세를 추방하였다. '명예혁명'이라고 불리는 이 무혈 혁명을 통해 마침내 왕권과 의회권의 분쟁이 종식되었고, 의회의 권한이 미치는 범위가 확인되었다. 1689년 권리 장전(Bill of Right)의 제정으로 영국에는 입헌 군주정이 확립되었다. 국왕이 의회의 허락 없이 자의적으로 세금을 징수할 수 없으며, 정부의 수입, 지출, 차입 등에 대해 의회의 감독을 받아야만 하도록 법제화되었다. 또한 왕실의 특권이 축소되었고, 재정 문제가 중앙 통제를 받게 되었으며, 보통법재판소의 독자적 권한이 확인되었다. 이런 변화 속에서 합법적인 정부는 국민의 동의에 기초해야만 한다는 존 로크(John Locke)의 사상은 영국 시민 혁명의 이념적 보루 역할을 하였다.[13]

명예혁명이 낳은 새 질서는 시민의 재산권에 안정성을 부여하였고 정부는 신뢰도가 개선됨에 따라 지불 능력이 향상되었다. 이에 따라 자본 시장이 빠르게 발전하였다. 1694년 영란은행이 창설되어 공채 중개 업무를 비롯한 여러 업무를 담당하게 되었다. 민간 은행들의 설립도 여러 도시에서 이루어졌다. 군사 혁명(Military Revolution)의 영향이 계속되면서 각국은 군비 확충과 전쟁 수행에 필요한 자금을 확보하는 데 온 힘을 쏟고 있던 시절이었다. 영국의 경우 명예혁명 이후 국채를 발행하여 전비로 충당하는 제도가 크게 발달하였다. 군주의 재정적 신뢰도가 커짐에 따라 군주, 의회, 금융가 사이에 거래가 확대되고 안정성이 증대되었던 것이다. 이렇게 낮은 이자율로 충당된 전비는 프랑스를

그림 2-1 **영국의 국채 발행 증가 추세, 1690-1780년**

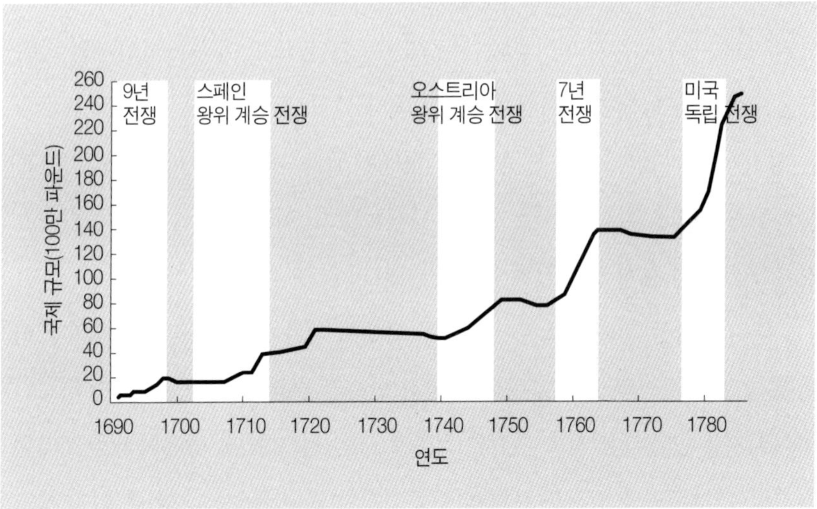

자료: Harris(2004), 217쪽.

13 송병건(2014), 11장; 양동휴(2014), 103쪽.

비롯한 경쟁국들과의 전쟁에서 우위를 차지하는 데 핵심적인 역할을 했다(그림 2-1). 승전은 정부 재정의 강화로 이어졌고 다시 국채를 추가 발행할 여건을 강화시켜 주었다. 이런 일종의 선순환 체계가 확립된 배경에 명예혁명을 계기로 이루어진 정치 개혁이 있었다고 주장된다.[14] 이런 '금융 혁명'(Financial Revolution)은 이웃 국가들에서도 경쟁적으로 진행되었다. 프랑스처럼 개혁이 뚜렷한 성과를 거두지 못한 국가도 있었지만, 네덜란드처럼 금융 선진국으로서의 위상을 확립한 국가도 있었다. 그리고 이런 변화들이 국가 간에 상호 교류되고 전파됨으로써 모방과 혁신을 통한 경쟁을 부채질했다.

이런 주류의 해석과 달리 명예혁명이 재산권 체제 확립에 끼친 영향을 과대평가하지 말아야 한다고 경고하는 주장도 있다. 명예혁명 이후 나타난 차입 조건 개선이 정부 지출의 과도한 증가로 이어졌고 이것이 결국 민간 부문으로의 투자를 구축하는 효과를 낳았다는 지적이 있다. 또한 이자율 상한제와 같은 금융 규제가 도입되면서 자금의 배분이 왜곡되었고, 평균 대부 기간도 축소되는 양상이 나타났다고 한다. 즉, 금융 혁명이 금융 규제로 이어지면서 자금의 순환을 인위적으로 억압하는 효과가 발생하였고, 이것이 산업 혁명에 이르는 시기에 영국의 경제 성장 잠재력을 억눌렀다는 것이다.[15]

하지만 비판적 해석의 의미를 너무 크게 해석할 필요는 없다. 명예혁명 이후에 발생한 재정과 금융 부문의 혁명적 변화가 전적으로 긍정적인 효과로만 이어지지는 않았다는 점을 지적한 정도로 보면 될 것이다. 명예혁명을 계기로 정착한 법치주의와 재산권 보호의 중요성은 여전히 통설의 지위를 잃지 않고

---

14 송병건(2014), 14장; 양동휴(2014), 104쪽.

15 양동휴(2014), 106쪽.

있다. 다만, 왜 서유럽에서는 시민 혁명이 일어나기에 용이했는가라는 질문은 그대로 남아 있다. 일부 학자들은 기독교의 영향이나 로마 제국의 유산 등을 언급한다. 이에 대해 Acemoglu, Johnson, and Robinson(2005a)은 기존의 연구들과는 다른 해석을 제시하였다. 이 연구는 대서양 무역 기회, 식민지의 이익, 노예제 수익 등이 유럽의 발흥에 중요한 기여를 했다고 본다. 이에 따르면 서유럽은 대항해 시대가 개막한 이래 대서양 무역의 번영을 통해 큰 이익을 맛보았다. 이것이 절대주의가 해소될 수 있는 초기 조건을 형성하였다. 새로운 변화의 귀결점은 결국 왕권의 제한과 시민권의 부상이었으며, 이에 따라 근대적인 재산권 체제가 확립될 수 있었다는 것이다.[16]

지식의 창출 · 도입 · 전파

근대 초기 이후에 서구의 지식 지형도는 어떤 변화를 경험했을까? 많은 역사가들은 16세기에 시작된 종교 개혁(Reformation)의 움직임이 지식 지형도에 혁명적인 변화를 초래했다고 주장한다. 과연 이 주장은 타당한가? 그리고 만일 이 주장이 타당하다면 종교 개혁 시대의 어떤 측면이 이런 변화를 야기했을까? 서구 국가들의 문해율 추이를 가지고 이에 대해 논의해 보자.

16세기를 기준으로 볼 때 유럽인들의 평균적 문해율은 매우 낮은 수준에 머물고 있었다. 표 2-1은 1575-1870년 기간에 자신의 이름을 쓸 수 있는 사람의 비율로 측정한 문해율을 보여 준다. 1575년에 자료를 가진 4개국 가운데 네덜

16 양동휴(2014), 114-116쪽.

표 2-1 서명 가능자 비율, 1575-1870년

(단위: %)

국가	1575	1625	1675	1725	1775	1820	1870
스위스	-	-	12	23	17	-	85
네덜란드	44	49	58	65	74	67	81
덴마크	-	-	-	20	47	-	81
독일	-	-	26	62	50	65	80
스웨덴	-	-	-	-	23	75	80
영국	11	15	30	36	50	53	76
프랑스	-	-	20	26	41	38	69
벨기에	-	-	-	-	46	-	66
노르웨이	-	-	-	-	21	-	55
오스트리아	-	-	-	-	21	-	40
이탈리아	23	-	-	-	22	22	32
스페인	26	38	-	20	-	20	20
헝가리	-	-	-	16	18	-	-
러시아	-	-	2	-	4	8	15
터키	-	-	-	-	-	6	9

자료: A' Hearn(2014), 41쪽.

란드가 44%로 가장 높았고 영국이 11%로 가장 낮았다. 그만큼 영국은 유럽의 지식 지형에서도 변방에 속해 있었다.

그러나 유럽인들의 문해율은 16세기 이후 크게 증가했다. 다수 국가들에 대한 추계가 존재하는 1775년을 기준으로 잡아 보면, 네덜란드 74%, 독일 50%, 영국 50%, 프랑스 41%, 벨기에 46%, 이탈리아 22% 등으로 과거에 비해 높은 수치를 기록했다. 1870년에는 이 국가들이 32-81%로 더욱 높은 수치를 보여 주었다. 영국은 76%로 최상위권은 아니지만 대체적으로 높은 수준을 기록했다. 오랜 기간 문해율 후진국이었던 스위스는 85%로 수위를 차지했다.

한 가지 흥미로운 점은 종교 개혁 시기에 신교를 택한 국가들이 구교로 남은 국가들에 비해 눈에 띄게 높은 문해율 상승률을 보여 주었다는 사실이다. 표 2-1은 1870년을 기준으로 문해율이 높은 순서로 국가들을 정리하고 있는데, 상위를 차지한 국가들은 스위스, 네덜란드, 덴마크, 독일, 스웨덴, 영국 등 신교의 영향력이 강한 국가들이었다. 반면에 프랑스, 벨기에, 이탈리아, 스페인 등 구교의 영향력 하에 놓여 있던 국가들에서는 문해율의 상승이 비교적 제한적이었다. 막스 베버(Max Weber)는 저서 『프로테스탄트 윤리와 자본주의 정신』(*The Protestant Ethic and the Spirit of Capitalism*)에서 신교 지역이 구교 지역에 비해 경제 발전에서 높은 수준의 성취를 이룬 이유를, 신교의 직업 윤리와 생활 신조가 자본주의적 경제 발전에 부합했기 때문이라고 설파하였다. 그런데 표 2-1이 보여 주는 추세는 신교의 우위에 대해 베버와는 다른 해석의 여지를 시사한다. 구교에서는 신부와 같은 성직자가 신의 뜻을 신도에게 설명하고 확인시켜 주는 역할을 담당하는 반면에, 신교에서는 신도가 성서를 직접 읽고서 신의 뜻을 찾는 방식을 강조한다. 따라서 매개자로서의 성직자의 역할이 강조되었던 구교 지역과 달라 신교 지역에서는 신도 개인이 글을 읽고 이해하는 능력을 갖추는 것을 매우 중요하게 여겼다. 이런 배경에서 신교 지역의 문해율 상승률이 높았던 이유를 설명할 수 있을 것이다.[17]

각국의 1,000명당 연간 도서 소비량을 보여 주는 통계를 통해 이 주제에 대해 좀 더 상세히 살펴볼 수 있다. 표 2-2는 16세기 중반부터 18세기 말까지 유럽 각국의 추계치를 보여 준다. 1751-1800년에 이 수치가 높은 국가부터 순서대로

17 Dittmar(2011), Renneboogm and Spaenjers(2012), Cantoni(2015).

표 2-2 **1,000명당 연간 도서 소비량, 1551-1800년** (단위: 권/1,000명)

국가	1551-1600	1601-1650	1651-1700	1701-1750	1751-1800
네덜란드	34	139	259	391	488
스웨덴	1	40	59	84	209
영국	27	80	192	168	192
독일	43	54	79	100	122
프랑스	34	52	70	59	118
이탈리아	51	42	56	48	87
아일랜드	0	4	14	62	78
벨기에	48	33	74	31	45
스위스	79	9	15	14	32
스페인	4	9	14	19	28
폴란드	1	6	6	10	23
기타	2	2	5	5	18
러시아	0	0	0	1	6
서유럽	29	41	67	67	122

주: (연간 도서 출판량)+(신판 수입량).
자료: Buringh and van Zanden(2009), 422쪽.

나열하였고, 마지막 줄에 서유럽 전체의 평균 수치를 표시하였다. 1551-1600년에는 이탈리아, 벨기에가 네덜란드, 영국, 독일보다 높은 수준을 나타냈다.[18] 그런데 17세기부터 이 순위에 주목할 만한 변화가 발생하였다. 네덜란드가 1,000명당 연간 도서 소비량이 139권이라는 압도적인 수치를 보여 주었고, 영국이 80권으로 2위를 기록하였다. 이에 반해 이탈리아는 42권, 벨기에는 33권으로 오히려 50년 이전 시기보다 하락하였다. 1651-1700년에는 이 추세가 더욱

18 다른 기간에 비해 이 시간에 예외적인 수치를 보인 스위스는 논외로 한다.

선명해졌다. 네덜란드가 251권, 영국이 192권을 기록한 것과 대조적으로 이탈리아는 56권, 벨기에는 74권에 머물렀다. 마지막 기간인 1751-1800년까지도 대체로 이런 추세가 계속되었다. 그리하여 연간 도서 소비량이 네덜란드(488권), 스웨덴(209권), 영국(192권), 독일(122권)의 순서였으며, 뒤를 이어 프랑스(118권), 이탈리아(87권), 아일랜드(78권), 벨기에(45권)가 순위를 차지하였다. 앞의 네 국가들은 모두 신교 국가이며, 뒤의 네 국가들은 모두 구교 국가라는 점에 시선이 간다. 문해율 자체만이 아니라 실제 도서 소비량에서도 신교-구교 국가들 간에 차이가 뚜렷하게 나타났다.

2.3. 과학 혁명, 계몽주의, 산업 계몽주의

과학 혁명

근대 초 유럽에서는 세상을 이해하는 방식에 혁명적인 변화가 발생하였다. 중세적인 신학적 세계관을 버리고 인간의 합리성과 경험에 기초하여 새롭게 쌓아올린 인식 체계가 등장하였다. 특히 자연 과학 분야에서 이런 움직임이 가장 도드라졌는데, 이를 '과학 혁명'(Scientific Revolution)이라고 부른다.[19] 과학 혁명은 어떤 과정을 거쳐 이루어졌고, 이것이 인류의 역사에 끼친 영향은 무엇일까? 특히 유럽이 아시아에 대해 헤게모니를 갖게 되는 데에 과학 혁명은

---

19 과학 혁명의 개념을 확립한 이는 Butterfield(1957)이다.

어떤 역할을 했을까?

과학 혁명이 가장 활발하게 전개된 분야는 물리학과 천문학이다. 16세기 초반까지도 우주의 구조와 운행에 관한 통설은 아리스토텔레스의 견해를 중세 신학자들이 기독교 교리와 조화시킨 이론이었다. 아리스토텔레스는 만물의 운동과 변화가 '자연 본성'에 의해 발생한다고 보았다. 이런 목적론적 세계관은 우주의 구조와 운행 원리에 대한 그의 설명으로 이어졌다. 지구가 우주의 중심에 고정되어 있고 이를 중심으로 행성들이 궤도를 형성하고 있으며 지상계와 천상계에 적용되는 법칙이 상이하다는 이원론적 모형이었다. 니콜라우스 코페르니쿠스(Nicolaus Copernicus)로부터 시작된 비판은 지구를 포함한 행성이 태양을 중심으로 돈다는 새로운 가설로 이어졌다. 이어서 요한 케플러(Johann Kepler)는 티코 브라헤(Tycho Brahe)가 남긴 방대한 관측 자료를 이용하여 행성의 움직임을 설명하는 이론을 만들었다. 케플러는 코페르니쿠스의 가설을 수학적으로 정교화하는 데 성공하였다.

과학 혁명의 선구자 코페르니쿠스는 천체의 운행에 대해 혁명적인 주장을 함으로써 과학 혁명의 길을 연 인물로 평가된다.

뒤를 이어 갈릴레오 갈릴레이(Galileo Galilei)는 망원경을 개발하여 면밀한 관찰을 진행한 끝에 지동설을 확인했으며, 관성과 가속도에 관한 여러 법칙을 정립하였다. 이 분야에서 정점을 찍은 인물은 아이작 뉴턴(Issac Newton)이었다. 그는 코페르니쿠스와 케플러의 천문학을 갈릴레이의 물리학과 통합하는 데 성공하였다. 중력의 법칙을 핵심으로 하는 그의 이론을 담은 『프린키피아』(*Principia*)는 과학 혁명을 상징하는 지적 상징이 되었다.[20] 일련의 연구들은 오랜 기간 통설의 지위를 차지했던 인간 중심의 우주관이 더 이상 설득력이 없음을 보여 주었다. 인간적 관점이 가져오는 오류와 편견을 버리고, 목적론적 우주관을 폐기하는 대신 새로운 방법으로 우주를 관찰하고 이해하는 길이 열린 것이었다.

이렇듯 과학 혁명 시기는 대단한 유명세를 얻게 되는 과학자들이 등장한 시기였다. 그렇지만 과학 혁명은 사실 소수의 천재에 의해 이루어진 것이 아니었다. 3세기에 걸친 끊임없는 연구와 관찰과 실험 끝에 결실을 거두게 된 것이다. 뉴턴이 표현한 것처럼 앞선 '거인들의 어깨 위에서' 실험, 관찰과 수학을 이용해 추가적인 업적을 만들어 냄으로써 이런 성과를 거둘 수 있었다.[21]

과학 혁명이 지구상의 다른 곳이 아닌 유럽에서 발생한 이유는 무엇일까? 14-15세기에 수학, 천문학, 물리학이 학문의 중심을 차지하는 데에 중세 대학이 중요한 역할을 하였다. 르네상스 시대는 자연 과학적 관심을 일깨우고 세속적 차원의 개선에 대해 여론을 환기시켜 주었다. 당시 유력한 가문들이 유지했던 후원 체계가 우수한 두뇌를 활용할 수 있게 해주었고, 동시대에 개발된 망원경, 현미경, 온도계, 기압계 등이 과학적 지식 획득의 중요한 수단으로 작용하였다.

---

20 양동휴(2014), 120-123쪽.
21 Shapin(1996).

과학적인 연구 방법을 확립한 대표적 인물로 르네 데카르트(Rene Descartes)와 프랜시스 베이컨(Francis Bacon)이 손꼽힌다. 데카르트는 이성에 기초하여 올바른 지식을 얻고 축적할 수 있다고 믿었다. 이른바 '기계적 철학론'을 주창하였는데, 이에 따르면 세상의 모든 자연 현상은 입자의 운동과 충돌로써 설명이 될 수 있는 것이었다. 그는 사람의 감각도 외부의 입자들이 인간의 신체 특정 부위에 충돌함으로써 발생한다는 새로운 해석을 전개하였다. 데카르트의 기계적 철학론은 아리스토텔레스의 목적론적 세계관에 대해 근본적인 단절을 주장한 것이었다. 베이컨도 신학적 도그마를 벗어나 비판적 접근을 강조하였다는 면에서 데카르트와 맥을 같이했다. 그러나 베이컨은 면밀한 관찰의 중요성을 강조하고 실험이 지식의 중요한 기반이라고 보았다는 점에서 특징적이었다. 나아가 그는 과학적 지식이 현실에서 인류의 삶을 개선하는 데 유용하게 쓰여야 한다고 적극적으로 주장하였다. 그가 과학자들의 연구를 지원하고 협력에 유용한 조직을 구축해야 한다고 주장한 것은 이런 태도의 연장선에서 이해될 수 있다. 그가 '살로몬의 집'이라고 명명한 과학 연구 기관의 이상은 1660년 왕립 협회(Royal Society)의 창립이라는 형태로 추진되었다.

이로써 유럽에서는 종교적 세계관이 합리적 세계관에 자리를 내주었는데, 이 영향은 단지 학문적 성과에 머물지 않았다. 과학 혁명의 영향은 거대한 정신 혁명이라고 부를 만한 것이었다. 사람들의 종교관은 물론이고 일상생활에서 사고하고 판단하는 방법, 이를 둘러싼 사회적 제도, 문화적 가치 등에도 엄청난 변화가 발생하였다. 과학 혁명이 보여 준 정치적 함의도 각별하게 주목할 만하다. 당시 절대 왕정은 왕권신수설을 정치적 이념으로 삼고 있었으므로, 과학 혁명은 절대주의의 기반을 약화시키고 결국 시민 혁명에 힘을 실어 주는

왕립 협회의 과학자들 의장석에 앉은 아이작 뉴턴이 과학자들의 회의를 주관하고 있다. 17세기 왕립 협회의 모습이다.

효과를 가졌다. 간단히 말해 과학 혁명은 사람들의 인식 방법에 폭넓게 혁명적인 변화를 초래하였고, 이런 변화가 가져온 새로운 사회적 제도와 정치적 질서는 본격적인 근대 사회를 개막하는 데 핵심적인 역할을 하였던 것이다. 또한 인간 능력에 대한 낙관적 견해를 널리 전파하였다는 점도 의미가 크다. 이는 과학 혁명이 계몽주의 사조와 연결될 수 있는 고리의 하나로서 작용하게 되기 때문이다.

계몽주의

계몽주의(Enlightenment)는 18세기 유럽을 휩쓴 사상적 흐름이었다. 계몽주의는 간단히 말해 인간의 합리성에 대한 신뢰가 가득한 사고 체계였다. 독일의

계몽주의의 전파 계몽주의 시대의 지식 전파를 보여 주는 이 그림은 유럽의 여러 국가에서 온 우편물들이 한데 쌓여 있는 풍경을 묘사한다.

계몽주의 사상가 임마누엘 칸트(Immanuel Kant)가 1784년 말한 것처럼 '과감히 알려고 하라! 너 자신의 지성을 사용할 용기를 가져라'라는 자세를 담은 정신적 사조였다. 달리 말하면 이성을 인간과 사회에 적용함으로써 세계에 진보를 가져다줄 수 있다는 정신적 태도였던 것이다.[22] 계몽주의가 역사적으로 극복의 대상으로 삼은 것은 중세 사회에 특징적이었던 봉건적 정치 권력, 신분제적 질서, 교회의 권위 등이었다. 이들의 권력과 지배가 가져오는 편견, 독단, 몽매, 광기, 미신 등에 저항해 '이성의 빛'(lumen intellectus)을 무기로 새로운 세계를 만드는 것이 계몽주의가 추구한 목표였다.

계몽주의는 과학 혁명으로부터 많은 특성을 물려받았다. 자연 과학의 방식이 인간과 사회의 모든 측면을 이해하는 수단이어야 한다고 보았다. 이성에 입각한 합리적이고 비판적이고 과학적인 사고방식만이 세계에 대한 올바른 인식을 가능하게 해준다는 주장이었다. 예를 들어, 데카르트의 '방법론적 회

22 이영림 · 주경철 · 최갑수(2011), 402쪽.

의'는 지성이 기성의 권위라는 굴레로부터 독립하여 아무런 편견 없이 온전히 드러날 수 있는 기반을 마련해 주었다. 고트프리트 라이프니츠(Gottfried W. Leibniz)는 수학 분야에서 뛰어난 업적을 만들어 냈을 뿐만 아니라 신과 자연, 정신과 물질, 목적론과 기계론을 통합하는 관점을 발전시켰다. 또한 피에르 벨(Pierre Bayle)은 기독교 서적에서 발견되는 비합리적 요소들을 폭넓게 모아 정리함으로써 기성 교회의 가르침이 설득력을 잃도록 하는 데 기여하였다. 그 밖에도 수많은 계몽주의 사상가들의 활동과 주장에 과학 혁명의 내용, 혹은 과학 혁명의 근간이 되는 사고 체계가 반영되어 있다.[23]

계몽주의 움직임은 초기에 프랑스에서 활발하게 시작되어 곧 다른 국가들로 확산되었다. 독일, 네덜란드, 이탈리아, 영국은 물론 북아메리카도 이 사조에 영향을 깊이 받았다. 한편, 스코틀랜드에서는 데이비드 흄(David Hume), 제임스 밀(James Mill)과 애덤 스미스(Adam Smith)라는 걸출한 사상가들이 등장함으로써 이른바 '스코틀랜드 계몽주의'(Scottish Enlightenment)를 활짝 꽃피웠다.[24] 이 그룹에 속하는 학자들은 상업과 제조업의 비중이 점차 확대되는 현실적 변화를 경험하면서 어떻게 하면 새로운 사회에 적절한 사회 제도를 만들고 공공의

철학자 흄 스코틀랜드 계몽주의의 지적 수준을 보여 주는 대표적인 학자로 데이비드 흄을 들 수 있다.

23 이영림 · 주경철 · 최갑수(2011), 404-405쪽.
24 Herman(2001), Lenman(2009).

도덕심을 함양할 것인가에 천착하였다.[25]

지식 기반 사회의 형성이라는 관점에서 볼 때 특별하게 우리의 주목을 끄는 것은 1751-1772년 기간에 발행된 『백과전서』(*Encyclopédie*)이다. 이 간행물은 철학 비평가 드니 디드로(Denis Diderot)와 자연 과학자 장 르 롱 달랑베르(Jean Le Rong d'Alembert)가 야심차게 기획한 지식 정리 사업의 완결판이었다.[26] '이성의 시대'(Age of Reason)에 걸맞도록 식자층 대중을 교화 · 계몽시키는 것을 목표로 내건 기획이었다. 그들의 표현을 빌자면, '지구상에 흩어진 모든 지식들을 취합하여, 우리와 더불어 살아가는 사람들에게 그것의 일반적인 시스템을 제시하고, 나아가 후세들에게 그 지식을 전달하는 것'이 목표였던 것이다.[27] 이미 17세기 말과 18세기 초에 지식의 집대성이라는 문제의식이 성숙해 가고 있었다. 이런 배경을 바탕으로 역사 사전과 기술 용어 사전이 출현하였다. 존 해리스(John Harris)가 1704년에 출간한 『기술 사전』(*Lexicon Technicum*)과 이프리엄 체임버스(Ephraim Chambers)가 1728년에 출간한 『사이클로피디아, 혹은 예술과 학문의 보편 사전』(*Cyclopaedia, or a Universal Dictionary of Arts and Sciences*)이 대표적인 사례였다.[28]

『백과전서』는 본문 17권, 도판 11권(판화 1,885장)이라는 방대한 분량으로 완성되었다. 여기에서 다룬 표제어가 총 7만 1,818건에 이르렀다. 디드로와 달랑베르는 볼테르, 뷔퐁, 루소, 튀르고 등 능력 있는 공동 집필자들에게 의뢰하여 수준 높은 성과물을 완성하였다. 새로운 기술에 대한 묘사가 특히 풍부하였는

25 이영림 · 주경철 · 최갑수(2011), 414쪽.
26 헤드릭(2011), 247쪽.
27 헤드릭(2011), 276쪽.
28 1771년에 발간된 유명 백과사전인 『브리태니커 백과사전』은 체임버스의 저작을 모방한 것이었다.

데, 이를 준비하는 과정에서 얼마나 공이 들어갔는지는 달랑베르가 기록한 다음의 표현을 통해 알 수 있다. '우리는 파리 및 왕국 전체에서 가장 뛰어난 기능공들을 대상으로 설정했다. 작업장을 일일이 방문하여 하나하나 질문을 던지고, 그들의 답변을 꼼꼼하게 기록하는 수고도 마다하지 않았다. 그리하여 그들의 생각을 차츰 발전시켜 나갔으며, 그들의 직업적 용어들을 적절한 언어로 대치시키는 과정을 통해 그러한 용어들을 규정하는 목록을 작성하기에 이르렀다.'[29] 이렇게 공들여 완성된 『백과전서』는 1751년부터 순차적으로 출간되었고, 곧이어 외국에서 번역 출간되었으며 해적판도 뒤따랐다. 추계에 따르면 원본과 해적판을 합해서 평균 30권 분량으로 약 2만 5,000세트, 즉 75만 부가량이 판매되었다. 계몽주의를 대표하는 『백과전서』는 이렇게 해서 공전의 히트작으로 기록되었다.[30]

계몽주의의 상징 백과전서는 계몽주의의 대표적인 지적 성과물이다.

계몽주의의 시대는 크게 세 기간으로 구분할 수 있다. 첫 시기는 18세기 전반기로 과학 혁명의 영향이 직접 미친 시기였다. 두 번째는 18세기 중엽에 해당하는 시기로 계몽주의의 사상적 절정기라고 평가되곤 한다. 몽테스키외(Charles de Montesquieu)의 『법의 정신』 출간과 볼테르(Voltaire)와 장 자크 루소(Jean-Jacques Rousseau)의 활동이 눈부셨던

29 헤드릭(2011), 277쪽에서 재인용.
30 헤드릭(2011), 278-279쪽.

기간이었다. 마지막으로 19세기 후반은 후기 계몽주의 시대라고 부를 만한 기간이었다. 이 시기에는 주요 계몽주의 저작들이 각국에서 번역·출간되었고 사상의 대중화가 크게 진전되었다. 특히 우리의 논의와 관련하여 중요한 점은 계몽주의적 사고를 경제에 적용하여 물질적 삶을 향상시키는 작업이 필요하다는 주장이 힘을 얻은 시기라는 사실이다. 즉, 인간의 이성을 최대로 이용하여 근대적 시대에 부합하는 경제 발전과 개인의 생활 수준 향상을 이룩하겠다는 의지가 사회 전체로 확산된 시기였다. 아래에서 살펴볼 '산업 계몽주의'가 마침내 출현하게 된 것이다.

산업 계몽주의

계몽주의가 경제 발전에 끼친 영향에 대한 관심은 최근에 크게 증가하였다. 특히 조엘 모키어(Jeol Mokyr)가 '산업 계몽주의'(Industrial Enlightenment)라는 용어를 정착시키면서 경제사학계에서 본격적인 주제로 대두하였다. 산업화의 요인으로서 계몽주의 사조에 주목하는 것은 논의의 초점을 기술로 옮겨 오는 역할을 했다. 한동안 경제사학자들은 역사 속에 등장하는 주된 경제 변화를 설명하는 데 기술이 그다지 중요하지 않다고 여겼다. 20세기 후반 경제사학자들은 제도적 요소들을 강조하여 산업화의 성공 요인을 설명하는 모델을 선호하였다. 제도에 대한 관심은 다양해서 어떤 학자는 가족 노동의 가계 내 배분에 관해서 연구하였고, 다른 학자는 재산권 체제의 확립과 변화 과정을 추적하였으며, 또 다른 학자는 거래 비용을 낮추거나 위험의 분담을 가능하게 하는 비즈니스 환경의 변화에 논의를 집중하였다. 이들에게 기술 변화는 부차적인 중

요성 이상을 갖지 못하였다.[31]

프랑스의 계몽주의자들 볼테르, 콩도르세, 디드로 등이 모여 의견을 교환하고 있다. 오늘날에도 계몽주의를 프랑스적인 것으로 보는 견해가 있다.

그러나 최근에 유용한 지식의 원천으로서 계몽주의적 사조와 환경이 강조되면서 기술에 대한 관심 또한 되살아났다. 영국 산업 혁명에 대해서도 전통적으로 역사가들은 계몽주의를 산업화의 유발 요인으로 인정하지 않는 분위기가 강했었다. 그들은 대부분 계몽주의가 본질적으로 프랑스적 현상이라고 이해하였고, 따라서 영국의 산업 혁명은 별개의 역사 과정으로 취급해야 한다고 생각하였다. 산업 혁명 기간의 핵심 기술들이 영국 내부에서 자생적으로 이루어진 개선과 발명에 의한 것이라고 보는 게 일반적이었다.

계몽주의에 대해 새롭게 강조하게 되면서 이런 관점에 변화가 요구되었다. 그간의 연구들을 정리해 보면, 우선 계몽주의는 전통적으로 생각되었던 만큼 프랑스적인 현상이 아니었다. 계몽주의는 사실 영국을 포함한 유럽 전역 및 대서양 너머 북아메리카까지 영향을 끼친 사조였다. 내용 면에서도 전통적 견해보다 폭이 넓어져야 한다는 것이 대체적인 합의점이다. 즉, 철학과 문학에서 두드러진 사조라거나 교회 권력에 대한 정치적 반대를 강조한다거나 하

31 Evans and Withey(2012), 541쪽; 송병건(2016)에 크게 의존한다.

는 차원을 넘어서, 매우 넓고 깊은 영향을 끼친 사회적 변화로 보아야 한다는 주장이 힘을 얻고 있다. 특히 계몽주의를 근대적인 속성의 자의식적인 개선 움직임이라고 적극적으로 해석하기도 하는데, 이런 해석이 영국의 경우에 더욱 적절한 것으로 보인다.[32]

모키어가 특히 강조하는 바는 산업 계몽주의가 17세기의 과학 혁명과 19세기의 산업 혁명을 연결하는 가교였다는 것이다. 그에 따르면 산업 계몽주의는 세 가지 핵심적 측면을 보여 준다. 첫째, 장인적 기술에 대한 면밀한 조사와 체계적인 목록화를 통해 지식을 축적하고 지식에 대한 접근성을 확대한다. 이를 통해 최상의 기술이 보급되는 효과를 낳는다. 둘째, 현존하는 기술들은 당혹스러울 만큼 복잡하고 다양하기 마련인데, 이들을 세심하고 객관적으로 분석함으로써 보편성을 지니는 '일반적 원리의 한정된 집합'을 수립하는 것이다. 셋째, 지식을 집대성한 학자들과 기술을 생산에 이용할 수 있는 실제 기술자들 사이의 상호 작용을 이해하고 강화하게 했다. 요약하자면, 산업 계몽주의는 과학 혁명을 현실 경제에 응용하여 실제 산출물을 창조해 내는 사회적 과정이었다.[33] 영국을 대표한 계몽주의 사상가 존 로크(John Locke)의 사례에서 이런 강조점을 확인할 수 있다. 그는 과학적 방법론을 인간과 사회에 대한 탐구에 적용할 수 있다고 강조하였다. 그는 자연 과학 법칙이 인간의 세속 사회를 이해하는 법칙의 뿌리가 될 수 있다고 여겼으며, 인류가 이런 적용의 확대를 통해 사회적 조건을 개선시킬 수 있다고 확신한 바 있다.[34]

32 Evans and Withey(2012), 542쪽.
33 Evans and Withey(2012), 542쪽.
34 이영림 · 주경철 · 최갑수(2011), 405쪽.

산업 계몽주의적 관점에 따르면 과학이 응용 과정을 거쳐 기술로 만들어지게 된다는 관념도 비판의 대상이 된다. 제임스 와트의 증기 기관이 순수 기초 과학의 성과에 의존한 바는 제한적이었고, 오히려 증기 기관의 개발과 확산이 열역학이라는 과학의 발전으로 이어졌다는 것이다. 이런 예는 영국의 산업 혁명에서 무척 많이 발견된다. 따라서 과학자에 비해 기술자, 특히 실제 생산 과정에서 작업을 하는 숙련공에 대해 상대적으로 낮게 평가하던 관행을 되돌아보아야 한다는 주장이 나온다. 그리고 기술자와 숙련공은 어떤 채널을 통해 새로운 기술에 대한 정보를 습득하고 상호 교류를 했는가에 주목해야 한다고 강조된다.

루나 소사이어티 모임 버밍엄 지역의 혁신가들이 모여 과학과 공학의 주제를 탐구한 모임이다.

실용적 기술의 전파와 습득이 실제로 어떻게 일어났는지에 대한 지역적 연구들이 등장하였는데, 그중에서 가장 주목을 받은 지역이 잉글랜드 중북부에 위치한 공업 도시 버밍엄(Birmingham)이었다. 특히 버밍엄에 산재했던 여러 기관들과 단체들에게 관심이 집중되었다. 예를 들어, 문학과 철학과 과학을 다루는 여러 협회, 회원제 대출 도서관, 커피하우스 등이었다. 그 가운데 루나 소사이어티(Lunar Society)가 가장 널리 알려져 있었다. 또한 신문, 잡지 등 계몽 지식의 교환을 촉진하는 매체들도 주목을 받았다.[35]

산업 혁명의 촉매제

경제 성장은 산업 혁명 시대에 처음 나타난 현상이 아니다. 산업 혁명 이전에도 경제 성장이 존재했고 때로는 오래 지속되기도 했다. 그렇지만 일인당 연 1.5%의 성장률을 보인 산업 혁명 이후 시기는 일인당 연 0.2%의 성장률을 보인 이전 시기와 양적으로뿐만 아니라 질적으로도 차이를 가진다고 많은 경제사학자들은 평가한다. 모키어에 의하면 여기에는 세 가지 근본적 질적 차이가 존재한다.[36] 첫째, 성장이 더 이상 국지적 현상에 그치지 않게 되었다. 18세기 중반 이전에는 경제 성장이 제한된 지역에 머물곤 했다. 일부 번성한 도시국가, 절대주의 국가의 수도 등이 대표적이었다. 그러나 산업 혁명 이후에는 성장의 지리적 범위가 확대되었다. 그리하여 결국에는 공업화한 여러 국가들이 선진국 집단을 형성하는 단계로 나아갔다. 둘째, 산업 혁명 이전에는 성장이 사회 조직적인 변화에 의해 추동되는 경우가 많았다. 예를 들어, 법과 질서의 확립, 신용, 강제 이행을 보장하는 계약, 신뢰 등의 역할이 컸다. 이들에 비하면 기술 진보의 효과는 느리고 국지적이어서 영향이 상대적으로 작았다. 마지막으로, 산업 혁명 이전의 성장은 지속적인 추세를 보이기보다는 정체와 후퇴를 경험하곤 했다. 중세 후반의 베네치아, 대항해 시대의 스페인, 중상주의 시대의 네덜란드가 모두 이런 사례로 볼 수 있다. 산업 혁명에 이른 경제에서만 성장이 대체로 지속적인 모습을 띨 것이라고 확신할 수 있었다.

산업 혁명 전후의 차별성을 낳은 결정적인 역사적 요인이 무엇일까? 과학

---

35 Golinski(1992), Jones(2008), Mokyr(2009b).

36 Mokyr(2005), 286쪽. 여기에서의 논의는 유럽 국가들을 대상으로 한다.

네덜란드의 전성기 중상주의 시대에 경제적 번영을 맞았던 네덜란드의 동인도 회사 조선소 전경. 네덜란드의 경제적 지위는 영국에 의해 추월당하였다.

혁명으로 물질적 질서에 대한 인식은 바뀌기 시작했지만 이런 변화는 초기에 주로 학술적 영역에 국한되어 발생했다. 그런데 이런 학술적 변화를 산업 혁명이라는 현실 사회에서의 대변혁으로 연결해 준 것이 계몽주의였다고 일군의 학자들은 주장한다. 계몽주의를 통해 실용적 지식(useful knowledge)이 사회와 경제 각 분야에 축적되고 확산된 점이 산업 혁명의 전제 조건을 이루었다는 것이다. 한 사회에서 경제 행위를 결정하는 것은 사람들이 가진 특정한 신념과 지식이다. 물질 세계와 자연 현상에 대한 사람들의 신념과 지식이 경제적 성과를 좌우하는 핵심 요인이라고 모키어를 비롯한 학자들은 주장한다.[37] 이들에 따르면, 개인의 지식 집합인 '사회적 지식'(social knowledge)으로서의 유용한 지식

37 Mokyr(2002).

이 궁극적으로 경제 성장률을 결정한다. 그리고 사회적 지식은 단순이 개인의 지식이 증가한 결과로 늘어나는 것이 아니라, 지식에 대한 사회적 분업이 진전됨으로써 늘어난다. 마치 애덤 스미스가 일의 분업을 통해 생산이 크게 증가할 수 있다고 본 것처럼, 지식의 분업과 그에 따른 전문가의 확대가 지식 생산을 증대시키는 효과가 크다.[38]

새로운 형태의 지식

실용적 지식의 생성과 축적과 전파에 영향을 준 것이 계몽주의라면, 계몽주의적 사고의 기원은 17세기 과학 혁명에서 찾을 수 있다. 갈릴레이, 데카르트, 뉴턴과 같은 과학자들이 주도한 과학 혁명이 궁극적으로 산업 혁명 시대의 중추적 기술 혁신에 영향을 주었음은 분명하다. 물리학, 화학, 생물학, 의학에서 발생한 여러 진보는 18세기 산업 발달에 결정적인 영향을 미쳤다. 물론 당시의 최신 이론이 곧 기술에 적용되었던 것은 아니다. 특히 산업 혁명의 초창기 기술 진보가 과학에 직접적으로 의지하였다고 일반화하기는 어렵다. 그러나 기술 진보가 동시대인의 지적 수준과 독립적으로 일어났다면, 그리고 당시 존재하는 최상의 기술을 그냥 전파하는 방식으로 기술의 확산이 일어났다면, 그 기술은 한계 편익이 체감하여 시들어 버리고 말았을 것이다.

계몽주의가 기존에 진행된 과학 혁명을 앞으로 도래할 산업 혁명으로 이어 주는 가교 역할을 했다는 주장에 대해 더 살펴보자. 계몽주의가 현실 사회

---

38 Helpman(2004)을 참조하라.

의 운영과 관련하여 보여 준 가장 중요한 강조점은 바로 지식의 진보를 통해 경제적 진보를 이룰 수 있다는 점이다. 애초에 계몽주의 사상가들이 진보의 관념을 경제 발전이나 기술 변화와 관련해서 발전시킨 것을 아니었다. 진보는 도덕적이고 사회적인 차원에서 이해되었던 측면이 강하다. 그러나 시간이 흐르면서 인류의 생활 수준을 향상시키는 데까지 관심이 확대되었고, 여기에서 '산업 계몽주의'라고 부를 수 있는 특성, 즉 지식의 실용성을 증대시켜 기술 진보와 생산 증대를 낳는 데에 계몽주의 사상가들이 주목하게 되었다. 물론 절대 다수의 계몽주의 사상가들이 물질적 진보에 관심을 기울이거나 반드시 도달해야 할 목표라고 생각했던 것은 아니다. 그러나 그들이 사회적 문제에 관심을 점차 많이 보이게 됨에 따라 경제와 기술에까지 그들의 관심이 확장되는 것은 자연스러운 귀결이었다.[39]

프랜시스 베이컨 그는 산업 계몽주의라는 새로운 시대적 변화를 이끈 선구자였다.

산업 계몽주의의 계보에서 가장 중요한 출발점을 이루는 과학 혁명 시대의 인물은 프랜시스 베이컨이었다. 그의 중요성은 18세기의 수많은 계몽주의 사상가들의 저작에서 그가 자주 언급되었다는 점에서 확인된다. 철학자 디드로, 과학자 라부아지에, 기술자 데이비, 천체학자 허셜에 이르기까지 수많은 학자들이 베이컨을 논의의 중심축

39 특히 앞으로 다시 살펴보게 될 스코틀랜드 계몽주의자들이 이 부분에서 각별히 중요한 역할을 하였다고 많은 역사학자들은 지적하였다.

으로 삼았다. 베이컨이 이렇게 특별한 지위를 누리는 것은 그가 보인 적극적 견해와 관계가 깊다. 그는 인간이 자연을 이해하고 정복함으로써 물질적인 진보를 이룰 수 있다고 확신했다. 지식이 지속적으로 증가하면 그에 따라 물질적 진보도 지속적으로 증가할 것이라고 그는 생각했다. 지식 축적의 핵심 목적은 지적 만족이나 호기심 충족이 아니라 인류가 처한 제반 여건의 향상이어야 한다고 베이컨은 여겼다. 보다 구체적으로 보면, 그는 자연에 대한 이해와 정복의 과정이 집합적인 속성을 지녀야 한다고 보았다.

스코틀랜드 계몽주의자의 일원이었던 애덤 스미스가 핀 공장의 사례를 통해 분업이 생산 능력에 미치는 영향을 설득력 있게 설파했음은 잘 알려져 있다. 이와 마찬가지로 스미스는 지식의 분업을 통해 지식 생산 능력을 크게 향상시킬 수 있다고 믿었다. 스미스의 생각은 베이컨의 생각과 일맥상통하는 것이었다. 베이컨은 다수의 두뇌들이 함께 노력을 함으로써 과학은 물론 실용적 가치를 지닌 기술과 지식이 크게 늘 수 있다고 보았다, 그는 '살로몬의 집'(House of Salomon)이라는 가상의 기관을 상정하고 여기에서 수많은 실험의 결과들과 데이터를 수집하고 정리하고 연구함으로써 집단 지식을 체계적으로 증대시킬 수 있다고 말했다.[40] 영국에서 건립된 왕립 협회(Royal Society)는 베이컨의 이상을 구현하기 위한 기관이었다. 세부 분야에서 지식이 축적되고 이것이 모여 종합적인 일체를 이룸으로써 인류에게 기술적 진보라는 과실을 가져다 줄 것이라는 그의 기획이 현실화된 것이다. 뒤를 이어 프랑스에 세워진 왕립 아카데미(Académie Royale)도 비슷한 성격을 지녔다.[41]

---

40 Mokyr(2005), 291-292쪽.
41 Mokyr(2005), 292-293쪽.

베이컨주의적 관념이 확산됨에 따라 실용적 지식의 연구와 확산은 사회적으로 의미 깊은 과업으로 여겨지게 되었다. 예를 들어, 순수 학문인 수학은 데카르트, 호이겐스, 뉴턴, 라이프니츠의 미적분학 연구에 사용되었다. 그리고 이것은 다시 기계의 운동에 관한 현실적인 문제들 – 예를 들어, 마찰과 저항 – 을 이해하고 해결하는 데 활용되었다. 수학자 오일러가 이를 잘 보여 준다. 그는 순수 수학에 정통한 인물이었지만 동시에 렌즈의 가공, 선박의 설계, 수리 시설의 설계 등 현실의 여러 분야에서 수학적 지식을 활용해 의미 있는 기여를 하였다. 베이컨주의는 사회의 관심을 순수 과학에 머물게 하지 않고 현실 문제의 실질적 해결에까지 이르게 하는 원동력이었던 것이다. 마찬가지로 뉴턴이 직관을 발휘해 수준을 향상시킨 자연 과학은 곧 실용적 지식을 목적으로 연구되었다. 기술자, 군인, 선원, 제조업자, 광부 등 경제의 여러 영역에 속한 사람들이 새 지식을 응용함으로써 구하고자 하는 답을 얻으리라고 확신하였다.

한편, 모키어는 18세기를 거치면서 자연 현상을 이해하는 방식에 혁명적인 변화가 있었다는 점도 강조했다. 과거의 '분석적' 방식을 대신해 '분류적' 방식의 중요성이 널리 인식되었다는 것이다. 그는 이를 '3C'라고 명명하였다, 회계(Counting), 분류(Classifying), 목록화(Cataloguing)를 포함하는 개념이다. 이를 통해 엄청난 양의 실용적 지식의 축적이 발생했다고 그는 주장했다. 과거와는 다른 차원의 정확성과 신뢰성, 일반화 가능성을 가져왔기 때문이었다.[42] 오늘날 우리가 과학자라고 부르는 당시의 인물들 중에는 데이터를 모으고 분류한 이들도 여럿 포함되어 있다.[43] 물리학과 화학 분야에서는 열, 에너지, 화학적 변

42 Mokyr(2005), 289쪽.

43 이들이 축적한 지식을 모키어는 '명제적 지식'(propositional knowledge)이라고 칭했다. Mokyr(2005), 290쪽.

새로운 분류 체계 린네의 생물 분류 체계는 지식의 집대성과 정리에 대해 사회적 관심이 컸음을 보여 준다.

화, 전기적 긴장, 수용력, 저항력 등이 이에 해당하는 대표적인 분야였다. 생물학 분야에서는 더욱 특징적으로 동식물학, 원예학, 농학이 분류적 탐구법을 본격적으로 받아들였다. 오늘날까지 사용되고 있는 생물 분류 체계를 만든 칼 폰 린네(Carl von Linne)가 새 동향의 상징이라고 말할 수 있다. 그도 베이컨주의 사고를 한 인물이었다. 유럽 전역의 학자들이 협력하여 연구하고 출판하고 실험적 재배를 함으로써 각국의 농장 설립과 농업 운동 발전에 기여할 수 있다고 그는 확신을 가졌다.

산업 계몽주의가 도덕적이고 사회적인 가치를 중시하는 '전통적' 계몽주의와 상충하는 것이 아니었다. 더 나은 지식, 더 많은 지식이 가져오는 진보는 또한 도덕적, 사회적으로도 유익한 효과를 가져 올 것이라고 여겨졌다. 즉, 더 계몽된 시민들이 더 합리적인 사고방식과 더 윤리적인 행동 양식을 가질 것이라는 의미가 내포되어 있었다. 전문적 지식이 윤리적 판단과 괴리되어 있는 오늘날과는 매우 다른 사회 분위기였던 것이다.

접근 비용의 결정 요인들

산업 계몽주의가 강조하는 실용적 지식은 그 자체로 충분한 사회적 가치를 지니지는 못한다. 어떤 개인이 창출해 낸 지식을 혼자만의 비밀로 유지한다면, 그 지식의 실질적 가치는 제한적일 수밖에 없다. 어떤 실용적 지식이 경제성장으로 이어지려면 사람들이 그 지식을 얻는 데 드는 비용이 적어야 한다. 지식을 소유한 사람으로부터 지식을 얻는 데 드는 한계 비용을 '접근 비용'(access cost)이라고 부른다.[44]

접근 비용이 왜 중요할까? 첫째, 지식에 대한 접근성의 확대는 그 지식을 최선으로 사용할 수 있는 생산자가 해당 지식을 사용할 수 있도록 한다. 둘째, 보통 기술 진보는 이미 개발되어 있는 다른 기술에 의존하는 경우가 많다. 그리고 다수의 발명은 기존의 기술들을 재결합함으로써 이루어진다. 또는 적어도 기존의 아이디어를 확장함으로써 발명이 이루어지는 사례가 많다. 지식에 대한 접근성의 확대는 기존 기술의 원작자를 명확히 함으로써 잠재적 발명가들이 중복적으로 발명을 하게 되는 것을 막는다. 셋째, 접근 비용이 낮으면 발명가가 기존에 축적된 지식을 충분히 이용할 수 있게 함으로써 새로운 기술을 만들어 내는 데 도움이 된다. 특히 19세기에는 과거에 비해 지식에 의존하여 기술 진보를 이루는 사례가 크게 증가했다.[45]

접근 비용의 구성 요소는 다음의 네 가지로 대별된다. 첫째는 그 지식이 실제로 존재하기 위해 드는 비용이다. 다시 말해서 누군가는 해당 지식을 소유

---

44 Mokyr(2005), 295쪽.

45 Mokyr(2005), 295-296쪽.

해야 하는데, 그에 드는 비용을 말한다. 둘째는 해당 지식을 가진 사람이 누구인지 탐색해서 알아내는 데 드는 비용이다. 셋째는 그 지식을 실제로 수집하여 얻는 데 드는 현실적 비용이다. 도서관이나 자료실에서 관련 문서들을 열람하는 비용, 자료를 구입하고 정리하는 비용, 전문가를 고용하거나 자문을 얻는 데 드는 비용, 사이트를 방문하기 위한 비용 등이다. 마지막으로 이렇게 모은 지식의 가치를 확인하고 쓸모 있는 것으로 확립하는 데에도 비용이 소요된다. 이 네 종류의 비용이 합해져서 접근 비용의 크기를 결정한다.[46] 그렇다면 접근 비용을 결정하는 요인들은 무엇일까? 여기에는 기술적 요인뿐만 아니라 사회적이고 문화적인 요인도 포함된다. 물론 경제적 요인도 크게 작용한다. 다양한 요인들이 상호 작용을 한다는 점을 염두에 두고서 이들을 차례로 살펴보기로 하자.

기술적 요인들

우선 기술적 요인에 대해 살펴보자. 기술적 요인은 얼마나 많이 그리고 정확하게 지식이 기록되어 있으며 이 기록을 전파하고 습득하는 데 얼마나 많은 비용이 드는가와 관련된다. 중세에는 대부분의 지식이 명시적 형태로 기록된 것이 아니라 암묵적 형태로 사람들의 '숙련' 속에 녹아 있었다. 장인이 지닌 기술은 도제 제도를 통해 외부인이 파악할 수 없는 과정을 거쳐 도제에게 전해졌다. 도제에서 장인으로 이어지는 중간 단계인 직인들이 여러 지역을 오가며 자

46 Mokyr(2005), 296-297쪽.

신이 가진 기술을 부분적으로 노출시키는 정도뿐이었다. 계몽주의 시대가 되자 사람들의 이동성이 높아졌고, 그에 따라 지식과 기술의 전파 범위와 속도에도 변화가 발생했다. 도로와 교통 수단이 이전에 비해 특별히 개선된 것은 아니었지만, 지식 습득과 보급에 대한 계몽주의적 열망만으로도 사람들과 우편물의 이동 증가를 낳을 수 있었다.

18세기에는 그간 암묵적 지식이었던 것을 명시적 지식으로 전환시키는 과정도 진행되었다. 기술과 관련된 언어상의 개량이 이에 크게 기여했다. 수학적 기호, 표준화된 측량법, 다이어그램, 작도법 등이 모두 이와 같은 개량에 일조하였다. 라틴어로 책을 저술하던 관행이 줄어들고 유럽 각국에서 모국어로 출간하는 사례가 증가한 사실도 지식의 대중화에 중요하였다. 인쇄술의 발달도 계몽주의 시대에 기술 지식이 표준화되고 일반화되는 데에 핵심적 역할을 하였다. 인쇄술 자체는 16세기 구텐베르크 시절부터 발달하였지만 17세기에 제지업이 발달하면서 사회의 인쇄 문화는 한 단계 도약할 수 있었다. 계몽주의가 강조한 문해력 증진이 인쇄술과 결합함으로써 출판 시장이 확대되었고, 기술 지식은 과거와 비교를 불허하는 수준으로 확산되었다. 과학과 기술을 주제로 하는 정기 간행 잡지가 많이 등장했다는 점도 흥미롭다.[47] 도서관 설립의 증가도 지식에 대한 접근 비용을 줄이는 데 도움이 되었다. 최초의 무상 대중 도서관이 1653년 영국 맨체스터에서 설립된 이래 다수의 도서관들이 책과 잡지를 읽고자 하는 대중들에게 장소와 자료를 제공하였다. 커피하우스에서도 사람들이 출판물을 돌려보면서 지식을 공유하였다.[48] 산업 혁명이 시작되어 교통

---

47 Mokyr(2005), 298-299쪽.
48 Musson and Robinson(1969), 113쪽; Outram(1995), 21쪽: Cowan(2005).

구텐베르크 혁명 자신이 개발한 활판 인쇄기로 인쇄물을 뽑아 살펴보고 있는 구텐베르크의 모습.

과 우편이 발달하자 과학 기술 지식이 전파 범위와 속도는 더욱 증가하였다. 육로와 수로 교통의 발달, 우편 마차 사업의 확장, 철도의 부설 등이 이런 변화를 가속화시켰다. 이 모든 요소들이 작용하여 18세기를 거치면서 과학 기술 지식에 대한 사람들의 접근성이 기술적 측면에서 크게 증가하였다.

그러나 동시대의 사람들을 계몽주의적인 집단과 비계몽주의적 집단으로 이분법적으로 나눌 수는 없다. 산업 혁명 기간에 기술적 진보를 이루거나 명백하게 계몽주의적 색깔을 강조한 사람은 그리 많지 않다. 시기적 추이도 일률적이었다고 보기 어렵다. 17세기 후반과 18세기 초반에는 계몽주의의 물결이 거셌지만, 18세기 중반부터는 보수적 경향이 강해졌다. 특히 영국에서는 1790년대 이후 반(反)계몽주의적 요소가 두드러지게 대두하였다. 분명히 모든 18세기 사상들이 계몽된 것이 아니었으며, 종종 자기모순적이기도 하였다. 계몽주의 내에서도 한 흐름이 다른 흐름들과 경쟁하는 경우도 쉽게 목격되었다. 어떤 학자들은 계몽주의 사상 내부에서의 차이가 계몽주의 외부에서의 차이보다 크다고 말할 정도였다. 그러나 진보할 수 있다는 믿음은 물질적 진보에 관한 최고의 중요성을 지닌 지적 유산이었다.[49]

사회적 · 문화적 요인들

접근 비용을 결정하는 또 다른 요인은 사회적 내지 문화적인 것이었다. 17세기에 유럽에서 뿌리를 공고하게 내린 '열린 과학'(open science)의 문화는 관찰과 경험을 공공의 영역의 것으로 규정하였다. 과학적 지식은 공공재가 되었고, 중세 때와는 비교가 되지 않을 정도로 자유롭게 논의되었다. 이런 개방성은 공개된 방법론과 연구 결과에 대해 다른 학자들이 확인하기 쉽도록 만들었고, 동일한 연구에 대해 중복 투자가 발생하는 것을 막았으며, 과학적 지식이 확산되기 용이하게 하는 효과를 나타냈다. 과거 사람들의 마음을 현혹시켰던 마술과 주술, 신비주의적 믿음, 돌팔이의 거짓과 허풍이 설 자리는 크게 좁아졌다.

접근 비용은 실용적 지식에 관한 사회적 관습과 문화에 의존하기 마련이다. 17-18세기를 거치면서 담론의 변화가 발생하였다는 점이 중요하다. 과거에는 '무엇이 진리인가'가 중요하였다면 이제는 '무엇이 작동하느냐'가 더 중요한 문제로 받아들여졌다. 즉, 더욱 경험적이고 실증적인 방향으로 사고가 전환되었다. 그리고 사회는 실용적 지식이 믿을 만한 것인지 테스트를 통해 확인해 보기를 요구하였다. 이런 과정을 거쳐 과학에 새로운 담론이 자리 잡았고 새로운 신뢰 시스템이 뿌리를 내렸다. 상거래에서 신뢰가 중요한 자산으로 작용하듯이, 과학에서도 신뢰가 실용적 지식이 전파되고 확인되고 받아들여지는 과정에서 비용을 절감시켰다.

49 Mokyr(2005), 297-302쪽.

측량술의 발달 18세기 말에 개발된 측량기로 지형을 재고 기록하고 있다.

접근 비용은 과학 커뮤니티의 관심이 사건과 사물의 목록화를 넘어 일반적 원리를 정립하는 것으로 나아가면서 더욱 낮아질 수 있었다. 그래프와 수학에 대해 의존도의 증가가 정확하고 효과적인 의사소통을 가능하게 하였으며, 궁극적으로 명제적 지식의 증대를 가져왔다. 로빈 라이더(R. Rider)의 말처럼 '수학은 18세기의 눈에 대단히 합리적으로 보였고, 그 기호들과 결과들은 진정 국제적이었다. … 보편성과 합리성에 찬사를 보내던 시대에 수학은 언어 개혁가들에게 직관과 사례를 제공하였다.'[50] 측정 기준이 확립되고 측정 방법이 통일된 것도 계산 방법의 향상과 더불어 접근 비용을 낮추는 역할을 하였다. 이들은 오류를 줄이는 효과를 가져왔을 뿐만 아니라 근본적으로 사람들 간에 효율적으로 의사소통을 하는 방법이기도 하였다. 이와 같은 과정을 통해 18세기에 접근 비용이 국가와 지리적 장벽을 초월하여 낮아질 수 있었다. 그리고 이에 따라 뛰어난 과학자들이 지식을 늘림으로써 얻은 명예와 특권은 국경을 넘어 널리 확산되었다.

50 Rider(1990), 115쪽.

접근 비용을 직접적으로 낮춘 가장 명백한 사례는 디드로와 달랑베르의 『백과전서』로 대표되는 백과사전류의 편찬이었다. 지식에 대한 접근은 지식을 검색하는 엔진을 필요로 한다. 18세기의 새로운 검색 엔진은 새로운 조직 방법과 철자순 나열을 보여 준 백과사전이었다. 백과사전은 그 자체로 산업 혁명을 가져오지는 않았지만 기술적 진보를 바라보는 새로운 시선을 제공하였다. 직관을 대체한 체계적 분석, 암묵적 숙련을 대신한 원리의 파악, 장인으로부터 내려오는 비밀스런 학습을 밀어낸 공개적이고 접근 가능한 교육 시스템을 상징하였다. 그것은 사용자 친화적인 방법으로 지식을 조직하고, 접근 가능한 방식으로 배열하는 작업을 통해 해당 지식을 가장 잘 사용할 수 있는 사람에게 지식을 제공하였다. 게다가 대부분의 백과사전은 특정 저자 혼자서 작성한 것이 아니라 다수의 전문가들이 머리를 모아 완성하는 방식으로 제작되었다. 때로는 지식인과 과학자 협회가 주관을 하기도 하였다. 이런 '집단 지성'(collective intelligence)의 힘이 동시대인에게 큰 신뢰감을 준 것이 사실이다. 결론적으로 말하자면, 백과사전 편찬을 새로운 지식 개념의 출발점이었다고 보는 것은 지나친 평가이겠지만 백과사전이 지적 혁신에 기여하고 접근 비용을 낮추었던 것은 분명하다.[51]

열린 과학과 실용적 지식의 공유는 지식을 창조한 사람이 창조된 지식으로부터 지대를 얻을 수 없다는 것을 의미하였다. 명제적 지식에 뭔가를 더하는 사람은 명예와 찬사를 받았지만 기여에 상응하는 금전적 보상은 주어지지 않았다. 동시대의 최고 과학자들인 뉴턴이나 라부아지에에게 이것은 별 문제가

---

51 Mokyr(2005), 302-308쪽.

되지 않았다. 그들은 명예와 찬사만으로 충분하다고 말하였다. 심지어 산업 발달에 도움이 되는 발견과 발명을 하였던 과학자들, 예를 들어 조지프 프리스틀리(Joseph Priestley), 벤저민 프랭클린(Benjamin Franklin), 험프리 데이비(Humphry Davy) 등도 이윤보다는 인정을 원하였던 것으로 보인다.[52]

제도적 요인

산업 계몽주의의 핵심적 구성 요소들 가운데 하나가 아이디어의 창출과 전파에 기여한 사회 조직의 출현이다. 대학이 일정한 정도 역할을 감당하였던 것은 사실이다. 특히 스코틀랜드에서 대학의 활약상이 두드러졌다. 콜린 맥로린(Colin McLaurin), 윌리엄 컬린(Wiliam Cullen), 조지프 블랙(Joseph Black), 존 로빈슨(John Robinson) 등이 개설한 기술 강좌는 크게 주목을 받았다. 특히 사회적으로 유의미했던 과목에서 대학의 역할이 상당하였다. 글래스고 대학교에서는 이런 강좌들이 기술에 관심이 많았던 숙련공은 물론 일반 시민들에게 공개되었다. 에든버러 대학교에서 조지프 블랙이 가르치는 과정에서는 200명이 넘는 수강생들이 있었고 그의 후계자인 토머스 호프(Thomas C. Hope) 또한 500명의 수강생들을 끌어들였다. 이런 현상은 반드시 영국만의 현상은 아니었다. 독일에서는 괴팅겐을 포함한 새로운 대학들의 설립 물결이 1740년대에 있었다. 이 대학들에서 공부한 인재들은 농학, 광산학과 삼림학에서 훈련을 받고 훗날 새로운 관료들로서 활약을 하였다.

52 Mokyr(2005), 310쪽.

그러나 전 유럽적인 관점에서 보자면 산업 혁명 기간에 접근 비용을 감소시키는 데에 정규 교육 기관들의 역할은 크다고 보기 어려웠다. 잉글랜드의 대부분 대학들은 이 시기에 응용 과학과 기계학을 가르치는 데 비효율적이었고 당연히 스코틀랜드의 대학들과 격차가 벌어졌다. 일부 비국교도 대학들만이 실험 과학, 수학, 식물학을 다른 과목들과 더불어 가르쳤다. 이 대학들은 적은 수의 엘리트들만을 가르친다는 한계가 있었다.[53] 19세기 초에는 조지 버크벡(George Birkbeck)이 주도하여 기계학 인스티튜트(Mechanics Institutes)라고 불린 기관들이 교육적 격차를 줄이고자 노력하였다. 저녁 시간에 노동자들을 위해 과학을 위한 수업을 개설하여 운영하는 것이 주된 목적이었다. 그러나 이 기관들의 성과는 제한적이었다.[54]

과학 교육에 나서다 조지 버크벡은 과학자이자 교육자로서 일반 대중의 성인에게 과학 교육을 시키는 데 힘을 기울였다.

처방적 지식을 가진 사람들과 그것을 적용하고자 하는 사람들을 연결하는 다른 메커니즘은 과학자들과 기술자들이 상호 작용을 하는 회합이었다.[55] 이런 회합을 통한 강의들 가운데 일부는 전국적 중요성을 갖는 종류였지만, 대부분은 지역의 수요에 맞게 구성된 것들이었다. 공식 강연장에서 강의가 이루어지기도 하였지만, 비정규적으로 이루어지는 회합과 커피하우스나 사적

53 Warrington Academy가 대표적이었다.
54 Mokyr(2005), 311-312쪽.
55 전문적 강의와 임시변통적 강연을 모두 포함한다.

살롱과 같은 비공식적 장소에서의 강의와 토론도 실용적 지식에 대한 접근성을 높이는 데에 크게 기여하였다. 1700년경 런던에는 약 2,000개의 커피하우스가 있었고 이들 가운데 여러 점포에서 정치적 · 사회적 쟁론만이 아니라 과학적 탐구와 토론도 진행되었다. 커피하우스들 중에서 가장 유명한 것은 런던 챕터 커피하우스(London Chapter Coffee House)였다. 이곳은 왕립 협회가 회합 장소로 자주 사용하던 곳이었다. 왕립 협회의 회원은 버밍엄의 유명한 루나 소사이어티(Lunar Society)와 중복되기도 했다. 프리메이슨의 회합 장소인 메이슨 로지(Masonic Lodges)도 과학과 기술 정보가 교환되는 장소로 자주 기능하였다. 과학 강연 가운데에는 선풍적인 인기를 끈 것도 많았다. 1750년대 이후에는 비정규적인 모임의 중요성이 점차로 쇠퇴하고 정규적인 기관에 의해 대체되었다. 1662년 창립된 왕립 협회가 이런 변화를 상징하였다. 산업 계몽주의의 표본이라고 부를 수 있는 또 하나의 단체로 기술 협회(Society of Arts)를 들 수 있다. 1754년에 설립된 이 단체에서는 수상 제도를 통해 발명을 독려하고 새로운 아이디어를 공개하였으며, 실용적 지식을 만드는 이들과 이를 사용하는 이들 사이의 의사소통에 편의를 제공하였다. 1799년에 설립된 왕립 인스티튜트(The Royal Institute)는 과학과 기술을 주제로 한 공식적 강의를 자주 개최한 곳으로 유명하였다. 이 기관의 설립 목적을 보면 산업 계몽주

왕립 인스티튜트의 위용 이 연구 기관은 과학 기술을 주제로 한 강연을 자주 개최해 산업 계몽주의를 발전시키는 데 기여했다.

의의 정신을 잘 표현하고 있음을 알 수 있다. '공학에서의 실용적인 발명과 개선에 관한 지식을 전파하고 소개하는 것, 그리고 강연과 실험을 통해 교육하는 것, 그리하여 삶의 보편적인 목적에 과학을 적용시키는 것'이었다.

이런 회합들은 지극히 지역 주도적인 현상이었다는 점이 독특하였다. 많은 수의 작은 마을들에서 이런 이슈들에 관심이 있는 대중들을 끌어모아 모임을 만들고 정규화하는 데 성공하였다. 루나 소사이어티와 같이 이름이 널리 알려진 것은 극히 예외적이었다. 대부분은 자세한 활동 내역조차 남기지 않은 채 조용히 활동을 계속하였다.

계몽주의의 중심국 프랑스에서는 1666년 왕립 과학 아카데미(Academie Royale des Sciences)가 루이 14세와 콜베르에 의해 설립되었다. 지식과 정보의 전파를 위한 기관의 설립은 전국적으로 이루어졌다. McClellan(1981)의 추계에 따르면, 18세기 프랑스에는 33개의 공식 교육 기관이 지방에 설립되어 6,400명에 이르는 회원을 보유하였다. 18세기 전체로 보면 1만 명을 넘는 사람들이 이런 기관에서 과학과 기술에 관한 교육을 받았다. 왕립 과학 아카데미는 정부의 기술적인 조언자 역할을 하면서, 프랑스의 과학 기술 개발의 방향을 조정하는 역할을 수행하고 특허에 관한 결정을 내렸다. 이렇듯 왕립 과학 아카데미는 통치자의 의지를 반영하여 강력한 관료 기구로 발전하였다. 프랑스의 대학들은 영국의 대학들과 비교할 때 상이한 목적과 연구 방법론을 갖고 있었다는 주장이 있다. 프랑스의 대학은 기본적으로 정부에 도움을 주기 위해 만들어졌고 대학의 활동도 파리에 주재하는 학자들에게 국한되었다고 한다. 그러나 프랑스와 영국 대학의 차이는 강조점과 어조의 차이일 뿐 본질적이지 않았다는 견해도 있다. Mokyr(2005)는 두 국가의 대학이 인간의 능력에 대한 낙관과 지식을 통한 부의 창출이라는 관점을 공유하였다고 지적하였다. 프랑스의 과학은 영국의 과학에 비해 조금 더 공식적이고, 연역적이고, 추상적이었을 뿐이라는 것이다. 오히려 이 다양성이 영국과 프랑스 사이에 비교 우위에 의한 특화를 일으켜 계몽주의에 더 많은 힘을 실어 주었다. 계몽주의는 주체 간에 경쟁하는 구도가 아니라 서로 힘을 합쳐 지식을 창조하는 구도에 더 가까웠다는 것이다.

그 밖에 다른 유럽 대륙에서도 실용적인 지식을 창조하고 그에 대한 접근을 향상시키는 것이 중요하다는 인식이 성장하고 있었다. 네덜란드는 전체적으로 부유하였으나 기술적으로는 상대적인 쇠퇴를 경험하던 국가였다. 여기에서도 몇몇 영웅적 인물들이 경제에 혁신을 더하려고 부단히 노력하였다. 이들은 교육 기관을 설립하고, 신기술 전파에 유리한 여건들을 갖추기 위해 전력을 다하였다. 독일에서는 변화의 노력이 네덜란드보다 큰 성공을 가져왔다. 지방 대학들이 독일의 여러 주(州)에서 과학에 근거하여 정치적, 산업적, 농업적인 진보를 이루기 위한 노력을 경주하였다. 1700년에는 베를린 아카데미(Berlin Academy)가 설립되었고, 계몽주의 대학자 고트프리트 라이프니츠(Gottfried W. Leibniz)에 의해 교육이 이루어졌다.[56] 이후 200개 이상의 연구 및 교육 기관이 18세기 후반을 거치면서 설립되었다.[57] 이런 기관들에서 사람

독일의 산업 계몽주의 라이프니츠는 독일에서 계몽주의적 연구를 발전시킨 대표적인 학자였다.

56 베를린 아카데미의 대표적인 성과로는 1747년 사탕무로부터 설탕을 추출하는 기술을 개발한 것이었다.
57 함부르크에서 설립된 애국자 협회(Patriotic Society)가 대표적이었다.

들은 정치경제학을 배웠고, 공적 복지가 개인의 이익보다 중요하다는 사상을 키우게 되었다. 지역적인 모임들에서는 공립 기관의 지적 작업들을 지리적으로 더욱 확장시키는 역할을 하였다. 또한 출판업은 지역 기술자들이 혁신과 발명을 이루는 작업을 하는 데 있어서 중요한 기여를 하였다. 이들 모두가 실용적 지식의 전파가 공공재적인 기능을 한다는 점에 대해 확신하고 있었다.[58]

대중 과학 강연 당시 최고 인기의 만평가였던 롤런드슨이 묘사한 화학 강연 장면이다.

이상에서 살펴본 기관들과 회합들이 모두 경제 발전에 유용한 결과로 이어졌다고 말하기는 어렵다. 많은 강연과 토론, 논문 경연 대회에서 다루어진 내용은 경제적 의미가 큰 분야와는 거리가 먼 경우가 많았다. 지역 유지들의 과시용 모임도 있었고 진지하지 않은 회합도 있었다. 그러나 18세기가 진행되면서 이런 모임들의 주제와 참석자는 점차 초점을 갖추게 되었다. 자연 과학과 기술이 중심적 위치를 차지하면서 농업, 화학, 식물학, 광물학, 지리학, 약학 등이 주축으로 부상하였다. 당시의 공식적 · 비공식적 모임은 대부분 소유와

58 Mokyr(2005), 315쪽.

지위를 고려하지 않고 논의의 발전만을 도모하였다. 이 모임들은 부분적으로는 낭비적이고 방향이 잘못되었고 비효율적이었지만, 전체적으로는 사회 전반에 긍정적 분위기를 조성하였다. 실용적 지식에 더 쉽게 접근할 수 있도록 만든 것이다. 유럽에서의 이러한 지적 발전은 접근 비용의 감소를 통해 향후에 지속적인 기술적 진보로 이어지게 되는 것이다.

경제적 요인

산업 계몽주의의 시대인 17세기 말과 18세기 초에 유용한 지식을 위한 시장이 본격적으로 성장하기 시작하였다. 전문적인 과학자들은 강연을 하고, 상담을 하고, 출판을 함으로써 수익을 거두었다. 래리 스튜어트(Larry Stewart)가 '과학의 혁신가'(entrepreneurs of science)라고 명명한 이런 사람들이 시장을 주도한 핵심 인물이었다.[59] 산업 혁명 기간에 이런 시장은 확대되고 지식 재산권의 확충과 더불어 더욱 정규화되었다. 특허를 출원한 발명가는 자신의 발명을 널리 알리는 것이 경제적으로 이익이었기 때문이었다.

명제적 지식과 처방적 지식 사이에 가교를 놓는 일을 경력으로 삼는 인물도 있었다. 이들은 접근 비용 절감자로 부를 수 있을 것이다. 예를 들어, 윌리엄 쉽리(William Shipley)는 기술 협회(Society of Arts)의 설립자였는데, 다른 지역적 기관들을 설립하고 운영하는 능력도 뛰어났던 것으로 널리 알려졌다. 윌리엄 니콜슨(William Nicholson)이라는 인물은 『자연 철학, 화학, 기술 저널』(*Journal of Natural*

59 Stewart(1986), 181쪽.

Philosophy, Chemistry, and the Arts)을 만들었다. 이 간행물은 동시대인들에게 최고의 권위와 명성을 지닌 것으로 받아들여졌다.[60] 특히 주목할 만한 인물은 명제적 지식과 처방적 지식을 동시에 보유한 이였다. 이런 인물들은 양 지식 사이에 쌍방향의 흐름을 만들었을 뿐만 아니라 그 둘이 잘 혼합된 응용 과학의 기준과 방법론을 확립하였다. 이런 인물로 라부아지에의 제자였던 클로드 베르톨레(Claude Berthollet)는 탄산수를 처음 만들었고, 조지프 프리스틀리는 고무 지우개를 발명하였으며, 험프리 데이비는 안전 램프를 만들었다. 이들은 대부분 금전적 이익에는 무감한 듯했다. 이런 사실은 열린 과학의 윤리와 기술의 전파를 잘 보여 준다. 이들에게는 '야망과 호기심과 이타주의가 벌거벗은 욕망보다 더 큰 역할을 할' 수도 있었던 것이다.[61]

기술 협회의 기여 뛰어난 과학 기술적 성취를 이룬 인물에게 포상을 하는 행사가 열리고 있는 기술 협회의 모습.

산업 계몽주의는 두 차원을 갖는다. 하나는 명제적 지식의 파이를 늘리고 그 연구 방향을 실용적인 것으로 확장하는 것이다. 다른 하나는 기존의 지식들에 대한 접근 비용을 낮추는 노력을 하는 것이다. 이 두 가지 목적은 독립적이라기보다는 상보적이었다. 이 운동은 본질적으로 엘리트적인 특징을 보유하

60 Mokyr(2005), 318쪽.
61 Mokyr(2005), 322쪽.

였다. 소수의 자연 철학자, 물리학자, 엔지니어, 숙련공, 그리고 사업가가 실용적 지식이 축적되고 전파되는 방향과 속도를 바꾸었다. 이들은 경제적인 의미가 있는 실용적 지식에 접근하는 비용이 낮아야 한다고 믿었으며, 그 지식을 생산적인 사용자들에게 널리 퍼뜨리는 것이 중요하다고 깨닫고 그에 따라 행동하였다.

2.4. 유럽 각국의 계몽주의

프랑스와 주변국의 계몽주의

계몽주의 사조가 프랑스에게 가장 두드러졌다는 데에 이견을 다는 학자는 거의 없다. 볼테르, 루소 등 동시대를 대표하는 계몽주의 사상가들이 등장하여 범유럽적인 영향을 끼친 것이 프랑스에서였다. 『백과전서』와 같은 계몽주의의 상징적 저작물이 발간되어 식자층에서 베스트셀러로서의 인기를 끈 것도 프랑스에서였다. 그렇지만 프랑스가 계몽주의의 중심지로 인식된 데에는 학술적 영향력이 큰 인물과 활동이 프랑스에서 나왔다는 점만 작용한 것은 아니었다. 프랑스가 처한 사회적 상황이 계몽주의를 더욱 부각시켰다.

영국이나 네덜란드와 달리 절대주의 왕정 체제가 오래 지속된 프랑스에서는 사람들의 사상과 행동에 대해 국가와 종교의 구속력이 컸다. 국가나 교회를 비판하는 행위는 불법으로 간주되어 엄한 형벌에 처해졌다. 이런 상황에서 계몽주의적 사상가들은 자신의 급진적 생각을 책으로 출간하지 못하는 경우가 많았다. 이들은 대신에 필사본으로 자신의 생각을 정리하여 문학, 철학, 과학 등 다양한 형태로 유포시켰다. 또한 상류층의 사교 모임인 '살롱'(salon)에서 이런 생각과 작품이 회자되기도 하였다. 또 소설과 희곡을 통해 풍자적 표현을 타고 계몽주의적 비판 의식이 전파되기도 하였다. 이 모든 채널이 검열을 회피하기 위한 목적에 부합하게 이용되었다.[62] 마지막으로, 프랑스 혁명이라는 세계사적 대사건과 그 이념을 대표하는 인권 선언이 계몽주의 사상에 깊이 뿌리를 두고 있었다는 사실이 계몽주의를 프랑스적인 것으로 동일시하게 하였다.

살롱의 분위기 프랑스의 살롱은 지적 교류가 이루어진 공간이었다. 여성 중에도 참석자가 많았다.

그러나 계몽주의는 프랑스에 국한된 것이라기보다 범유럽적인 현상이라고 보는 게 타당하다. 무엇보다도 계몽주의 사상이 국적의 중요성을 최소화하였기 때문이다. 계몽주의가 가장 중시하는 용어인 '이성'은 프랑스인에만 해당하는 게 아니었다. 모든 유럽인, 그리고 더 나아가 모든 인간은 이성에 의존해 합리적이고 과학적인 사고와 판단을 할 수 있는 존재로 여겼기 때문이다. 다만 각국이 처한 구체적인 사회적 · 제도적 상황에 따라 특정한 형태의 활동, 특정

62 양동휴(2014), 125쪽.

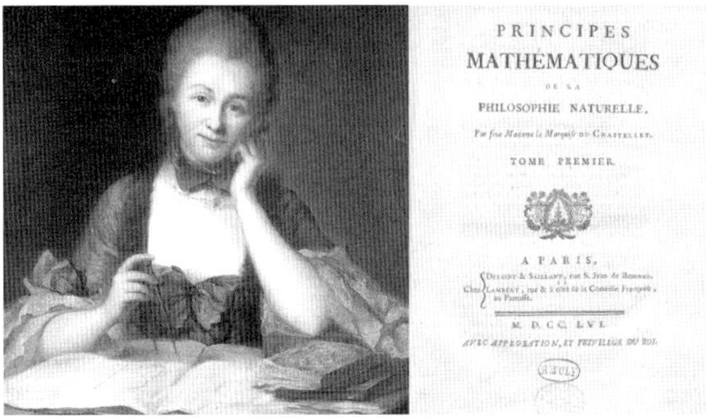

번역된 과학 저작물 뉴턴의 책을 번역해 프랑스에 소개한 새틀레 부인과 번역서 표지.

한 분야의 성취가 결정되었을 뿐이었다.

한 국가에서 출간된 계몽주의적 출판물이 다른 국가들에서 빠르게 번역되어 출간되었다는 사실이 이를 보여 준다. 예를 들어, 뉴턴의 새 우주관을 담은 『프린키피아』는 프랑스의 새틀레 부인(Madame du Chatelet)에 의해 번역되고 주석이 첨부되어 프랑스에서 출간되었다. 곧이어 다른 국가들에서도 이 명저가 번역 출간되었다. 산업 계몽주의의 중심적인 인물들은 벤저민 프랭클린의 사례에서 보듯이 해외로 여행을 자주 다녔고, 외국어 독서의 중요성을 잘 알았다. 영국인들은 대륙의 화학자들이 자국의 화학자들보다 낫다는 것을 알고 있었다. 그에 따라 프랑스의 여러 과학 서적들이 영국으로 번역되었다. 디드로와 달랑베르의 『백과전서』가 프랑스에서만 인기를 끈 것이 아니라, 유럽 전역에서 크게 인기몰이를 한 것도 계몽주의의 범유럽적 성격을 잘 말해 준다. 서적 시장의 발달은 계몽주의의 확산을 보여 주는 중요한 척도임에 분명했다. 독일의 예를 보면, 1700년에 신간 서적이 600종 발행되었다. 신간 서적의 수는 이후 지속적으로 증가하여 1764년에 1,100종, 1680년에 2,600종으로 증가했다고 통계는 보여 준다.[63]

---

63 양동휴(2014), 126-127쪽.

국가별 비교

유럽 국가들이 어떤 차이를 나타냈는가를 살펴보는 것도 흥미롭다. 국가마다 계몽주의적 활동이 얼마나 활발하였는지, 그리고 어떤 분야에서 계몽주의적 활동이 특별히 활발하였는지에 상당한 차이가 존재하였다. 데이비드 크론킥(David Kronkick)은 이런 차이를 구체적으로 파악하기 위해 여러 국가들을 대상으로 비교 작업을 벌였다.[64]

그림 2-2는 국가별로 신규 발행된 잡지들을 주제별 비율에 따라 보여 준다.

그림 2-2 **국가별 신규 잡지의 주제 구성**

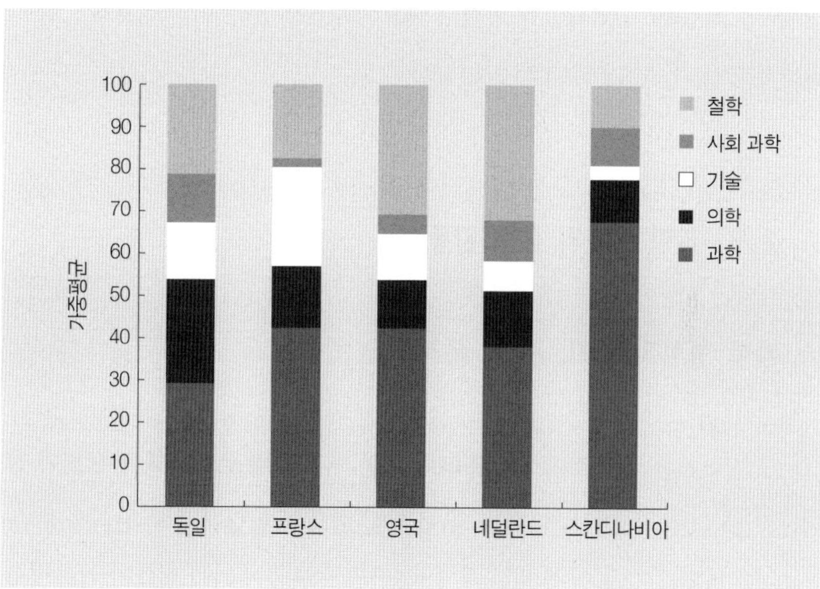

자료: Kronkcik(1991), Mokyr(2005), 334쪽에서 재인용.

64 모키어(2005).

주제는 철학, 사회 과학, 기술, 의학, 과학의 다섯 범주로 구분하였다. 분석의 결과, 국가별 편차가 상당히 있는 것으로 나타났다. 독일은 의학 분야의 잡지가 차지한 비율이 매우 높았다는 특징을 보여 주었다. 의학을 제외하면 과학의 비중은 생각처럼 높지 않은 것으로 나타났다. 사회 과학의 비중이 높았다는 점도 눈에 띈다. 프랑스는 독일보다 과학의 비중이 높았고, 특히 기술의 비중이 유럽에서 가장 높았다는 점이 특징적이었다. 영국은 과학의 비중은 프랑스와 비슷하였지만, 철학의 비중은 예상 외로 높았다. 기술의 비중은 프랑스보다 낮고 독일과 비슷하였다. 네덜란드는 철학의 비중이 높았고 사회 과학도 상대적으로 높은 비중을 차지하였다. 스칸디나비아 국가들은 과학의 비중이 비교 대상국들 가운데 가장 높았다는 점이 중요한 특징이었다. 이와 대조적으로 기술의 비중은 가장 낮은 것으로 나타났다.

2.5. 과학 협회와 출간 활동

과학 협회의 시기, 주제, 목적

이 절에서는 계몽주의적 활동의 중요한 부분을 형성하는 과학 협회와 잡지 출간에 관해 살펴보기로 한다. 우선 과학 협회의 설립에 관해 논의해 보자. 1600-1799년의 기간을 각각 50년 내지 100년씩 구분하여 과학 협회가 기간별로 얼마나 많이 설립되었으며, 주된 주제는 어떻게 구성되어 있었는가가 주목할 점이다.

그림 2-3 **기간별 및 주제별 과학 협회**

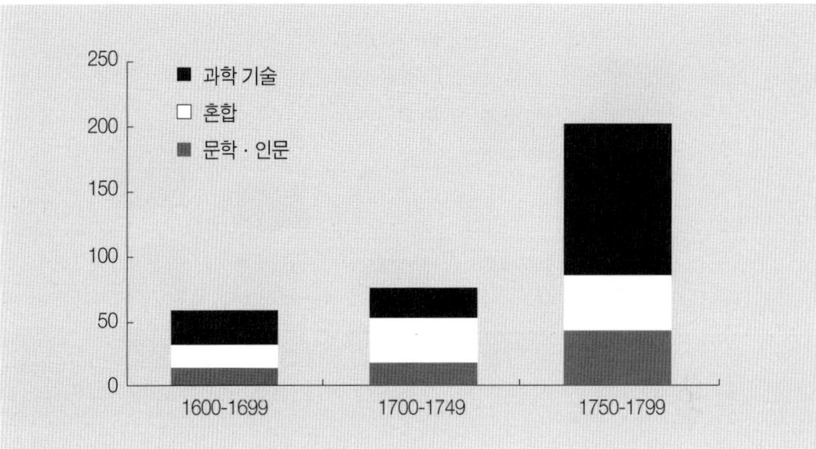

자료: Kronkcik(1991), Mokyr(2005), 335쪽에서 재인용.

그림 2-3이 보여 주듯이 과학 협회는 17세기에도 적지 않게 설립되었지만, 18세기에 들어서 가속도가 붙었다. 특히 1750-1799년은 이전 50년 기간에 비해 두 배 이상으로 협회의 수가 증가한 것으로 나타났다. 주제별 추이도 흥미롭다. 1600-1699년 기간에는 과학 기술과 인문학 및 복합 주제가 대체로 비슷한 비중을 차지하고 있었다가 1700-1749년 기간에는 혼합 주제의 비중이 증가하였다. 가장 특징적인 것은 1750-1799년 기간에 과학 기술의 비중이 급증하여 전체의 절반을 상회하기에 이르렀다는 사실이다. 영국에서는 이미 산업 혁명이 시작된 시기였고 유럽 여러 국가들에서도 산업화의 초기 특징들이 나타나기 시작하던 시기였다는 점과 맥을 같이하는 결과이다.

그림 2-4는 17-18세기에 국가별로 과학 협회가 얼마나 있었는지, 그리고 주된 목적이 무엇이었는지를 보여 준다. 전체 과학 협회의 수는 프랑스가 가장

그림 2-4 **국가별 과학 협회와 주목적, 1600-1800년**

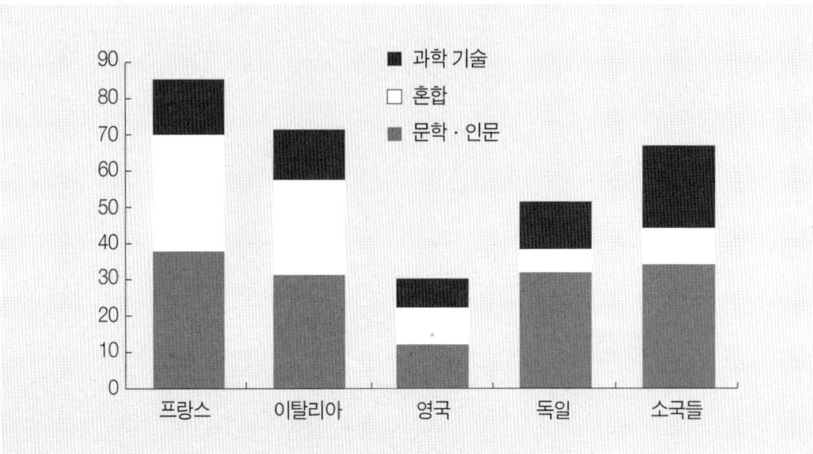

자료: Kronkcik(1991), Mokyr(2005), 335쪽에서 재인용.

많았고 다음으로 이탈리아, 소국들, 독일의 순이었고 영국이 가장 적었다. 한편 순수한 과학 기술의 발달만을 목적으로 한 협회를 보아도 이 순위는 달라지지 않는다. 다만 구성을 보자면 독일이 순수 과학을 목적으로 한 협회의 비율이 다른 국가들보다 현저하게 높았다는 특징을 보여 준다. 소국들이 그 다음을 잇고 있다.

과학 잡지의 출간

이제 과학 잡지로 논의의 초점을 옮겨 보자. 계몽주의 시대에 기술자들이 새로운 발명품이나 발명의 기초가 되는 과학적 원리에 대한 궁금증을 푸는 중요한 채널이 과학 잡지였다. 또 과학 잡지는 동시대 발명의 추세와 인기 영역

그림 2-5 출간 시기별 과학 잡지 수

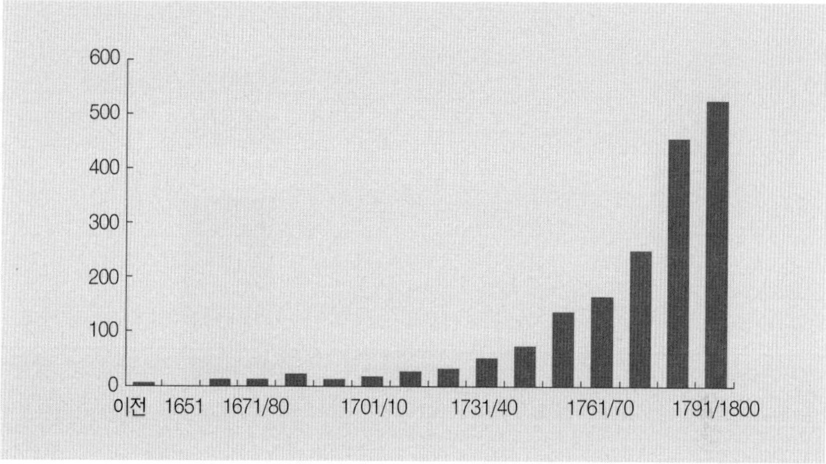

자료: Kronkcik(1991), Mokyr(2005), 331쪽에서 재인용.

에 대해서도 유용한 정보를 제공해 주었다. 이런 과학 잡지의 시기별 · 국가별 · 주제별 분석은 계몽주의 시대에 정보의 분포와 전파 방식에 대해 많은 것을 보여 줄 수 있다.

그림 2-5는 출간된 시기별로 과학 잡지의 수를 보여 준다. 1670년대부터 과학 잡지가 눈에 띄게 출간되기 시작하였다. 출간은 1730년대부터 본격적으로 상승세를 보였다. 특히 1760년대에서 1790년대에 이르는 기간에는 과학 잡지의 출간이 매우 급속하게 증가하였다.

그림 2-6은 과학 잡지를 발간 시점과 주제에 따라 구분해서 보여 준다. 1700년 이전에는 과학 잡지의 출간이 매우 적었다가, 1701-1759년 기간에 괄목할 만한 증가를 기록하였다. 1751-1900년은 이전 시기에 비해 약 다섯 배나 증가하였다. 마지막 기간을 중심으로 보면 과학과 의학이 비슷한 수준으로 1, 2

그림 2-6 **주제별 및 기간별 과학 잡지 수**

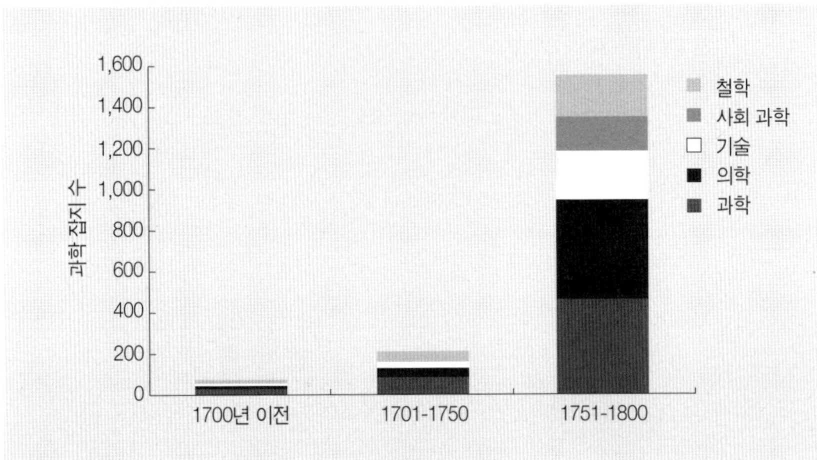

자료: Kronkcik(1991), Mokyr(2005), 332쪽에서 재인용.

위를 차지하였고, 기술이 그 뒤를 이었다. 이전 기간과 비교해 보면 기술의 비중의 급증하였다는 점이 가장 뚜렷한 특징으로 부각된다. 기술의 전체적인 비중은 과학과 의학에 비해 낮았지만, 성장률에 있어서는 타의 추종을 불허하였다.

그림 2-7은 과학 잡지의 발간량을 일인당으로 환산한 후 국가별로 비교해 보여 준다. 이 척도로 보자면 가장 '계몽주의적'이었던 국가들은 예상과 달리 스위스, 네덜란드, 벨기에, 스칸디나비아 국가들이었다. 그 뒤를 이어 독일이 위치하였고, 다음으로 영국과 프랑스, 이탈리아의 순서였다. 규모가 큰 국가들을 중심으로 한 논의가 인상에 치우칠 위험이 있다는 점을 이 그래프는 여실히 보여 준다. 큰 국가들은 유명한 계몽주의 인사들을 많이 배출하였고 계몽주의적 제도와 관습도 대외적으로 널리 알려졌지만, 일인당으로 계산해 보면 주

그림 2-7 **국가별 일인당 과학 잡지 발간량**

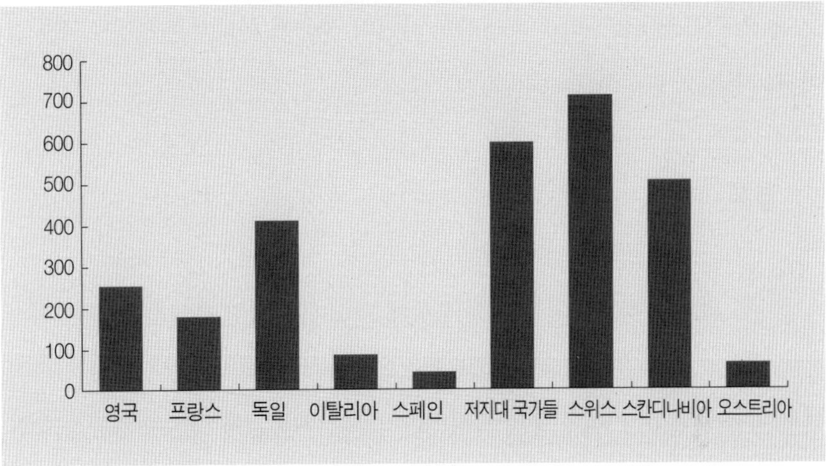

자료: Mokyr(2005), 333쪽.

목을 덜 받는 작은 국가들이 계몽주의적 환경을 더 잘 갖추었다는 점이 확연하게 드러나는 것이다.

이상의 논의들을 종합하자면, 세 가지 특징을 지적할 수 있다. 첫째, 18세기에는 접근 비용을 줄이기 위한 다양한 메커니즘이 작동하고 있었고 다양한 사회적 조직의 설립이 가속적으로 이루어지고 있었다는 점이다. 둘째, 국가별 양상과 강조점의 차이는 향후에 점차 융합되고 수렴하는 현상으로 귀결된다. 그리고 이런 수렴 현상을 보인 국가들이 근대 세계의 선진국으로 자리매김을 하게 된다. 그러므로 산업 계몽주의는 선진국의 출현에 적어도 부분적으로 기여하였다고 볼 수 있다. 셋째, 계몽주의 운동에서 영국이 압도적인 지위를 차지하였다는 증거는 찾기 어렵다. 영국이 최초의 산업 국가가 된 이유를 계몽주의 운동에서 선도적 지위를 차지하였기 때문이라고는 설명할 수 없다는 뜻이다. 즉, 계몽주의는 서구 세계 전반의 산업적 발흥을 설명하는 역사적 요소라고 볼 수 있을 뿐이다. 따라서 영국의 산업적 성공에 대해서는 계몽주의를 넘어서는 독자적 탐구가 필요하다.

결론

서구 세계의 계몽주의는 경제 성장에 대해 결정적인 효과를 가졌던 지적 운동이다. 이 운동은 경제적 성장의 엔진에 실용적 지식이라는 연료를 지속적으로 공급해 주었다. 이 실용적 지식이야말로 눈부신 경제 성장을 가능하게 만든 요체였다. 다른 한편 계몽주의는 경제 운영의 방향을 조절하는 역할을 하였다. 역사적으로 경제 발전을 가로막는 가장 중대한 장벽은 정부와 유력자의 지대 추구 행위, 타국과의 소모적 전쟁, 전체주의적인 강압적 통제, 여타 파괴적인 행동들이었다. 계몽주의는 이런 장벽들을 피하게 만들었다. 특히 계몽주의 발전의 날개 역할을 하였던 코스모폴리탄적 태도와 국제적인 교류는 유럽이 중상주의적 경쟁 체제와 갈등 구조를 통해 유지해 온 뿌리 깊은 상호 적대감을 극복하는 데 크게 기여하였다.

산업 계몽주의는 기술 진보를 가져왔지만 이것이 곧 지속적인 경제 성장을 보장하는 것은 아니었다. 지속적인 경제 성장을 위해서는 정책 담당자와 경제 주체들이 경제적 합리성에 기초하여 사고하고 행동하는 것이 필요하였다. 산업 계몽주의가 가져다준 간접적 효과는 바로 이런 경제적 합리성이 형성되는 데에 기여를 하였다는 사실이다. 정치경제학의 성장과 확산이 바로 이런 효과를 보여 주었다. 경제적 합리성은 자유 무역, 인프라의 개선, 법치주의, 재산

새로운 시대의 도래 공기 펌프로 새를 실험하는 이 그림은 생명이 더 이상 신이 아닌 인간의 통제 대상이 되는 시대가 도래했음을 상징적으로 보여 준다.

권 보호 등과 같은 새로운 질서를 경제에 도입하였으며 경제적 유인을 덜 왜곡하는 조세 구조를 만들었다. 무엇보다 계몽주의적 아이디어는 개인들이 자신의 효용을 높이기 위하여 일하게 만들었고 사회의 복지에 기여하게 하였다고 말할 수 있다.

그러나 계몽주의 사상가들이 추구하였던 이상적 상황이 현실에서 그대로 구현되었다고 단정해서는 안 된다. 그들이 꿈꾼 질서는 코스모폴리탄적이고 개방적이었지만, 그들이 살고 있는 현실은 국가주의적이고 보호주의적인 중상주의 체제였다. 상당수의 계몽주의적 기관이 국가 간 경쟁에서 이기기 위해 설립되었다는 사실이 이런 모순을 여실히 보여 준다.

이런 한계에도 불구하고 계몽주의가 근대적 경제 성장에 긍정적 영향을 끼쳤다는 평가를 부인하기는 어렵다. 근대적 경제 성장의 중심적 요소인 실용적 지식의 축적 및 활용과 접근 비용의 절감에 산업 계몽주의가 강력한 영향을 끼쳤기 때문이다. 이것이 경제 성장의 지속성을 보장해 주는 힘이었다. 지식이 소수의 전문가들에게만 국한되고 접근 비용이 계속 높은 수준으로 유지된다면 일시적으로 경제 성장이 발생하더라도 그 흐름이 계속되지 않고 소멸될 위험이 있다. 고대와 아시아의 제국들에서 탄생한 위대한 발명들 중에는 이런 사례가 많았다. 근대적 경제 성장에 있어서 서구 국가들 사이의 차이는 서구 세계 전체의 공통된 요소에 비하면 중요성이 덜하였다. 국가별 차이를 지나치게 강조하면 계몽주의가 범유럽적 현상이라는 점을 놓치게 된다는 점에 유념해야 할 것이다.

Chapter **3**

산업 혁명과 지식 혁신

Chapter 3

산업 혁명과 지식 혁신

3.1. 산업 혁명의 특질

맬서스 트랩의 탈출[1]

장구한 인류의 역사에서 산업 혁명이 중요한 의의를 지닌 것으로 강조되는 이유는 무엇일까? 산업 혁명의 본질이 무엇인가에 대해서는 아래에서 살펴볼 바와 같이 다양한 견해가 존재한다. 그렇지만 산업 혁명이 가져온 인류의 생활 변화에 대해서는 한 가지 중요한 공감대가 형성되어 있다. 일인당 생활 수준의 눈부신 향상이 바로 그것이다.

산업 혁명 이전 시기에도 일인당 소득이 상당한 수준으로 증가한 때가 전혀 없었던 것은 아니다. 그러나 이런 소득 증가는 시간의 흐름과 더불어 인구가 증가함에 따라 상쇄되어 버리곤 하였다. 소득 증가가 출생률을 높이고 사망률을 낮추는 효과를 발생시키기 때문이다. 이런 이유로 인해 결국에는 경제가

1 산업 혁명의 역사적 의의에 관해서는 송병건(2014) 참조.

그림 3-1 **일인당 소득의 장기적 추세**

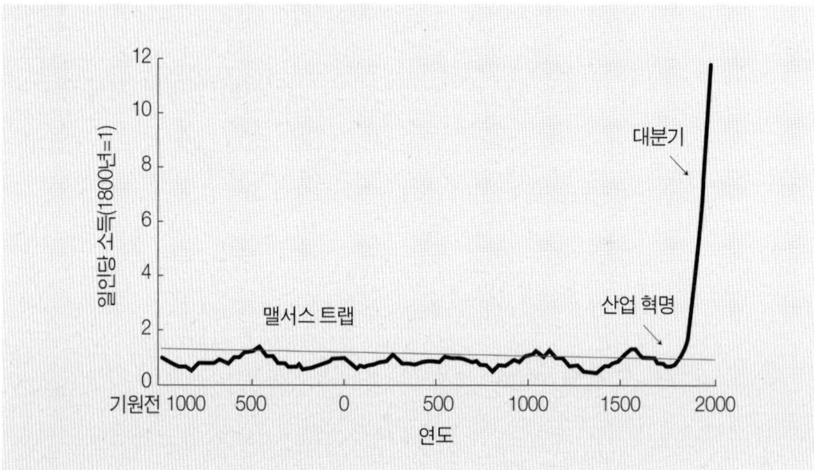

자료: 클라크(2008), 24쪽.

맬서스 트랩에서 벗어나지 못하게 되고, 일인당 소득은 장기적으로 일정한 수준으로 수렴을 하는 경향이 강했다. 이와 대조적으로 산업 혁명 이후에 전개된 이른바 대분기(大分岐, Great Divergence) 시기에는 일인당 국민 소득이 지속적인 증가세를 기록하였다. 그렇다면 그림 3-1이 보여 주는 산업 혁명 이후 소득 증가는 이 시기에 인구가 증가하지 않았기 때문에 가능하였던 것일까?

표 3-1은 서유럽 여러 국가들의 인구 변화 상황을 비교해서 보여 준다. 서유럽 전체로 보면 1750-1800년의 50년 기간에 인구가 17%에 가깝게 증가하였고, 이어서 1800-1850년의 50년 기간에는 인구 증가율이 35%에 근접하였다. 서유럽 국가들 가운데 산업 혁명이 가장 일찍 발생하였던 영국이 가장 두드러진 인구 증가세를 보여 주었다. 잉글랜드에서는 두 기간에 인구 증가율이 각각 50%와 92%에 이르러 서유럽 전체에서 가장 높은 수치를 기록하였다. 이는 산

표 3-1 서유럽 국가들의 인구 증가 추이, 1700-1850년

국가	인구(100만 명)			인구 증가율(%)	
	1750년	1800년	1850년	1750-1800년	1800-1850년
잉글랜드	5.8	8.7	16.7	50.0	92.0
프랑스	24.5	29.0	35.9	18.4	23.8
독일	18.4	24.5	35.0	33.2	42.9
이탈리아	15.2	17.5	23.7	15.1	35.4
네덜란드	1.9	2.1	3.1	10.5	47.6
스페인	11.3	13.2	15.7	16.8	18.9
서유럽 전체	94.2	110.1	148.3	16.9	34.7

자료: Hinde(2003), 183쪽.

업 혁명 시기 영국의 일인당 소득 증가가 인구 감소에 의한 것이 아님을 말해 준다. 오히려 인구가 상당히 증가하는 현상과 동시적으로 일인당 소득 증가가 발생하였다는 사실이 뚜렷하게 확인된다. 일인당 소득 증가와 인구 증가의 동시 발생은 영국 경제가 역사상 처음으로 맬서스 트랩을 탈출하였다는 중요한 사실을 보여 준다.

다양한 학설들[2]

산업 혁명을 어떻게 정의할 수 있을까? 산업 혁명은 좁게 정의하면 18세기 중반에서 19세기 전반에 이르는 시기에 발생한 기술 혁신과 공업 생산 조직의 변화를 말하고, 넓게 정의하면 이러한 경제적 변화와 함께 발생한 인구 증가,

2 이 부분은 송병건(2014)에 의존한다.

도시화, 고용 구조의 변화, 경제적 자유의 확대, 무역의 급증 등을 포함하는 총체적인 사회 경제적 변화를 말한다. 경제와 사회에 발생한 다양한 변화들 가운데 어떤 것을 산업 혁명의 본질로 보아야 하는지에 대해서는 다양한 견해들이 표출되어 왔다. 조엘 모키어가 정리한 내용을 중심으로 보자면, 산업 혁명의 본질에 대한 견해는 아래와 같이 다섯 종류로 구분된다.

첫째, 산업 혁명의 근원적 출발점이 기술 진보라고 보는 학설이다. 랜디스(D. Landes)가 대표하는 이 학설은 증기 기관의 발명과 같은 동력원의 혁신, 기계의 발달, 여러 산업 부문에서 생산 기술의 진보 등이 산업 혁명의 가장 본질적인 측면이라고 본다. 둘째, 마르크스(K. Marx)는 공업 노동자가 생산의 주역으로 등장하고 공장제 대량 생산이 지배적인 생산 방식이 된 점을 강조하였다. 중세의 생산 양식이 근대적인 자본주의적 생산 양식으로 전환하게 된 결정적인 역사적 과정이 산업 혁명이었다고 그는 이해하였다. 셋째, 마르크스와 이론적으로 대척점에 선 로스토(W. W. Rostow)는 거시 경제학적 관점에서 산업 혁명을 이해하였다. 그는 국민 소득 같은 거시 경제 지표의 양적 성장이 가속화되는 것이 산업 혁명의 본질이라고 인식하였다. 넷째, 산업 혁명의 역사적 의의에 관한 이론을 최초로 정립하였던 토인비(A. Toynbee)는 규제 중심의 사회에서 시장 중심으로 운영되는 사회로의 전환에서 산업 혁명의 본질을 찾았다. 마지막으로, 산업 혁명을 인간의 생활 수단에 대한 접근성이 혁명적으로 증가된 것으로 인식하는 학설이 있다. 이에 따르면 인류의 자연에 대한 통제력이 급속하게 증대된 것이 산업 혁명이 지니는 본질적 의의이다.

이 밖에도 산업 혁명의 본질에 대해 많은 견해들이 있다. 앞에서 논의하였던 맬서스 트랩의 탈출을 강조하는 견해는 인구 증가와 소득 증가의 동시 발생

자연에 대한 통제력 산업 혁명은 인간이 자연에 대한 통제력을 크게 확대하는 결과를 낳았다.

이 산업 혁명이 초래한 가장 중요한 변화라고 이해한다. 인간이 사용하는 중추적 에너지원이 인력, 축력, 풍력, 수력 등에서 석탄과 같은 화석 연료로 전환된 점을 강조하는 견해도 있다. 또 인간의 행동에 의해 발생한 생태계의 급변으로 산업 혁명의 본질을 이해하기도 한다. 이상의 논의를 정리해 보면 표 3-2와 같다.

산업 혁명의 본질에 대해 다양한 학설이 제기되어 왔다는 점이 산업 혁명의 의의를 훼손한다고 볼 필요는 없다. 위에서 살펴본 여러 학설들이 서로 상충하는 것은 아니기 때문이다. 기술의 진보, 산업 조직의 변화, 경제의 양적 성장, 시장 경제의 발달, 자연 통제력의 증대, 맬서스 트랩의 탈출, 에너지원의 전환, 생태계의 급변은 모두 산업 혁명이 초래한 것으로 평가할 수 있는 인류

표 3-2 산업 혁명의 본질에 관한 주요 견해들

대표 학자	핵심 내용
랜디스	기술 진보: 동력원, 기계, 공장제 등
마르크스	생산 양식의 변화: 자본주의적 생산 양식의 등장
로스토	거시 경제학적 성장: 국민 소득, 생산 등
토인비	시장 중심 사회 등장: 규제 중심 체제의 종식
기타	맬서스 트랩의 탈출 에너지원의 혁신 생태계의 급변

자료: 본문 참조.

사의 중대한 변화들인 것이다. 그러므로 산업 혁명의 영향이 매우 광범위하고 다층적이었음을 말해 주는 것으로 이해할 수 있을 것이다.

다른 국가들과의 비교

산업 혁명은 영국에서 처음 발생해서 시차를 두고 다른 국가들에게로 전파되었다. 영국과 다른 국가들을 산업 혁명의 전후 시대를 포함한 약 5세기 동안의 시간적 변화를 통해 비교해 보자.

표 3-3은 유럽의 주요 국가들을 중심으로 1500년경에서 1870년 사이의 다섯 시점에 대해 측정한 일인당 GDP를 보여 준다. 1820년 영국 수치를 100으로 놓고 계산한 값이다. 1500년경을 기준으로 보면 영국은 유럽의 다른 국가들에 비해 소득 수준이 낮은 편에 속했다. 소득 수준이 가장 높았던 이탈리아는 물론이고 네덜란드, 스페인, 스웨덴보다도 소득이 낮았다. 1700년경에는 영국의 사정이 나아졌다. 네덜란드를 제외하고는 다른 국가들보다 영국이 높은 소득

표 3-3 국가 간 일인당 GDP 비교, 1500년경-1870년

국가	1500년경	1700년경	1750년경	1820년	1870년
영국	57	73	87	100	187
네덜란드	67	109	109	107	162
벨기에	58	69	76	77	158
프랑스	-	-	-	72	110
이탈리아	83	71	76	65	88
스페인	63	61	58	62	71
스웨덴	64	66	67	70	97
폴란드	50-54	38-42	34-37	41	55
러시아	-	-	-	40	55
터키	-	35	38	40	52

주: 영국 1820=100.
자료: Mokyr and Voth(2010), 2쪽.

수준을 기록했다. 1750년경은 1700년경과 순위에 별 변동을 보이지 않았다. 다만 영국의 상대적 소득 수준이 50년 전보다 더 높아졌음을 확인할 수 있다. 1820년이 되면 이 추세가 더욱 강화되었다. 영국의 소득이 여전히 네덜란드에는 미치지 못했지만 그 격차는 많이 축소되었다. 벨기에, 프랑스, 이탈리아 등 다른 국가들에 비해서는 영국의 소득이 훨씬 높은 수준을 기록했다. 공업화가 진행되고 나서인 1870년에는 영국의 소득이 1위를 차지했다. 네덜란드, 벨기에, 프랑스가 뒤를 이었고 나머지 국가들은 상당한 격차를 보였다. 이 표를 통해 몇 가지 사실을 확인할 수 있다. 첫째 1500년경 영국은 유럽의 변방에 지나지 않는 위상이었다. 둘째 영국인의 소득이 증가하는 속도는 산업 혁명이 시작되기 한참 전인 1700년경부터 이미 대다수의 국가들을 능가하고 있었다. 즉, 영국의 경제적 지위 향상은 장기간에 걸쳐 발생하였다. 셋째, 하지만 영국의

표 3-4 인간 개발 지수, 1820-1870년

국가	1820	1870
영국	0.383	0.489
프랑스	0.303	0.456
독일	0.344	0.448
네덜란드	0.380	0.473
스웨덴	0.403	0.481
이탈리아	0.221	0.284
스페인	0.210	0.184
터키	0.134	0.282
러시아	0.129	0.196

자료: Pamuk and van Zanden(2010), 231쪽.

소득이 결정적으로 타 국가들을 능가하게 된 것은 산업 혁명의 결과라고 볼 수 있다. 19세기 중반을 거치면서 영국의 경제적 지위는 빠르게 상승했다.

일인당 GDP의 증가는 단순히 물질적 생활 수준의 향상만을 의미하지 않았다. 인간의 삶의 질을 측정하기 위해 수많은 학자들이 적절한 지수의 개발에 힘을 기울여 왔다. 그중 가장 대표적인 것이 인간 개발 지수(Human Development Index: HDI)로, 실질소득, 교육 수준, 평균 수명, 문해율 등을 포함한 종합적 평가 지수라고 말할 수 있다. 이 인간 개발 지수를 이용하여 유럽 각국을 역사적으로 측정한 연구 결과가 표 3-4에 제시되어 있다. 1820년과 1870년의 두 시점에서 측정된 인간 개발 지수를 보여 준다. 1820년에 영국은 스웨덴(0.403)의 뒤를 이어 2위(0.383)를 차지하였는데, 이는 네덜란드, 독일, 프랑스보다 약간 앞서고 이탈리아, 스페인, 러시아보다는 크게 앞선 수준이었다. 1870년에는 영국이 가장 높은 수치(0.489)를 나타냈다. 스웨덴을 제쳤을 뿐만 아니라 서유럽 경쟁국인 네덜란드, 독일, 프랑스에 대해 상당한 격차로 우위를 유지하였다. 이탈리아, 스페인, 러시아 등은 여전히 낮은 수준에 머물렀다. 이 표를 통해 경제 발전이 빠르게 진행된 서유럽에서 공업화가 지체된 남유럽과 동유럽에 비해 사회 구성원들의 삶의 질이 전반적으로 높았다는 점을 확인할 수 있다. 소득 수준 외에 교육과 자기계발에 관련된 지표가 높은 수준은 보였다는 사실은 경제 발전의 결과로 삶의 질이 높아졌을 뿐만 아니라, 삶의 질이 향상되어 인적 자본의 수준이 높아짐으로써 경제 발전에 유리한 조건을 형성했으리라는 점을 시사한다. 즉, 경제 발전이 인간 개발 지수를 높이고 이것이 다시 경제 발전에 기여하는 선순환의 구조가 발견된다는 것이다.

영국 경제 성장의 요인

이제 영국의 산업 혁명에 초점을 맞추어, 경제 성장을 초래한 요인이 무엇이었는가를 구체적으로 살펴보자. 이른바 '성장 회계'(growth account)라고 불리는 분석 방법을 사용하여 경제 성장에 대한 각 부문의 상대적 기여도를 고찰할 수 있다.

표 3-5는 1700-1860년 기간에 영국의 성장 회계 추계 결과를 보여 준다. 각 행은 노동 대비 산출 증가율($\Delta Y/L$), 노동 대비 자본 증가율($\Delta K/L$), 노동 대비 토지 증가율($\Delta T/L$), 총요소 생산성 증가율(ΔTFP)을 표시한다. 이에 따르면, 노동 대비 산출 증가율, 노동 대비 자본 증가율, 그리고 총요소 생산성 증가율은 1700-1830년 동안 대체로 일정한 비율로 증가하다가 1830년 이후 급증하는 추세를 보였다. 이와 대조적으로 노동 대비 토지 증가율은 1700-1830년 기간에 지속적으로 두드러진 감소세를 기록했고, 1830년 이후에는 변화가 미미했다. 특

표 3-5 **영국의 성장 회계, 1700-1860년**

기간	*Δ Y/L*	*Δ K/L*	*Δ T/L*	*Δ TFP*
1700-1760	0.32	0.32	-0.08	0.22
1760-1800	0.33	0.16	-0.33	0.33
1800-1830	0.28	0.36	-1.25	0.34
1830-1860	0.96	1.10	-1.25	0.76

주: 1) 1800년 이전의 노동 증가율은 인구 증가율과 동일하다고 가정.
2) 토지, 노동, 자본의 산출 탄력성은 각각 0.15, 0.50, 0.35로 가정.
자료: A' Hearn(2014), 6쪽.

별하게 우리의 시선을 끄는 것은 총요소 생산성 증가율이 1830-1860년에 급증했다는 점이다. 총요소 생산성의 증가는 대부분 기술 진보에 의해 이루어진 것이라고 해석할 수 있다. 노동 대비 자본, 즉 자본 장비율과 별도로 총요소 생산성이 이 시기에 크게 증가했다는 것은 영국 경제가 기술 진보를 이룰 조건을 잘 갖추고 있었다는 뜻이 된다. 인간 개발 지수가 보여 주는 추세와 일맥상통하는 해석이라고 볼 수 있다.

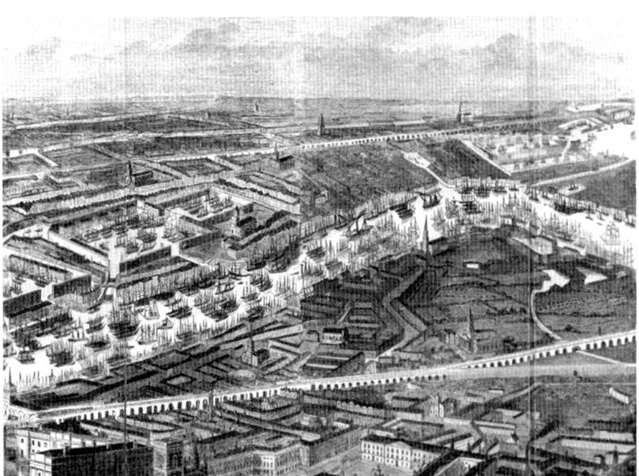

19세기 중반의 런던 산업 혁명을 거친 영국의 수도 런던은 경제적 변혁의 결과를 가장 잘 드러내 주는 외형을 지녔다.

총요소 생산성의 추계는 학자들마다 일치하지 않는다. 그러나 1830-1860년에 이전 기간에 비해 증가세를 보였다는 연구는 많다. 예를 들어, Crafts(1985)는 1801-1830년에 연평균 0.7% 증가를 보였던 총요소 생산성이 1831-1860년에는 1.0%로 증가했다고 추계하였다. Crafts and Harley(1992)가 발표한 수정치는 양 기간에 총요소 생산성이 각각 0.35%와 0.8%였다고 보았다.[3]

산업 구조의 변화

이제 산업 혁명 시기 영국 경제의 구조적 변화에 대해 이야기해 보자. 최근에 이루어진 추계에 따르면 18세기 초반부터 이미 영국 경제는 눈에 띄는 구조적 변화를 경험하였다. 먼저 산업별 및 세부 직종별 인구 구성을 살펴보자.

표 3-6은 1710-1871년 산업별 및 세부 직종별 인구 구성을 보여 준다. 1851년과 1871년의 수치는 인구 센서스 및 직업 센서스의 통계 자료에 의존하며, 1710년과 1817년의 수치는 별도의 추계 작업에서 가져온 결과이다. 세 시점을 거치면서 1차 산업의 비중은 48.7%에서 21.3%로 크게 줄었다. 반면에 2차 산업의 비중은 37.7%에서 43.5%로 지속적인 상승을 기록했다. 한편, 3차 산업의 비중은 놀랍게도 13.6%에서 35.2%로 급증했다. 일반적으로 생각되는 것과는 달리 산업 혁명 시기에 2차 산업보다 3차 산업의 성장세가 더 가파르게 나타났다는 사실이 시선을 끈다. 산업 내부를 들여다보면 좀 더 구체적인 모습이 드러난다. 1차 산업에서는 압도적으로 큰 몫을 차지하는 농업의 비중이 48.1%에서 16.9%로 크게 감소한 반면에, 광업의 비중은 0.4%에서 3.9%로 10배에 육박하는 괄목할 만한 성장을 보였다. 석탄, 철, 비철금속 재료의 채광과 제련이 산업 혁

3 Crafts(1985), Crafts and Harley(1992). 반면에 Feinstein(1981)과 Antras and Voth(2003)는 1831-1860년의 총요소 생산성 증가율이 1801-1830에 비해 낮아졌다고 추계했다.

표 3-6 잉글랜드와 웨일스의 산업별 및 직종별 인구 구성 추계치(%), 1710-1871년

산업	1710	1817	1851	1871
1차	48.7	34.2	27.7	21.3
농업	48.1	31.6	23.7	16.9
광업	0.4	2.2	3.6	3.9
기타	0.2	0.4	0.4	0.4
2차	37.7	41.5	42.6	43.5
의류	7.4	7.3	7.2	6.4
신발	3.1	4.1	4.2	3.4
직물	12.7	10.1	8.8	7.0
철강	2.2	22	2.8	3.4
기계	0.6	0.8	1.1	2.2
건설	3.8	5.1	5.2	5.8
기타	7.9	12.0	13.3	15.5
3차	13.6	24.3	29.7	35.2
유통	2.1	3.1	4.3	5.4
서비스, 전문직	8.7	16.7	20.0	23.0
운송, 통신	2.8	4.5	5.4	6.7
합계	100.0	100.0	100.0	100.0

주: 잉글랜드와 웨일스의 20세 이상 인구 대상.
자료: Shaw-Taylor and Wrigley(2014), 69쪽.

명에서 중요했음을 보여 준다. 2차 산업 내에서도 차이가 눈에 띈다. 의류, 신발과 같은 전통 산업은 성장이 미미하거나 마이너스를 기록한 반면에, 기계, 철강 등은 높은 증가세를 보였다. 직물의 경우 면직에서는 성장률이 높았지만 동시에 모직과 마직에서는 마이너스 성장이 이루어진 탓에 전체적으로 마이너스 성장을 나타냈다.

여기에서 오해를 피하기 위해 기억해야 할 점이 두 가지 있다. 하나는 이 표의 수치가 인구의 '상대적' 비율을 나타내는 것이지 '절대적' 규모를 나타내

는 것이 아니라는 점이다. 인구 구성에서의 마이너스 성장이 반드시 절대수의 감소를 의미하지는 않는다는 것이다. 또 하나 유의할 점은 산업 혁명을 거치면서 노동 절약 효과를 갖는 기계화가 크게 진전되었다는 사실이다. 예를 들어, 직물 공업에 종사하는 인구의 비율이 낮아졌지만 실제 직물의 생산량은 엄청나게 증가하였다. 일인당 생산이 그만큼 크게 늘어났다는 이야기이다. 마지막으로 3차 산업은 거의 모든 세부 직종에서 빠른 증가세를 보였다. 여기에서 우리는 산업 혁명 기간에 모든 부문에서 대체적으로 일정한 속도의 발전이 이루어진 것이 아님을 확인할 수 있다.

면 공업의 기계화 면 공업은 산업 혁명 시기에 가장 빠른 성장을 보인 신산업의 대표 격이었다.

표 3-7은 생산량을 기준으로 각 업종에서 1700-1841년에 얼마나 성장이 이루어졌는지를 보여 준다. 산업 혁명을 대표하는 업종이라는 명성을 지닌 면 공업은 1841년 생산량을 100으로 놓았을 때 1700년 생산량이 0.8에 불과했다. 달리 말하면 면 공업은 이 기간에 약 125배의 생산 증가를 기록하였다. 면 공업만큼은 아니지만 금속 공업은 14배, 광업은 7배의 높은 성장세를 보였다. 한편, 구산업이라고 볼 수 있는 모직, 마직, 피혁, 음식 등의 업종에서는 생산의 증가 폭이 훨씬 작았다.

산업 혁명은 전통적 부문을 그대로 둔 채 일부 신산업 부문에서 집중적으

표 3-7 영국의 업종별 생산 지수

(단위: 1841년=100)

업종	1770	1815	1841
면직	0.8	19	100
모직	46	65	100
마직	47	75	100
실크	28	40	100
의류	20	43	100
피혁	41	61	100
금속	7	29	100
음식	47	69	100
제지, 인쇄	17	47	100
광업	15	46	100
건축	26	50	100
기타	15-50	40-60	100

자료: Harley(1993), 181쪽.

로 발전이 이루어졌다. 산업 혁명이 시작된 시점에서 보면, 영국 경제는 규모가 큰 전통 부문과 갓 싹이 튼 작은 근대 부문으로 나뉘었다. 그 후 산업 혁명이 진행되면서 이 이중 구조 속에서 근대 부문이 전통 부문에 비해 비중을 늘려가는 양상이 전개되었다. 산업 혁명 시기에 경제 전체의 성장률이 생각보다 높지 않았던 이유는 바로 이런 상황 때문이었다. 근대 부문만을 떼어 놓고 보면, 1770-1815년 동안에 매년 면 공업은 7%, 제철 공업은 3%, 석탄 공업은 2.5%의 높은 성장률을 기록하였다. 경제 전체의 성장률을 논하는 것보다 근대 부문의 성장에 초점을 두고 논의를 하는 것이 바람직하다는 주장은 이런 점에 바탕을 두고 있다. 따라서 경제 전체의 성장률을 생각하기보다는 핵심적인 변화가 나타난 특정 부문에 초점을 맞추는 것이 필요하다. 특히 발명과 혁신에 대해 논의

하기 위해서는 혁명적 변화가 발생한 소수의 부문에 주목하는 것이 우리의 논의에 더 적합하다.[4]

3.2. 거시 발명과 미시 개량

대표적인 발명들

위에서 언급한 랜디스를 필두로 하여 많은 학자들이 영국 산업 혁명의 가장 큰 특징을 기술 진보에서 찾고 있다. 당시에 이루어진 대표적인 발명의 연표를 살펴보면, 기술 진보의 범위와 속도를 가늠하는 데 도움이 된다. 2013년 영국 언론 '더 텔레그래프'(*The Telegraph*)는 영국의 역사상 가장 중요한 발명품 50개를 뽑았다. 그중에서 1750-1860년 기간에 이루어진 발명은 표 3-8과 같다.

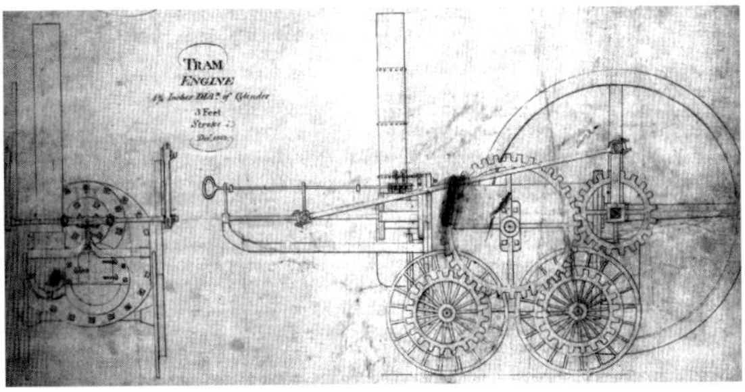

트레비식의 증기 기관 1801년에 발명된 이 기관차는 철도에 본격적으로 응용된 증기 기관이었다.

총 22가지 발명품이 50대 발명품으로 선정되었다. 이는 산업 혁명 시기에 얼마나 발명의 흐름이 강했는가를 보여 준다. 표 3-8은 또한 증기 기관과

4 송병건(2014), 361-362쪽.

표 3-8 *The Telegraph*, 2013년 1월 8일

발명품	발명가	연도
해상 정밀 시계(Marine chronometer)	존 해리슨(John Harrison)	1761
방적기(Spinning frame)	리처드 아크라이트(Richard Arkwight)	1768
칫솔(Toothbrush)	윌리엄 애디스(William Addis)	1770
소다수(Soda water)	조지프 프리스틀리(Joseph Priestley)	1772
수압기(Hydraulic press)	조지프 브래머(Joseph Bramah)	1795
증기 기관(Steam engine)	리처드 트레비식(Richard Trevithick)	1801
글라이더(Glider)	조지 카일리(George Cayley)	1804
수축 차륜(Tension-spoked wheel)	조지 카일리(George Cayley)	1808
통조림(Tin can)	피터 듀란드(Peter Durand)	1810
근대적 소화기(Modern fire extinguisher)	조지 맨비(George W. Manby)	1818
전기 모터(Electric motor)	마이클 패러데이(Michael Faraday)	1821
방수재(Waterproof material)	찰스 매킨토시(Charles Macintosh)	1823
시멘트(Cement)	조지프 애습딘(Joseph Aspdin)	1824
여객 철도(Passenger railway)	조지 스티븐슨(George Stephenson)	1825
잔디 깎는 기계(Lawnmower)	에드윈 버딩(Edwin B. Budding)	1827
사진(Photography)	윌리엄 탤버트(William H. F. Talbot)	1835
전기식 전신(Electric telegraph)	찰스 휘스턴(Charles Wheatstone), 윌리엄 쿠키 (William Cookie)	1837
초콜릿 바(Chocolate bar)	JS 프라이(JS Fry & Sons)	1847
피하 주사기(Hypodermic syringe)	알렉산더 우드(Alexander Wood)	1853
합성 염료(Synthetic dye)	윌리엄 퍼킨(William Perkin)	1856
베세머 공정(Bessemer process)	헨리 베세머(Henry Bessemer)	1856
리놀륨(Linoleum)	프레더릭 월튼(Frederick Walton)	1860

자료: http://www.telegraph.co.uk/news/science/science-news/9787698/.

방적기처럼 산업 혁명에 핵심적 역할을 했다고 널리 알려진 발명품을 보여 주지만, 동시에 그런 산업 부문과 거리가 있는 발명품들도 포함하고 있다. 칫솔, 소다수, 통조림, 초콜릿 바, 피하 주사기 등이 이에 해당한다. 발명의 움직임이 사회적으로 강해지면 기간 산업은 물론이고 부차적 산업에서도 발명 활동이

활발하게 이루어진다는 시사점을 우리에게 던져 준다. 달리 말하면, 기술 진보와 혁신의 기운이 충만한 사회는 일상생활의 모든 면면에서도 이런 기운의 영향을 받아 변화가 발생하고, 이를 통해 사람들의 의식주와 건강, 의료 등에서도 개선이 발생한다는 것이다.

영국 예외주의

영국에서 많은 발명과 혁신이 일어나고 결국 산업 혁명에서 우위에 서게 된 사실을 어떻게 설명할 수 있을까? 경제사학자들은 그간 수많은 요인들을 지적하고 논의해 왔다. 우선 경제적 요인들에 대한 논의가 많이 진행되었다. 생산 요소의 상대 가격, 재산권, 부존 자원, 요소 수요, 재정, 금융 제도, 투자, 저축, 수출입 등이 관심의 대상이 되었다. 보다 구체적으로 보면 석탄의 부존, 명예혁명의 역할, 유동적인 사회 구조, 식민지 운영, 국제 무역망, 강력한 해군, 적극적인 중산층, 생산성 높은 농업, 인구 증가, 도제 제도와 기술 훈련을 통한 노동 공급 등이 상세한 조사와 분석의 대상이 되어 왔다. 그런데 이런 접근들은 모두 내생성이라는 문제를 안고 있다. 이들 가운데 어떤 요인도 기술 변화에 의지하지 않고서는 독립적으로 근대적 경제 성장을 설명할 수 없다. 기술이 산업 혁명의 심장이라면 왜 그것은 이전에 비해 더 빠르고 대규모로 전파되었는가?

이러한 연구들이 공통된 결론에 도달하지 못한 한 가지 이유는 많은 학자들이 영국의 경제적 성과를 영국 예외주의(British Exceptionalism)의 관점에서 접근하고 있기 때문이다. 영국에 독특한 역사적 및 제도적 특성들을 뽑아내고 이들

강력한 해군력 영국이 국가 간 경쟁에서 우위에 나설 수 있었던 데에는 강력한 해군력을 보유했다는 사실이 작용하였다. 그림은 플리머스의 해군 조선소.

을 산업 혁명의 성공 요인으로 연결하는 방식의 해석은 오도로 이어질 위험을 안고 있다. 과연 논의된 특성이 없었더라면 산업 혁명이 불발하거나 심각하게 지연되었을 것이라고 단정할 수 있을까? 이런 특성을 갖지 못한 국가들에게는 경제 발전을 성공적으로 이끌 길이 없었을까?[5]

이런 문제는 성공 요인의 '대체 가능성'이라는 중요한 논점을 우리에게 제공한다. 과연 로스토가 말했던 것처럼 전통 사회가 도약을 위한 '특정한' 종류의 준비를 마쳐야만 경제 성장의 가도에 들어설 수 있었던 것일까? 20세기 중국의 비약적 경제 성장에 보여 주는 바는 부족한 선행 조건을 그 국가 특유의 방식으로 대체하는 방안을 찾으면 된다는 점이 아닐까? 이에 대해 아직도 '워싱턴 컨센서스'(Washington Consensus) 그룹의 학자들은 경제 발전에 '모범 답안'이 있다는 입장을 바꾸지 않고 있다. 영국의 산업 혁명에 초점을 맞춘다면,

5 Escosura(2004), MacLeod(2004).

과연 영국의 경제 성장 성공 요인은 영국에 특유한 것이었던가? 아니면 개별 국가의 사회적 · 문화적 요인과 큰 상관없이 모든 국가들에게 통용될 수 있는 일반화된 설명이 가능할 것인가?

혁신과 생산 요소의 상대 가격

일반화된 설명이 가능하다고 보는 학자들은 생산 요소의 상대 가격과 같은 보편적인 경제 여건에 주목해야 한다고 말한다. 혁신(innovation)을 어떻게 이해할 것인가? 혁신에 대해 학문적으로 관심을 가장 깊이 기울인 학자로 조지프 슘페터(Joseph A. Schumpeter)를 꼽을 수 있다. 그는 기업의 본질을 논하면서 자본가나 노동자가 아니라 기업가가 기업 활동의 가장 핵심적인 주체이며, 기업 활동의 가장 중요한 내용이 '창조적 파괴'(creative destruction), 즉 혁신이라고 주장하였다. 혁신은 사업의 구상에서 출발하여 원료의 공급, 노동의 고용, 자본의 조달, 생산, 시장 개척 등 기업 활동의 전 부문을 대상으로 과거의 방식을 버리고 더 높은 생산성을 가져오는 방식을 만들어 내는 과정이다.

기술 혁신은 산업 혁명을 성공적으로 이끈 원동력이었다고 널리 평가된다. 조엘 모키어가 내린 정의에 따르면 산업 혁명이란 다수의 거시 발명(macro-invention)이 짧은 기간에 집중적으로 발생한 현상을 말한다. 그가 거시 발명이라고 부르는 기술 혁신은 경제의 다른 부문에 미치는 영향이 지대해서 수많은 미시 개량(micro-improvement)을 이끌어 낼 수 있는 종류의 기술 혁신을 말한다. 다수의 거시 발명이 상호 작용을 하면서, 그리고 뒤를 이어 발생하는 다양한 미시 개량을 통해 경제에 광범위한 긍정적 충격을 주는 과정이 산업 혁명이라

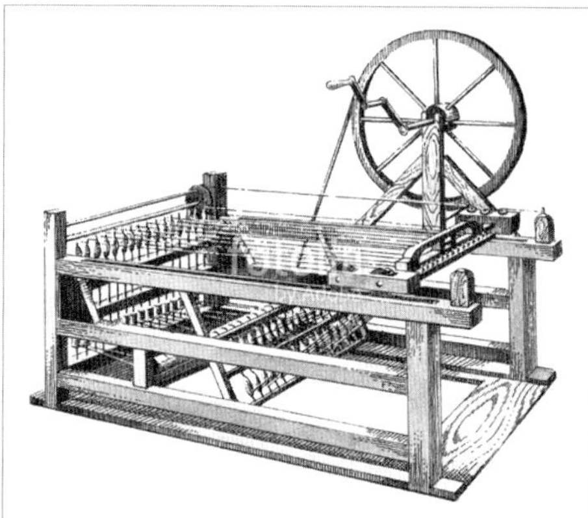

거시 발명의 사례 하그리브스가 발명한 제니 방적기는 산업 혁명 시기 거시 발명의 대표적 사례이다.

는 것이다. 거시 발명에 속하는 혁신이 구체적으로 무엇인가에 관해서 모키어와 다른 학자들이 모두 동의하는 답이 있는 것은 아니다. 대체적으로 통일된 견해에 따르면, 증기 기관, 방적기, 염소 표백법 등이 거시 발명에 포함된다.[6]

거시 발명과 미시 개량은 어떻게 발생하는 것일까? 이에 대해 경기의 장기 파동 이론을 주장한 니콜라이 콘드라티에프(Nikolai Kondratiev)는 거시 발명의 대체적 주기를 50년 내지 60년으로 보았다. 그에 따르면 본질적으로 외생적인 충격적 기술 진보에 의해 거시 발명이 이루어지게 되는데, 이는 장기 경기 순환을 상승 국면으로 이끄는 작용을 한다. 그리고 이어서 발생하는 수많은 미시 개량이 경기를 더욱 끌어올리는 역할을 한다. 거시 발명의 효과가 거의 소멸되어 일부 미시 개량만 남은 상태에서 경기는 둔화되기 시작하여 곧 하락 국면으로 접어든다. 그리고 하락 추세는 새로운 거시 발명이 외생적으로 발생하는 시점이 되어서야 다시 상승 반전의 기회를 맞게 된다. 콘드라티에프의 주장은 일견 기술 변화의 경제사적 추이와 맞아떨어지는 것처럼 보이지만, 그가 외생적이라고 본 거시 발명이 어떻게 주기적으로 발생하게 되는지에 대해 아무런 설명을 할 수 없다. 이러한 단

6 Mokyr(2001).

점 때문에 콘드라티에프 장기 파동 이론은 경제사학자들로부터 높은 평가를 받지 못하고 있다.[7]

그렇다면 다른 방식으로 거시 발명과 미시 개량을 설명할 수는 없을까? 로버트 앨런(Robert C. Allen)은 생산 요소의 상대 가격을 가지고 거시 발명과 미시 개량이 작동하는 기제를 풀이하였다. 그는 영국이 다른 국가들에 앞서서 여러 중요한 기술 혁신을 이룰 수 있었던 경제학적 이유를 이 관점에서 분석하고자 하였다. 그에 따르면 산업 혁명 시기 영국 경제에 특징적인 여건은 높은 임금 수준과 낮은 석탄 가격이었다.[8]

그림 3-2는 세계 여러 도시에서 추계된 노동자의 임금 수준을 보여 준다.

그림 3-2 **세계 각 지역의 임금 수준, 1425-1825년**

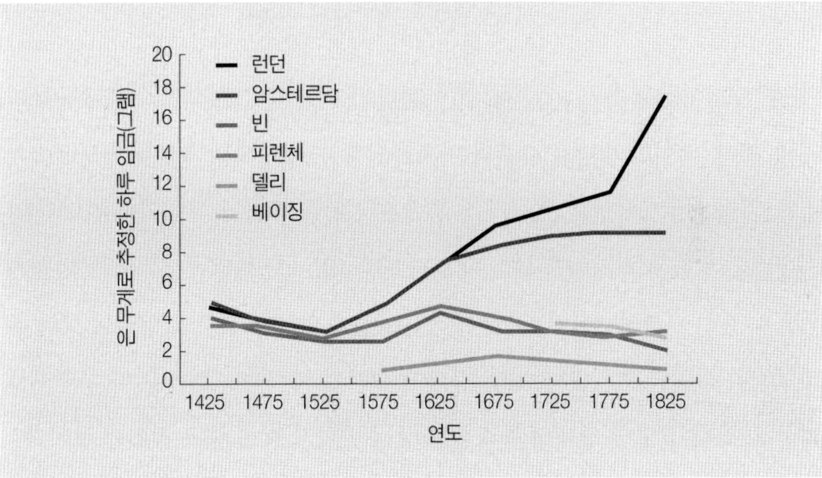

자료: Allen(2009a), 34쪽.

---

7 Tylecote(1991), Barnett(1998).

8 Allen(2009a; 2015).

그림 3-3 **영국의 목탄과 석탄 가격 추이**

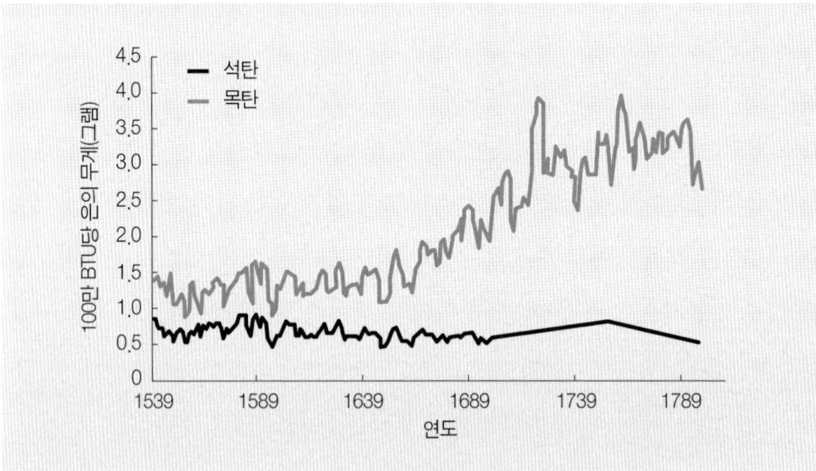

주: 1BUT는 물 1파운드를 화씨 1도 높이기 위해 필요한 열량으로 약 252cal에 해당.
자료: Allen(2009a), 95쪽.

1425년에서 1825년까지 400년에 걸쳐 런던의 임금 수준을 암스테르담, 빈, 피렌체, 델리, 베이징의 임금 수준과 비교하였다. 15세기에는 대부분의 도시에서 임금 수준이 유사하였지만, 16세기 후반부터 임금 격차가 확대되어 런던과 암스테르담이 다른 도시들을 압도해 갔다. 특히 영국은 1625년경부터 가장 높은 임금 수준을 기록하였다. 더욱 두드러진 모습은 18세기 말부터 영국이 보여 준 비약적인 고임금 추세였다. 산업 혁명이 시작된 시점에서 영국은 다른 국가들과 비교할 때 고임금 경제의 특징을 가장 뚜렷하게 보여 주고 있었던 것이다.

한편, 그림 3-3은 영국 중부 지방에서 기록된 석탄의 가격을 목탄의 가격과 비교하여 보여 준다. 16세기 이래 석탄은 목탄보다 낮은 가격을 유지하였다. 더욱이 17세기 후반부터 목탄의 가격은 지속적인 증가세를 보인 데 반해,

목탄 생산 코크스가 개발되기 이전에는 철광석을 용융시키기 위해서는 목탄을 사용하는 방법이 유일했다. 목탄 생산은 숲이 많은 지역에서만 대규모로 이루어질 수 있었다.

석탄의 가격은 거의 변하지 않은 채 낮게 유지되었다. 영국에서는 17세기 후반부터 삼림 자원의 부족이 현실화되었는데, 이와 달리 석탄은 저렴한 방법으로 채굴될 수 있었고 그 양도 풍부하였던 것이다.

높은 임금과 낮은 석탄 가격은 기술 혁신에 대해 특별한 함의를 지닌다. 고임금의 부담을 피하기 위해 노동 절약적인 기술 진보가 바람직하였는데, 가격이 저렴한 석탄을 대량으로 사용할 수 있게 하는 기술이 특히 유용하였다. 증기 기관은 이런 면에서 이상적인 발명품이었다. 석탄에 비해 임금의 상대 가격이 낮은 국가에서는 이러한 유인이 존재하지 않기 때문에, 노동 절약적 발명을 위한 노력이 적게 존재하고 성공적으로 발명이 이루어지더라도 신기술이 쉽게 확산되지 않는다. 이렇듯 영국이 산업 혁명 시기에 눈부신 기술 진보를 보인 데에는 생산 요소의 상대 가격 조건이라는 요인이 크게 작용하였다. 자세한 이론적 설명은 다음과 같다.

혁신의 경제 모형

혁신을 경제학적으로 어떻게 이해할 것인가? 생산자 이론을 통해 살펴보자. 한 기업의 생산 함수는 다음과 같이 표현된다.

$$y=f(L, K).$$

(y : 산출, L: 노동, K: 자본)

영국의 산업 혁명 시기를 염두에 두고 본다면 자본 대신 석탄이라는 생산 요소를 상정해도 이론적으로 동일한 결과에 도달한다는 점을 지적하면서 논의를 진행하기로 하자. 이 생산 함수를 사용하여 등량 곡선(isoquant)을 그리면 그림 3-4와 같다. 등량 곡선은 기술이 일정할 때 일정한 산출을 내기 위해 필요한 노동과 자본의 조합점을 이어서 곡선으로 표시한 것이다. 자본에 비해 노동이 상대적으로 비싼 경우(고임금 경제)의 등비용 곡선(isocost curve)은 자본에 비해 노동이 상대적으로 싼 경우(저임금 경제)의 등비용 곡선보다 기울기가 가파르다. 그리고 두 경우의 균형점은 각각 H와 L이 된다. 두 등비용 곡선이 x축 및 y축과 만나 형성하는 영역은 A, B, C로 구분할 수 있다.

노동과 자본의 상대 가격이 일정하다고 가정할 때 거시 발명의 효과를 살펴보자. 발명의 효과는 등량 곡선을 원점 방향으로 이동시킨다. 고임금 경제에서 거시 발명은 노동을 절약하는 방향으로 이루어지는 경향이 강하다. 그림의 T가 노동 절약형 기술 진보가 초래한 효과를 나타낸다. 이 거시 발명은 고임금 경제의 등비용 곡선을 원점 방향으로 이동시키므로 경제적으로 이익이 된다.

그림 3-4 거시 발명의 균형점 이동

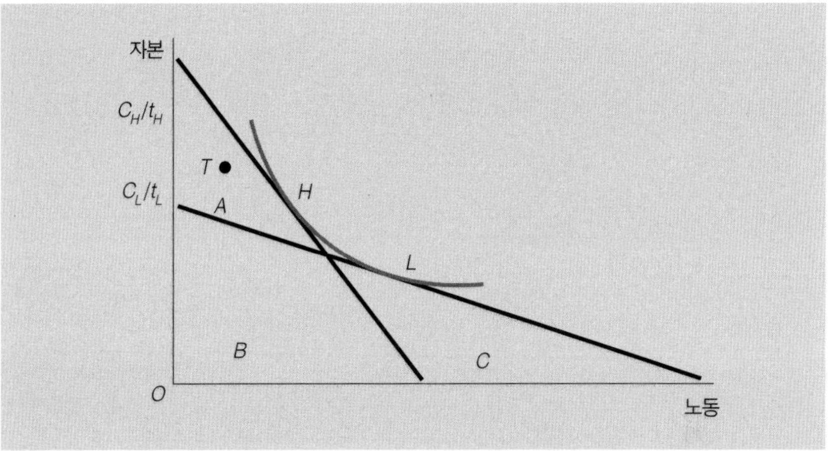

자료: 송병건(2014), 375쪽에서 재인용.

그러나 이 거시 발명은 저임금 경제에게는 도움이 되지 않는다. 오히려 등비용 곡선을 바깥쪽으로 이동시키는 효과를 가지기 때문이다. 이를 일반화하면, 영역 *A*에서 발생하는 기술 진보는 고임금 경제만 채택하고자 할 것이고, 영역 *C*에서 발생하는 기술 진보는 저임금 경제만 채택하고자 할 것이며, 영역 *B*에서 발생하는 기술 진보는 고임금 경제와 저임금 경제 모두 채택하고자 할 것이다.

이제 거시 발명 *T*가 발생하면 이를 활용하여 다수의 미시 개량이 뒤따르게 된다. 그림 3-5에서는 일련의 미시 개량이 발생하는 궤적을 화살표로 표시하였다. 미시 개량 *U*는 등비용 곡선을 원점 방향으로 이동시키지만 영역 *A* 내에서 발생하기 때문에 고임금 경제에서만 채택이 된다. 추가적으로 발생한 미시 개량 *V*는 영역 *B*에서 발생하므로 이제 고임금 경제와 저임금 경제 모두가 채택을 하게 된다. 즉, 저임금 경제는 거시 발명에 이어 미시 개량이 상당히 진

그림 3-5 **미시 개량의 궤적**

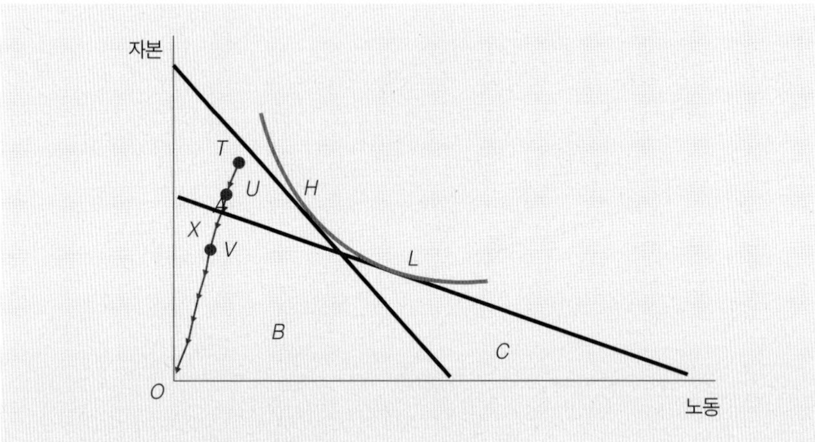

자료: 송병건(2014), 375쪽에서 재인용.

전된 시점에서야 신기술을 도입하게 되는 것이다.

위에서 살펴본 산업 혁명 시기 영국의 거시 발명들은 영역 *A*에서 발생한 것으로 이해할 수 있다. 예를 들어, 1730년에 코크스를 이용하는 용광로가 개발된 것은 거시 발명이라고 볼 수 있다. 이 거시 발명의 뒤를 이어 용광로의 효율을 향상시키는 많은 미시 개량이 이루어졌다. 1780년대의 코크스 용광로는 1730년대에 제작된 것에 비해 높은 생산성을 보였다. 그러나 제철 공업이 목탄 연료에 의존하였던 프랑스에게는 여전히 비용 부담이 컸다. 1850년대에 이르기까지 더 많은 미시 개량이 이루어진 후에야 – 즉, 영역 *B*에 들어온 시점에서야 – 프랑스는 신기술을 받아들였다. 이런 사례는 다른 후발 공업국의 사례들에서도 빈번하게 관찰된다.

기초 과학과 실용 기술

산업 혁명 시대의 기술 혁신은 과학 발달의 산물이었나? 장기적으로 보자면 유럽의 과학 혁명이 산업 혁명기 기술 진보로 이어졌음에 틀림이 없다. 그렇지만 산업 혁명 시기라는 비교적 짧은 기간을 놓고 보면, 보다 구체적인 논의가 가능하다. 일반적으로 기술 혁신은 과학 발달과 동일시되거나 과학 발달의 직접적 소산이라고 인식되는데, 산업 혁명 시대의 상황에 대해서는 기초 과학과 실용적 기술을 구분하여 살펴볼 필요가 있다. 산업 혁명이 발생한 시기를 기준으로 할 때 기초 과학의 수준은 영국이 다른 나라보다 높은 상태였다고 볼 수 없었다. 특히 프랑스에서는 절대 왕권의 장려 정책에 힘입어 수준이 높은 기초 과학 연구를 진행해 왔고, 독일, 이탈리아 등에서도 과학 연구에 있어서 괄목할 만한 성과가 있었다. 벨기에와 독일에 대해서도 유사한 주장이 가능하다.

네이스미스의 선반 영국의 기술적 우위에는 제임스 네이스미스와 같이 실제 기계를 잘 이해하고 개선할 줄 아는 기술자의 공급이 주효하였다.

영국이 이러한 약점에도 불구하고 산업 혁명에 앞서 갈 수 있었던 이유는 당시의 경제 발전을 이끄는 핵심적 기술 혁신이 고도의 기초 과학 지식을 요구하기보다는 기존에 알려진 과학적 원리를 응용하여 경제성을 갖춘 기계를 제작하는 능력을 필요로 하였기 때문이었다. 달리 말하면, 영국은 기초 과학의 수준에서는 일류가 아니었지만 높은 숙련도를 지니고 실용적인 기계를 만들고 개량하고자 하는 의욕이 충만한 인력을 어느 나라보다 많이 보유하고 있었다. 이런 면에서 개발과 상용화의 비교 우위가 영국의 기술적 우위를 가져온 중요한 요인이었다.

3.3. 경제 이론의 혁신: 고전파 경제학

중상주의의 성격

16세기에서 18세기에 이르는 기간에 유럽의 국가들은 거의 예외 없이 오늘날 우리가 '중상주의'(Mercantilism)라고 부르는 사상에 기초하여 국가를 운영하고 경제 제도를 만들어 갔다. 중상주의의 개념을 확립한 학자는 애덤 스미스였다. 그는 1776년 발간한 『국부론』(*The Wealth of Nations*)에서 당시 영국에서 서서히 확산되어 가고 있던 시장 중심적인 경제 체제에 대해 논의하였다. 그에게 있어서 중상주의는 시장 중심적인 경제 체제와 대조를 이루는 전통적인 경제 체제를 의미하였다. 스미스에 따르면, 중상주의는 화폐가 곧 국부라는 인식에 기초한 보호 무역 정책이었고, 또한 국가의 광범위한 규제에 기초한 경제 정책을 의미하는 것이었다. 그는 중상주의가 새로운 경제 질서의 등장을 저해한다고 판단하여 중상주의를 신랄하게 비판하였다.

애덤 스미스와 달리 독일의 역사학파 학자들은 중상주의에 대해 매우 긍정적인 평가를 하였다. 그들은 중상주의를 국가 경제력을 증강시키고 국민 국가의 기반을 공고히 하고자 하는 제반 정책과 이념이라고 인식하였다. 서유럽의 여러 국가들에 비해 근대화에 뒤쳐져 있었던 독일의 현실에 비추어 보았을 때, 중상주의는 스미스가 주장한 것처럼 폐기되어야 할 구시대적 유물이 아니라 오히려 독일을 강대한 국가로 키우는 데에 유용한 사상 체계로 여겼다.

독일 역사학파 프리드리히 리스트는 독일의 역사학파를 이끈 보호 무역주의 사상가였다.

중상주의에 대해 애덤 스미스의 견해와 역사학파의 견해 중에서 어떤 것을 따르는가와 상관없이 오늘날의 경제사학자들은 16-18세기 유럽의 지배적인 경제 체제를 중상주의 체제로 규정하는 데에 별다른 이견이 없다. 학자들은 중상주의가 역사적으로 다음과 같은 특징을 보여 준다고 지적한다. 첫째, 중상주의는 국부를 증진시키는 것을 핵심 목표로 삼았다. 유럽 각국의 군주는 자국을 타국보다 경제적, 군사적으로 부강하게 만들고 대내외적 통치 역량을 강화하고자 힘을 기울였다. 이렇듯 국부 증진을 둘러싸고 전개된 치열한 국가 간 경쟁이 바로 중상주의 시대의 외형상 특징이 되었다. 둘째로, 국부를 금과 은의 형태를 띤 화폐와 동일시하곤 하였다. 군주들은 무역의 흑자를 통하거나, 식민지의 귀금속 광산 채굴을 통해서, 경쟁국과의 무력 충돌을 통해서, 그리고 심지어 타국의 상선을 습격하는 해적을 비호하는 방식을 통해서 금과 은을 획득하고 국내에 축적하고자 하였다. 이중에서 무역에 초점을 맞추어 보자면 보호 무역주의 정책이 무역 흑자를 극대화하는 가장 바람직한 방안이라고 간주하였다. 이런 인식은 이해당사자의 국부가 제로섬(zero sum)이라는 것, 즉 한 쪽의 이익은 그만큼 다른 쪽의 손해로 귀결된다는 생각에 기초한 것이었다.[9]

셋째로, 중상주의 정책은 국가의 적극적인 개입을 수반하였다. 각국의 군주와 그를 보필하는 관료들은 자국이 처한 현실적인 경제적 · 정치적 · 사회적 · 문화적 조건들을 고려하여 자국에게 가장 적합하다고 생각되는 구체적 정책들을 기획하고 실시하였다. 귀금속의 채굴, 무역의 독점, 식민지의 개발, 공업과 농업의 육성 등 정책의 종류는 무척이나 다양하였다. 그렇지만 어떤 분야에서건 간에 국가가 적극적인 행위 주체였다는 공통점을 지녔다. 자유 무역주의적인 색채가 상대적으로 강했다고 평가되는 네덜란드와 같은 국가조차도 국부 증진에 유리하다고 판단하는 경우 식민지를 무력으로 건설하고 노동력을 강제적으로 동원하기를 서슴지 않았다. 오로지 자유 무역적인 경쟁이 더 유리하다고 판단하는 상태에서만 그런 경쟁에 의존하였다. 마지막으로, 국가의 개입주의는 곧 광범위한 규제에 기반을 둔 경제 체제의 운영을 의미하였다. 국가는 대개 특정한 상인 혹은 상인 단체에게 특정한 경제 활동 – 장거리 무역, 매뉴팩처의 설립과 운영 등 – 에 있어서 독점적인 지위를 부여하였고, 그들로부터 이익의 일부를 수취하여 국가 재정의 기초로 삼았다. 따라서 영업의 자유, 사적 재산권의 안전한 보호, 다수 기업 간의 경쟁 등과 같은 근대 경제 체제의 특징들이 설 자리가 존재하지 않았다. 규제가 경제 운영의 기본 원칙인 사회에서는 오늘날의 경제학에서 지대 추구 행위(rent-seeking)라고 부르는 현상

9 이와 대조적으로 고전파 경제학자의 대부분은 포지티브섬(positive sum)이 가능하다는 인식을 보여 주었다. 예를 들어, 데이비드 리카도(David Ricardo)의 비교 우위론에 따르면 무역 당사국들은 두 상품을 모두 생산하여 소비하는 것보다 비교 우위에 있는 상품만을 생산해 교역함으로써 모두 이득을 볼 수 있다.

이 나타날 공산이 컸다.

이상의 논의를 종합하자면, 중상주의는 16-18세기에 유럽의 국가들이 국민 국가적인 통일을 실현하고 국력을 증강시키기 위하여 추구했던 다양한 경제 정책과 이를 뒷받침한 사상을 총칭한다. 중상주의가 전개된 구체적인 양상은 시기에 따라, 그리고 국가에 따라 상이하게 발현되었다.

규제에서 시장으로

중상주의 시대에서 산업화 시대로 이행하는 과정은 경제사상사의 관점에서 본다면, 보호 무역주의적이고 친규제적인 경제 이론에서 자유 무역주의적이고 친시장적인 경제 이론으로 대전환을 하는 과정이었다. 중상주의 시대에는 정부가 경제 활동의 모든 측면에 적극적으로 관여를 했고, 제로섬 세계인 무역에서 흑자를 보는 등의 방법으로 귀금속의 획득을 최대화하는 것이 국부를 증진시키는 최선의 방편이라고 여겼다.

반면에 산업 혁명 시대에는 시조인 애덤 스미스를 시작으로 데이비드 리카도(David Ricardo), 토머스 맬서스(T. R. Malthus), 존 스튜어트 밀(J. S. Mill)에게로 이어지는 이른바 '고전파 경제학'이 새로운 경제 이론으로 자리를 잡았다.[10] 이들의 구체적 경제 이론에는 차이가 있고, 리카도와 맬서스처럼 서로 날선 공방을 벌인 학자들도 있지만, 전체적으로 본다면 고전파 경제학은 중상주의 시

10 애덤 스미스는 제로섬의 관점을 신랄하게 비판하였다. '이익이 이웃의 궁핍화로서 만들어진다고 배운 국가들…은 자국과 거래하는 국가가 번영을 누리는 것을 기분 나쁜 눈으로 바라보고 그의 이윤을 자신의 손실로 여기도록 만들어져 왔다.' Smith(1976[1776]), 1권 519쪽.

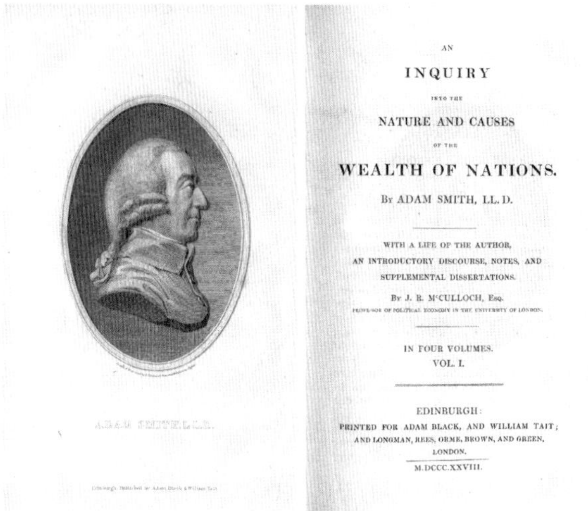

고전파 경제학의 탄생 애덤 스미스가 저술한 『국부론』은 고전파 경제학의 토대를 닦았다.

기 경제학에 비해 시장의 역할을 강조하였고 결과적으로 자유 무역주의에 가까운 양상이 전개되었다. 당시에 이 이론들은 '정치경제학'(Political Economy)이라는 이름으로 불렸다. 이 정치경제학의 등장과 착근은 바로 계몽주의의 확산과 밀접한 관계를 맺고 있었다.

산업 혁명은 영국에게 세계의 공장이라는 지위를 부여하였고, 이러한 기반 위에서 세계적인 분업 체계가 구축되었다. 애덤 스미스가 말한 분업의 이익이나 리카도가 주창한 비교 우위론은 모두 시장 경제 체제 하의 자유 경쟁이 인류의 복리 증진에 가장 유리하다고 강조했다. 리카도의 다음 글은 이런 생각을 잘 표현하고 있다. '완전히 자유로운 무역 체제 하에서 각 나라가 자신에게 가장 유리한 그런 부분으로 자본과 노동을 돌리는 것은 당연하다. 이러한 개인적 이익의 추구는 훌륭하게도 전체의 보편적 선과 부합한다. 그것은 근면을 진작시키고 창의력에 보수를 주고 자연에 의해 부여 받은 독특한 힘들을 유효하게 사용함으로써 노동을 가장 효율적이고 경제적으로 분배한다. 한편, 그것은 생산물의 총량을 증가시킴으로써 일반적 이익을 확산하며, 이해와 거래라는

동일한 공동의 끈에 의해 전 문명 세계에 걸쳐 범세계적인 국가 사회를 묶어 놓는다.'[11]

공업화의 진전 속에 영국은 자국의 주요 생산물들이 국제 시장에서 우월한 경쟁력을 지녔음을 확신하게 되었고, 이는 보호 무역주의와 식민지의 직접적 지배가 국부의 증진에 도움이 된다는 중상주의적 사고에 전복을 초래하였다. 전통적 보호 무역주의와 새로운 자유 무역주의는 19세기 전반을 거치면서 영국의 정치계와 학계에서 치열하게 대립하였다. 맬서스와 리카도는 양 진영을 대표하는 이론가로서 뜨거운 설전을 벌였다. 마침내 1846년과 1849년에 중상주의 정책을 대표하는 두 법률인 곡물법과 항해법이 각각 폐지되게 된다.

고전파 경제학이 본 혁신

고전파 경제학에서는 혁신의 핵심을 어떻게 이해했을까? 애덤 스미스와 리카도의 사례를 중심으로 논의해 보자. 애덤 스미스는 경제 발전의 가장 중요한 원동력으로 분업(divison of labor)의 진전을 꼽았다. 『국부론』에 등장하는 유명한 핀 공장의 사례에서처럼 다수의 노동자가 특정한 공정에 특화하여 생산을 하면, 전체적으로 엄청난 생산성의 향상을 이룰 수 있다는 주장이다. 그에게서 혁신의 가장 중요한 원천은 분업의 확대였다. 한편, 리카도는 두 국가가 각각 국내적으로 필요한 모든 상품을 생산하는 대신에 각각 비교 우위(comparative advantage)가 있는 상품만을 생산한 후 교역을 하면 양국에게 모두 이익이 된다

11 헌트(1982), 184쪽.

비교 우위론의 창시자 고전파 경제학자인 데이비드 리카도는 비교 우위론으로 교역의 이익을 설명했다.

는 점을 논리적으로 밝혔다. 따라서 리카도의 비교 우위론의 관점에서 본다면 혁신의 중요한 방식으로 개별 국가, 개별 공장, 혹은 개인이 최고의 비교 우위를 가진 상품에 특화해서 생산하고 교역하는 것을 들 수 있다. 두 사상가의 주장 모두 중상주의 경제학자들이 지니지 못했던 경제관에 기초한 것이었다.

고전파 경제학자들은 시장에서 작동하는 가격 기구에 큰 의미를 부여한다. 그렇다면 수요와 공급으로 가격이 결정되는 시장 메커니즘이 혁신에 대해서는 어떤 함의를 지니는가? 한 경제에서 이루어지는 혁신의 양은 혁신의 수요 곡선과 공급 곡선이 만나는 균형점에서 결정이 된다. 그림 3-6을 보자. 혁신에 대한 긍정적 인센티브 – 예를 들어, 포상금의 지급, 독점적 이윤의 안정적 확보, 사회적 예우 등 – 는 혁신의 수요 곡선을 상향 이동시킨다. 혁신의 공급 곡선이 불변하다고 가정할 때, 수요 곡선의 이동에 따라 균형점은 우상향으로 이동하여, 더 많은 혁신과 더 높은 보상 수준을 보이게 된다. 반대로 혁신의 수요 곡선이 불변하다고 가정할 때, 혁신의 공급 증가 – 발명가의 증가, 해외 기술자의 유입, 장인 수의 증가 등에 의한 – 는 균형점을 우하향으로 이동시키며, 그에 따라 더 많은 혁신과 더 낮은 보상 수준을 낳게 된다.

그림 3-6 **혁신의 수요와 공급**

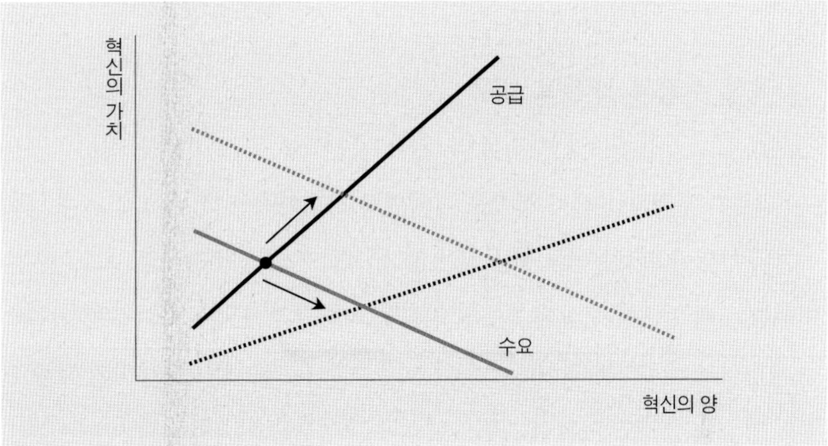

자료: 송병건(2014), 375쪽에서 재인용.

혁신의 양

혁신의 증가가 수요와 공급이 동시에 증가하면서 발생한 경우에는 상대적으로 어느 요인이 중요한가를 평가하는 문제가 남는다. 이는 혁신자에게 돌아오는 이익이 증가하였는지 아니면 감소하였는지를 확인함으로써 평가할 수 있다. 혁신자의 이익이 증가하였다면 이는 수요 증가의 효과가 공급 증가의 효과보다 컸다는 것을 의미하기 때문이다. 그레고리 클라크(Gregory Clark)는 이와 같은 분석에 입각해서 영국의 산업 혁명에서는 혁신의 공급이 수요보다 더 큰 역할을 하였다고 주장한 바 있다.

3.4. 정부의 지식 혁신: 통계 혁명

지식 수집의 국가적 요구

18세기 후반과 19세기 전반을 거치면서 사회와 정부의 성격에도 큰 변화가 발생하였다고 보는 역사학자들이 많다. 특히 사람들이 경제와 사회 이슈를 이해하는 데 있어서 인상에 치우친 인식을 버리고 점차 집계적 자료에 의존하는 경향이 강해졌다는 점이 강조된다. 이런 변화는 개인의 사고방식과 의사 결정에 영향을 줄 뿐만 아니라 기업이나 정부가 상황을 인식하고 대처하는 방식, 그리고 의회와 의회 밖에서 여론을 수집하고, 의견을 모으고, 법률을 입안하는 과정에 대해서도 중대한 변화를 낳았다.

이런 변화는 왜 발생한 것일까? 대니얼 헤드릭(Daniel Headrick)은 유럽 여러 국가들에서 18세기부터 방대한 양의 정보를 수집하고 분석하는 움직임이 발생하였다고 지적하였다. 그에 따르면 계몽주의의 확산이라는 시대적 변화가 이런 움직임을 야기한 근본적 진원이었다. 미신이나 종교적 도그마를 대신해 이성과 과학에 기초한 사고를 존중하고, 편견과 불관용을 대신해 균형과 관용을 강조하고, 권력의 남용을 대신해 정치적 정의를 중시하고, 절대주의를 대신해 사회 계약의 관념을 수용하는 태도가 널리 확산되었다.[12] 신문, 책, 지도 등의 매체에 대한 사회적 수요도 급속하게 증가하였다. 사람들은 적지 않은 돈을 지불하면서까지 새로운 매체에 대한 접근성을 높이려 노력하였다.

---

12 헤드릭(2011), 27쪽.

사상적 변화만이 아니라 경제적·정치적 및 사회적 변화도 지식에 대한 욕망을 증대시켰다. 경제가 성장하고 인구가 증가하고 국제 무역이 활발해짐에 따라 새로운 정보와 지식에 대한 수요가 늘어났다. 1750-1850년 기간에 유럽의 인구는 약 70% 증가하였고, 북아메리카의 백인 인구는 13배가 늘어났다. 상인과 투자자, 소비자는 자국의 경제 사정은 물론 이웃 국가들 및 식민지에서의 변화에 대해서도 관심을 기울이게 되었다. 정부의 태도도 큰 변화를 경험하였다. 새로 성장한 계몽 군주들은 자신의 이익만이 아니라 신민들의 이익에도 관심을 기울여야 하였다. 따라서 지역적 상황에 대한 정보를 체계적으로 수집하고 분석할 필요성이 커졌다. 인구, 식량, 재정, 재해 등에 대한 자료를 축적하는 것이 관료들의 중요한 과제로 부상하였다. 군대도 정보를 필요로 하였다. 지형과 기후에 관한 정보가 필요했고 외국의 군사력에 대한 자료도 수집해야만 하였다.[13] 이런 변화들은 상승 효과를 가져왔다. 사회의 구성원들은 정보와 지식을 축적하고 분석함으로써 의사 결정의 기본 자료로 삼는 방식을 체득하게 되었다. 이는 기업, 의회, 공공 기관 등도 마찬가지였다. 통계적 관심이 고조되고 통계적 분석이 가장 큰 설득력을 지니는 사회가 등장한 것이었다.

과학자 부부 프랑스의 화학자 라부아지에가 역시 화학자인 아내와 포즈를 취하고 있다.

13 헤드릭(2011), 27-30쪽.

이에 따라 정보를 다루는 기술에도 큰 변화가 발생하였다. 헤드릭이 '정보 시스템의 혁명'이라고 명명한 이런 변화는 이성과 혁명의 시대에 중요한 특징을 이루었다. 정보 시스템의 혁명은 분류학, 지도 제작, 사전학, 통계학, 우편 제도 등을 통해 현실화되었다. 식물학자 칼 폰 린네(Carl von Linne), 화학자 앙투안 라부아지에(Antoine Laurent de Lavoisier), 인구론자 토머스 맬서스(Thomas Malthus), 사전 편찬자 새뮤얼 존슨(Samuel Johnson) 등이 새로운 혁명의 선구자들이었다.[14] 모두 '진보의 시대'를 상징하는 인물들이었다.

통계학의 등장

방대한 정보에 대한 수요의 증가는 정보를 처리하는 기법에 대한 관심의 증가로 이어졌다. 이에 따라 통계학이 역사상 처음으로 독립적인 학문 분야로 등장하게 되었다. 영국에서는 19세기 초반부터 지식인들이 집계적인 분석법에 관심을 높여 갔다. 인구, 조세, 징병, 재정, 물가, 생산, 보건 등의 분야에서 이런 관심이 각별히 높았다. 그리고 이런 관심이 1830년대를 통해 '통계학 운동'을 성립시켰다.[15]

통계학 운동을 처음으로 주창한 사람은 기업사, 의사 등으로 구성된 13인의 집단으로, 이들은 1833년 맨체스터 통계학회(Statistical Society of Manchester)를 설립하였다. 같은 해에 토머스 맬서스 및 수학자 찰스 배비지(Charles Babbage), 경제학자 나소 시니어(Nasseau Senior) 등은 런던 통계학회(Statistical Society of London)의

14 헤드릭(2011), 31쪽.
15 Cullen(1975).

창립자로 이름을 올렸다. 이 학회의 핵심적 활동 지침은 '각종 회보와 간행물에서 신중하게 모든 "견해"를 배제하고, 철저히 사실들에만 초점을 국한시키는 것'이었다. 구성원들은 대부분 휘그적 견해를 가진 인물들이라는 공통점을 지녔다.[16] 런던 통계학회가 기획한 초기 프로젝트들은 주로 병원 운영자, 경찰관, 구빈 책임자, 지주, 치안 판사 등을 대상으로 설문 조사와 실태 조사를 하는 것이었다.[17] 이들은 당시의 대표적인 변혁 입법인 1832년 선거법개정법(Reform Act), 1833년의 공장법(Factory Act), 1834년의 빈민법개정법(Poor Law Amendment Act) 등이 의회에서 논의되고 통과되는 데에 중요한 기여를 하였다. 이에 대해서는 아래에서 '정부의 혁명'(Revolution in Government)을 다루면서 보다 상세히 살펴보기로 한다. 그에 앞서 통계적 접근이 가장 크게 필요한 인구 조사에 관해 살펴보기로 하자.

인구 센서스의 탄생

영국에서 인구 추계에 관심을 갖게 된 것은 18세기 말 프랑스와의 전쟁 과정에서였다. 과연 영국의 인구는 프랑스와 비교해서 얼마나 작은 규모였을까? 이 질문은 프랑스와 전쟁을 시작하는 것이 적절한 판단이냐, 그리고 전쟁을 한다면 전쟁을 어떻게 이끌어갈 것인가에 관해 중요한 함의를 지닌 것이었다. 1801년 최초의 인구 센서스가 이루어지게 된 데에는 바로 이런 현실적 필요성이 존재하였다. 이후 매 10년 단위로 인구 센서스가 이루어졌다. 초기에는 조

16 헤드릭(2011), 163쪽. '그리고 그것이 가능하다면, 수치로 명시되고 도표들로 정리될 수 있는 사실들로 말이다.'
17 헤드릭(2011), 164-165쪽.

난감한 인구 조사관 인구 센서스를 위해 파견된 조사관이 엄청난 규모의 대가족을 대하고 있다.

사 내용과 시기, 내용의 구체성과 정확성이 충분하지 않았지만, 서서히 조사 체제가 갖추어지고 전문성을 갖춘 인력이 투입되면서 인구 센서스의 가치가 높아져 갔다.

인구등록청(General Register Office)은 인구 센서스의 체계적 실시와 통계 처리 작업을 위해 설립된 기관이었다. 1836년 등록법(Registration Act)이 통과되면서 인구등록청에 실질적인 권한이 집중되었다. 이 기관의 초대 청장이었던 토머스 리스터(Thomas Lister)는 영국의 인구 등록 시스템을 체계화한 인물로 평가된다. 그의 개혁에 따라 잉글랜드와 웨일스는 626개 등록 지구로 구분되었고, 각 지구의 구빈 위원들이 등록관으로 임명이 되었다. 데이터는 사무직 등록관과 관리직 등록관을 거쳐 인구등록청에서 최종 확인을 받은 후 체계적으로 보관되었다. 인구등록청이 문을 연 첫 해에만 12권 분량에 해당하는 95만 8,630건이 이렇게 수집되었다.[18]

인구등록청에서 가장 핵심적인 임무를 담당한 인물은 통계 감독관 윌리

18 헤드릭(2011), 166-167쪽.

엄 파(William Farr)였다. 그는 1839-1880년 기간에 인구등록청이 주관하여 발간한 거의 모든 간행물을 분석하고 검토하고 필요한 수정을 가하였다. 그리고 인구와 보건에 관한 많은 논문을 발표하기도 하였다. 그의 주도 하에 발표된 통계 자료들은 19세기 중반 영국의 사회 개혁에 기초가 되었다. 대표적으로 에드윈 채드윅(Edwin Chadwick)이 주도한 위생 보고서에 그의 영향이 많이 반영되었다. 또한 1848년 콜레라가 창궐하자 식수원과의 관련성을 조사하여 콜레라가 수인성 전염병임을 밝혀낸 의사 존 스노우(John Snow)도 파의 통계 자료로부터 귀중한 영감을 얻었다고 밝힌 바 있다.[19]

콜레라의 원인 존 스노우는 콜레라 환자가 집중적으로 발생한 지역에 공동 우물이 있음을 발견해 희생자를 크게 줄이는 데 기여했다.

영국 정부의 혁명

통계적 접근에 대한 관심은 학계에서만 고조된 것이 아니었다. 가장 중요

19 헤드릭(2011), 168쪽.

하게는 의회를 포함한 영국 정부가 이를 받아들여 정부 운영의 중요한 기제로 사용하였다. 이에 대해 좀 더 살펴보자. 산업 혁명 시기에 영국 사회가 운영되고 경제 정책이 만들어진 시스템을 제대로 이해하기 위해서는 당시 정부가 어떻게 지식을 축적하고 활용하여 정책을 짰는지를 이해하는 것이 중요하다. 이와 관련해서 19세기 전반에 정부의 지식 축적, 공론화, 정책 입안, 운영에 이르는 방식이 의미 있는 변화를 경험했다는 견해에 주목할 필요가 있다. 이에 따르면 19세기 전반을 지나면서 사회 입법이 이루어지는 방식에 중대한 변화가 발생하였다. 이는 정부가 작동하는 기제에 변화가 생겼다는 의미인데, 특히 의회가 활동력 자체를 증대시켰다기보다 왕립 위원회와 자칭 관료 집단의 활동력이 의회에서 압도적 영향력을 발휘하였다고 보는 것이 타당하다. 이들이 방대한 정보를 수집하고 의회에 이를 체계적으로 보고하는 조직과 기능이 확대되었다는 점을 강조한다.[20]

1800년 이전에도 의회가 특별 위원회를 구성하여 자료를 수집한 사례가 없지 않았다. 이런 자료 수집은 주로 인구, 빈민법, 범죄 등 사회 조사의 성격이 강했다. 그렇지만 이렇게 수집된 자료는 입법 활동으로 직접 연결되지 않았다는 점에서 19세기와는 중요한 차이를 보였다. 1800년 이후 의회가 정기적으로 방대한 양의 사회 통계를 수집하게 되었다. 특히, 1833년 존 릭만(John Rickman)의 주도로 무역 위원회(Board of Trade)에 통계부가 설립되면서 정부의 통계 수집 작업은 과거보다 훨씬 체계화되었다.[21]

변화는 개혁 주도 세력의 특성에서도 찾아볼 수 있다. 1820년 이전에는 개

20 Eastwood(1994), 192-193쪽.
21 Brown(1958), 27-29쪽.

혁 이슈를 공론화하고 입법으로 이끄는 데에 있어서 자발적 조직과 개별 개혁가의 역할 그리고 일반 의원의 입법 노력이 주된 동력으로 작용하였다. 그렇지만 1830년 이후에는 개혁 에너지가 훨씬 폭이 좁은 준관료적 엘리트로부터, 공식적 보고서를 매개로, 의회 지도자의 주도에 의해 전달되는 방식이 자리를 잡았다.[22] 1830년대부터 준관료 집단의 공식적 조사의 기제가 정치적 반대파를 무력화하고 정보에 대한 접근성을 확보함으로써 정부의 강력한 무기로 등장하였던 것이다. 1832-1834년의 빈민법 개정이 가장 대표적인 사례라고 볼 수 있다.[23]

빈민법의 실상 1832년 왕립 위원회는 전국적으로 수집한 통계에 기초해 빈민법의 전면적 개정을 주장했다.

앨토프 경(Lord Althorp)은 1832년 빈민법 왕립 위원회(Royal Commission on Poor Laws)의 보고서와 이전의 보고서들을 비교하면서 중대한 차이점을 발견하였다. 이전에 간헐적으로 진행된 특별 위원회의 조사의 경우 대부분의 정보가 '증언을 위해 통상 자발적으로 나온 신사들에 의해' 제공되었는데, 이런 정보

---

22 이 새로운 유형의 관료층을 '은폐된 정치가'(statesmen in disguise)라고 부르기도 했다.

23 Brundage(1978), 15-104쪽; Eastwood(1989), 277쪽; Song(1998).

는 '사실과 매우 다르고 견해와 이론에 의해 크게 오염된' 것이었다. 이와 대조적으로 빈민법 왕립 위원회는 총 15권에 이르는 방대한 분량의 체계적이고 종합적인 증언과 주장들을 담고 있다고 보았다. 이후의 역사가들이 논쟁을 벌이며 밝힌 사실은, 왕립 위원회의 보고서가 위원회의 주장을 곳곳에 담고 있으며, 증언도 필요에 따라 선별되었고, 전체적으로 개혁 목표에 맞추어 종합적으로 조율되었다는 것이다. 그러나 당시에 왕립 위원회의 보고서가 정책 결정에 중대한 영향을 끼쳤다는 점에는 의문의 여지가 없다.[24]

다른 차이점들도 발견할 수 있다. 1800년 이전의 조사 활동은 중앙 정부보다는 지방 정부의 자원에 의존하는 경향이 컸다. 반면에 그 이후에는 중앙 정부에서 대대적인 자원 조달이 이루어졌다. 사용된 비용에도 큰 차이가 있었다. 1760-1800년에 총 353개의 특별 위원회가 의회에 설치되었지만 위원회들의 역할은 제한적이었다. 1790년대에 활동한 농업 위원회(Board of Agriculture)는 초기에 중앙 정부에서 상당한 지원을 받았지만 1800년대에 각 지역의 실태를 조사하려 하자 중앙 정부가 상세한 보고를 요구하여 마찰이 발생하였다. 그에 따라 농업 위원회가 의존한 재원도 부족하고 각 지역의 보고원도 다양해졌기 때문에, 지역별로 정보의 질에 편차가 크게 발생하는 결과를 초래하였다.[25]

이와 대조적으로 1807-1826년에 38개의 왕립 위원회가 조직되었는데, 이 기간 왕립 위원회의 유지에 든 비용은 연평균 3만 4,580파운드였으며, 그 후 10년 동안 유지 비용은 177% 증가하여 6만 1,190파운드에 이르렀다. 이 추세는 1830년대 들어 개혁을 적극적으로 추진하는 휘그 정권이 집권하면서 더 강화

---

24 송병건(2008a), 7-8장.

25 Eastwood(1989), 280-285쪽.

되었다. 1830-1842년에 53개의 위원회가 들어섰고, 연간 비용은 8만 8,000파운드에 달하였다.[26]

1830년대 권력의 중앙 집중을 가져온 중요한 요인은 정보의 집중과 중앙 정부가 임명한 위원들의 역할이었다. 정부는 과거의 위원회들이 비효율적이고 전문성도 부족한 경우가 많았다고 판단하였다. 이 문제에 대한 해결책은 비정규 관료제의 창설이었다. 조사를 담당한 주체로 국가는 왕립 위원회의 승인하에 보조 위원(assistant commissioner)을 임명하였다. 1830년대에 활동한 보조 위원의 대다수는 법정 변호사로, 기존의 신사 아마추어 조사관과 차이를 보였다. 점차 자의식이 강한 관료적인 부르주아 계급의 행정가들이 주류를 이룬 것이다. 공중 보건 개혁가로 채드윅이 보조 위원에서 1833년 빈민법 위원으로 승격하였고 동시에 아동 고용 위원회(Commission on the Employment of Children)의 위원으로 임명된 것은 젠트리 중심의 명예직에 대한 부르주아의 효율적 관료제의 승리를 상징하는 변화였다.[27]

자료의 내용에서도 괄목할 만한 차이가 나타났다. 19세기 초반 이전에 조사된 자료는 주로 정치 산술(political arithmetic)의 용도로 활용되었는데, 대개 특정 시점의 상황을 보여 주는 자료였다. 빈민법 자료의 예를 들어 보자. 1748-1750년, 1776년, 1783-1785년, 1802-1803년에 빈민법 자료가 수집되었는데, 이들은 모두 해당 연도의 구빈법 운영 사례를 보여 주는 자료였다. 이와 달리 1830년대부터 작성된 자료는 각종 사회 문제의 시기적 추이를 보여 줌으로써 입법

26 Eastwood(1989), 279, 286쪽.
27 Perkin(2002). 1818년 자선 위원회(Charity Commission)에서부터 변화가 뚜렷하게 나타났다. 이 위원회의 설계자인 브로엄 경(Lord Brougham)은 변호사로 위원회를 구성하는 것이 필수적이라고 언급하였다. Eastwood(1989), 287쪽.

표 3-9 **중앙 정부의 피용인 수, 1690-1829년**

연도	세관원	기타	합계
1690	2,524	147	2,671
1755	6,484	971	7,455
1829	19,956	2,411	22,367

자료: Hoppit(2014), 349쪽.

을 추진하는 주요 무기가 될 수 있었다. 1834년의 빈민법 보고서는 1813년 이래 구빈 지출 통계를 집적함으로써 구빈 부담이 가중되고 있는 추이를 제시하여 설득력을 높였다.[28]

이러한 변화는 중앙 정부가 고용한 인력에 대한 양적 통계로도 뒷받침된다. 표 3-9는 1690-1829년 영국의 중앙 정부에 의해 고용된 인력의 수를 보여 준다. 정부 피용인의 절대적 다수는 세관원이었다. 이들의 수는 1690년 2,524명에서 1755년 6,484명으로, 그리고 1829년에 1만 9,954명으로 증가하였다. 기타 피용인은 같은 기간에 각각 147명, 971명, 2,411명으로 증가하였다. 합산을 해보면 1690년 중앙 정부의 피용인은 2,671명이었다가 1755년에 7,455명으로 세 배 가까이 증가했고, 다시 1829년에는 2만 2,367명으로 또 세 배가 증가하였다. 이렇게 빠른 속도로 증가한 인력의 상당수가 바로 통계 혁명 시대의 전문 인력으로 활용되었던 것이다.

통계 혁명 시대가 개막된 데에는 사상적으로 정치경제학의 대두도 역할이 컸다. 1810년대부터 맬서스와 리카도의 이론을 실증적으로 입증하려는 조

28 18세기 말부터는 정치 산술과 사회 조사를 연계하려는 시도가 일부 등장하기도 했다. 그 대표적 성과가 1801년에 시작된 인구 센서스였다. 그러나 이 조사는 특정 정책으로 직결되지는 않았다.

사가 이루어기 시작하였다. 주로 빈민 구호와 노동자의 임금이 관심의 초점이었다. 바로 이런 통계 수집과 분석의 과정이 고전파 경제학이 실제 정치 무대에 등장하는 과정이었다.[29] 한편, 정치경제학적 입장을 비판하는 주장도 사회 조사의 발달에 기여하였다. 특히 벤담주의에 입각한 개혁 움직임은 '정부의 혁명'(Revolution in Government) 논쟁에서 많이 논의된 것처럼 상당히 중요한 요인으로 작용하였다. 채드윅의 경우 정치경제학과 벤담주의의 영향을 한꺼번에 받은 것으로 이해할 수 있다.[30]

정부의 혁명 제러미 벤담은 19세기 전반 영국 정부의 통치 방식 변경에 큰 영향을 끼쳤다.

종합하자면, 1830년대에 정보 수집은 전례 없는 규모로 이루어졌는데, 여기에는 하나의 사상적 조류만이 영향을 끼쳤던 것이 아니었다. 따라서 사상적 원류를 찾는 것보다는 중앙 정부가 지방 정부에 사회 조사의 자원을 의존하지 않고 새로운 기구를 통해 준관료적 전문가를 활용하였다는 점, 그리하여 정보가 지방 정부에서 중앙 정부로 옮겨 축적되었다는 점, 이렇게 모인 정보가 입법의 추진 동력으로 적극적으로 사용되었다는 점, 그리하여 의회를 포함하여 정부가 작동하는 방식이 본질적으로 변화하였다는 점이 더 중요하였다. 이를

29 Cowherd(1977), 139-146쪽.
30 Goldman(1983); Eastwood(1989), 291쪽.

통해 입법 과정의 중앙화가 진행되었던 것이다.[31] 존 스튜어트 밀이 날카롭게 지적한 대로 '권력은 지방화될 수 있지만 지식은 – 가장 유용하게 쓰이기 위해서는 – 반드시 중앙화되어야만' 했던 것이다.[32] 1830년대에 지식이 중앙으로 집결되고 이를 동반하여 새로운 부르주아 전문 관료층이 등장한 것이 이 시기에 나타난 중대한 변화이고, 이것이 19세기 후반 산업 재해 및 공중 보건과 관련하여 개혁이 추진될 수 있는 정부 측면의 원동력이었다. 교육 개혁, 공장 개혁, 교도소 개혁, 경찰 개혁, 공중 보건 개혁도 모두 비슷한 양상을 보였다. 가히 통계 혁명이라고 부르기에 모자람이 없는 변화였다.

---

31 Eastwood(1989), 292쪽.
32 Mill(1861).

Chapter 4

산업 혁명과 기술 진보

Chapter 4

산업 혁명과 기술 진보

4.1. 거시 발명의 전개

면 공업의 기술 진보

산업 혁명을 이끈 가장 대표적인 산업은 면 공업이었다. 면 공업은 국내외 수요의 증가와 원료인 면화의 원활한 공급 확대에 힘입어 크게 발달하였다. 면 직물은 모직물보다 대중적인 소비재로서 수요의 가격 탄력성이 크다는 장점을 지니고 있었다.

영국 면 공업의 발달은 인도의 세계적인 생산품인 캘리코(calico)와 무슬린(muslin)의 수입을 대체하려는 노력이 낳은 결과였다. 16세기 후반 종교적 박해를 피해 안트베르펜을 탈출한 일단의 이주민들이 영국에 자리를 잡았는데, 이들은 면사와 린넨을 혼합하여 퍼스티안(fustian)을 만들고 이를 이용하여 직물을 짜서 인도의 패턴을 따라 프린트하였다. 품질이 그다지 좋지 않은 이 제품은 서아프리카 해안 지대와 아메리카 플랜테이션에서 노예용으로 판매되었는데, 이것이 영국 면 공업의 출발점이었다. 여기에서 확인할 수 있듯이 면직물 공업

안트베르펜의 종교 갈등 안트베르펜의 신교도들은 종교 갈등의 결과로 해외로 이주한 사례가 많았다. 그중 영국으로 온 방직 기술자들이 영국의 방직 공업 발달에 중요한 도움이 되었다.

은 인도산 제품의 수입 대체 노력, 종교 개혁 와중의 해외 인력 유입, 서아프리카와 아메리카로의 수출 등 세계적인 맥락에서 진행되었다.

국제적 경쟁력을 갖춘 면 제품은 이후 발생한 다양한 발명과 개량에 의해 성장하게 되었다. 면 공업의 발달 과정은 기술 혁신이 어떤 과정을 통해 이루어지는가를 잘 보여 준다. 어떤 제품의 제조에 있어서 생산성은 궁극적으로 가장 효율이 떨어지는 공정에 의해 결정된다. 한 공정에서 애로가 발생하면 그 공정으로 기술 혁신을 이루려는 노력이 집중된다. 그 결과 실제로 기술 혁신이 해당 공정에서 발생할 가능성이 높다. 그러면 다음으로 효율이 떨어지는 공정에서 애로가 발생하게 된다. 이에 따라 새로운 기술 개발의 유인이 이 공정으로 모아진다. 이런 방식으로 생산의 기술 진보가 발생하는 것이다.

1750년대부터 씨실을 넣은 북이 자동적으로 날실 사이를 건너지르게 하는 비사(fly shuttle)가 널리 보급되어 방직 작업의 속도가 빨라졌다. 끈을 당기면 북이 자동으로 좌우 운동을 반복하도록 설계되어 있었다. 이에 따라 생산성이 3배 이상 증가하여 면사의 부족 사태가 발생하자, 이제 방적 부문의 기술 혁신이 절실히 요구되었다.

이에 대한 반응으로서 1760년대에 제임스 하그리브스(James Hargreaves)의 제니 방적기(spinning jenny)와 리처드 아크라이트(Richard Arkwright)의 수력 방적기(water frame)가 발명되었다. 제니 방적기는 여러 개의 방추(紡錘)를 기계에 장치하여 동시에 조작할 수 있도록 함으로써 방적 작업의 속도를 비약적으로 상승시킨 수동 방적기였고, 수력 방적기는 다수의 방추를 단 방적기를 수차(水車)와 연결하여 수력으로 작동하게 만든 기계였다. 그리고 양자의 장점을 결합하여 가늘면서도 강한 면사를 만들어 낼 수 있는 뮬 방적기(mule spinning frame)가 1770년대에 제작되었다. 제니 방적기와 수력 방적기의 잡종이라는 뜻에서 뮬(나귀)이라고 불렸다. 뮬 방적기가 도입되면서, 영국산 면직물은 인도산 면직물과 견줄 만한 경쟁력을 획득할 수 있게 되었다.

방적 공업의 혁신 비사의 발명은 방적 작업의 속도를 비약적으로 높였다.

그러자 이제는 방직 작업의 속도가 면사 생산의 속도를 따라가지 못하게 되었는데, 이를 해결한 것이 1785년에 에드먼드 카트라이트(Edmund Cartwright)가 발명한 역직기(power loom)였다. 역직기는 원동기와 같은 동력을 사용하여 운전하는 직기였는데, 이 기계의 도입으로 숙련 수직공들의 대량 실업이 발생하였다. 마지막으로 미국에서 일리 휘트니(Ely Whitney)가 면화에서 끈끈한 면실(棉實)을 분리해 내는 조면기(cotton gin)를 발명하였다. 조면기의 등장으로 노동자 한 명이 하루에 분리해 내는 면화의 양이 무려 50배나 증가하였다. 조면기는

수력 방적 공장 아크라이트가 개발한 수력 방적기는 물의 공급이 많은 지역에서는 대규모 공장에서 사용할 수 있었다.

면화 수확의 생산성을 크게 향상시킴으로써 공급의 애로를 방지하는 데에 결정적인 역할을 하였다.

이상과 같은 일련의 기술 진보에 힘입어 면공업은 영국의 주축 산업으로 눈부시게 성장하였다. 영국의 총수출에서 면 제품이 차지하는 비율이 1784-1786년에 6.0%에 불과했으나, 1794-1796년에는 15.6%, 1804-1806년에는 42.3%로 매우 가파르게 증가하였다. 구산업인 모직물이 같은 기간에 각각 29.2%, 23.9%, 16.4%를 기록해 지속적인 하락 추세를 나타낸 것과 뚜렷한 대조를 이루었다. 1830년이 되자 영국의 총수출 중 절반 이상을 면 제품이 차지하게 되어 명실상부하게 산업 혁명을 상징하는 산업으로 자리를 잡았다.

제철 공업과 석탄 공업

금속 공업, 특히 제철 공업은 산업 연관 효과가 커서 기계 공업, 석탄 공업 등 다른 산업의 발달에 크게 기여하는 산업이었다. 제철 기술 발달의 핵심은

석탄 공업의 혁신 증기 기관의 사용은 석탄 공업이 안고 있던 고질적인 문제를 해결하는 효과적인 방안이었다.

전통적 연료인 목탄을 대신하여 석탄을 사용하는 데에 있었다. 목탄의 사용은 제철소의 입지를 삼림 지역으로 제한하는 문제를 지녔는데, 18세기 초가 되면 삼림 자원이 고갈되어 제철용 목탄을 구하기 어려워졌다. 맬서스 트랩을 연상시키는 이 난점을 해결할 실마리를 제공한 것은 에이브러햄 다비(Abraham Darby)가 개발한 새로운 연료였다. 그는 석탄으로 만든 코크스(cokes)를 연료로 사용하여 선철(銑鐵)을 만드는 방법을 고안해 냄으로써 입지 조건의 한계를 극복하였다. 그렇지만 봉철은 여전히 대부분을 스웨덴으로부터 수입해야 했는데, 다비의 뒤를 이어 헨리 코트(Henry Cort)가 교반 및 압연법(攪拌 · 壓延法, puddling and rolling process)을 개발하여 봉철을 대량 생산하는 길을 열었다. 교반은 선철을 코크스로 가열하여 녹인 후 쇠막대로 휘저어 탄소를 제거하는 방법이고, 압연은 녹인 쇳물을 롤러 사이에 흐르게 하여 함유된 불순물을 제거하는 방법이었다. 1830년대부터 철도가 건설되기 시작하면서 제철 공업의 중요성은 비약적으로 커졌다. 지속된 기술 진보의 결과로 19세기 중반 영국은 세계 선철 생산의 1/2을 차지하였고 수입하던 봉철도 대량으로 생산하여 수출하게 되었다.

석탄 공업도 산업혁명사에서 빼놓을 수 없는 산업이다. 영국은 풍부한 석탄 자원을 보유했지만, 채굴량이 증가하면서 갱도가 깊어지는 기술적 문제에 봉착하였다. 심각한 배수 문제는 증기 펌프의 사용에서 해결 방안을 찾았고, 폭발성 가스의 문제는 안전등의 발명을 통해 해결하였다. 유럽 각국의 채탄량을 보면, 영국은 19세기 초는 물론이고 1860년에도 독일, 프랑스, 벨기에, 미국의 채탄량을 합한 것보다 거의 두 배나 많은 석탄을 채굴하였다.

증기 기관의 개발과 개량

공업 각 부문의 기술 진보에 결정적인 기여를 한 것은 증기 기관의 개발이었다. 광산의 통풍 문제 및 배수 문제를 해결하기 위해 토머스 뉴커먼(Thomas Newcomen)이 개발한 기압 기관은 18세기 초 영국 전역의 탄광에 널리 도입되었다. 그러나 이 장치는 연료 사용량에 비해 효율이 낮다는 문제점을 지니고 있었다. 제임스 와트(James Watt)

증기 기관의 개발 제임스 와트가 실험실에서 효율적인 증기 기관을 개발하기 위해 연구를 하고 있다.

는 기계의 원리에 대한 과학적 지식과 실용적인 기계를 제작하고자 하는 숙련공으로서의 열정을 결합하여 증기 기관을 개량해 갔다. 그의 기술력에 사업 파트너인 매튜 볼턴(Matthew Boulton)의 자본력이 더해짐으로써 마침내 1775년에 본격적 증기 기관이 탄생될 수 있었다.

와트의 증기 기관은 뉴커먼의 기압 기관에 별도의 응축기(condenser)를 달아 효율을 비약적으로 증가시킨 것이었다. 와트의 증기 기관은 기존 기술에 비해 기술적 우위를 가졌음에도 불구하고 현실에서 상용화되기까지는 남은 장애물이 있었다. 그것은 구매력이 부족한 잠재적 수요자들을 어떻게 실수요자로 바꾸는가 하는 문제였다. 볼턴은 증기 기관 구매자에게 구입 비용을 장기간 분할하는 제도를 고안하였다. 구매자가 말[馬]이나 기존의 뉴커먼 엔진을 와트의 엔진으로 대체했을 때 얻게 되는 비용 감소분의 1/3을 특허 만료 시점까지 로열티로 지불하도록 한 것이다. 이러한 마케팅 부문의 혁신이 있었기 때문에 와트의 증기 기관은 당대의 히트 상품이 될 수 있었다. 산업 혁명의 대발명품이 세상에 나타난 데에는 과학 지식과 숙련 기술만이 아니라, 효과적 투자와 마케팅 혁신 등이 잘 결합되는 상황이 필요했던 것이다.

운송 수단의 발달

교통 수단의 발달은 물자의 이동을 쉽게 함으로써 시장을 확대하고 사람의 이동을 촉진함으로써 생산 요소의 공급을 원활하게 한다. 교통 수단의 확충 자체가 대규모 사업인 경우도 많다. 영국의 도로 교통은 전통적으로 지방자치단체의 관리 하에 있었는데, 개별 지자체의 재정 상황에 따라 열악한 상황에

우편 마차의 시대 18세기 후반과 19세기를 거치면서 널리 확산된 우편 마차 제도는 통신의 속도에 극적인 향상을 가져왔다.

놓인 경우가 많았다. 18세기 중엽 이후 유료 도로인 턴파이크(turnpike)가 곳곳에 건설되어, 1770년이 되면 2만 4,000km나 되는 유료 도로가 전국을 연결하였다. 또한 새로운 도로 포장법이 개발되어 무거운 하중을 견디는 양질의 도로가 건설됨으로써 육상 교통을 발전시켰다. 도로의 개선은 편안한 여행을 가능하게 하여 역마차의 인기가 급상승했으며, 우편 마차 제도를 발전시켜 정보의 이동 속도를 획기적으로 향상시키는 효과를 낳았다. 1700년경 이래 도로 운송비가 지속적으로 감소하여 1838년이 되면 초기의 30% 수준에 도달하였다. 운송비의 감소폭은 1740-1760년 기간에 가장 컸는데, 유료 도로와 포장법의 발달이 끼친 영향이 상당했다는 점을 짐작할 수 있다.

중량이 큰 화물의 이동에는 도로를 통한 운송보다 수운이 더 경제적이었다. 18세기 후반에 발생한 운하 건설 붐은 영국의 하천을 거의 모두 연결하는 내륙 수로망의 구축을 가능하게 하였다. 운하를 통한 운송은 높은 경제성을 보였다. 예를 들어, 맨체스터와 리버풀을 연결하는 운하의 개통은 두 지점 사이의 운송비를 절반으로 감소시켰다. 영국 여러 지역에서 생산된 철, 석탄, 도자기, 곡물 등이 운하를 통해 값싸게 소비지로 수송되었다. 또한 운하 건설 자체가 다수의 인력과 거액의 자본, 발달된 토목 기술을 필요로 하였으므로, 경제 전반을 자극하는 역할을 하기도 하였다.

철도 시대의 개막 기술자 스티븐슨이 자신이 개발한 증기 기관차 '로켓'을 작동하고 있다.

산업 혁명 시기 교통 수단 발달의 귀착점은 철도였다. 철도는 운하가 지닌 지리적 · 계절적 취약점으로부터 자유로울 수 있었기 때문이다. 철도 발달에 있어서 핵심적인 기술적 문제는 증기 기관을 이용해 견인력을 확보하는 것이었다. 리처드 트레비식(Richard Trevithick)이 1801년에 최초로 증기 기관차를 개발하면서 문제 해결의 길이 열렸다. 광산 기사였던 조지 스티븐슨(George Stevenson)은 1810년대부터 증기 기관차를 제작하기 시작하였는데, 1830년에는 리버풀과 맨체스터 간 50km를 평균 시속 약 22km로 주행하여 기차가 말보다 빠른 운송 수단이 될 것임을 입증했다.

이후 철도망은 전국적으로 급속히 구축되면서 수송 능력의 획기적 개선과 대규모 고용 창출 등을 통해 영국의 경제 성장에 중요한 역할을 하였다. 특히 1825년 거품법(Bubble Act)이 철폐되어 주식회사 설립에 대한 규제가 풀리자 1830년대에 철도에 대한 투자 열기가 달아올랐다. 결국 과열은 또다시 거품 붕괴로 이어져 많은 투자가들에게 손실을 안겼고, 주식회사 제도에 대한 여론이 다시 차가워졌다. 그렇지만 이런 과정을 거치면서 철도의 건설이 지속되어, 1840년에는 총연장이 2,400km, 1850년에는 1만km로 증가하였고, 1870년에는 2만 5,000km에 이르렀다. 종합하자면, 영국의 고정 자본 중에서 교통 수단이 차지하는 비중은 1830년대부터 비약적으로 증가하였는데, 여기에서 철도가 결정적인 역할을 담당하였다.

4.2. 미시 개량과 숙련 장인

지역적 혁신 네트워크의 역할

미시 개량은 구체적으로 어떤 과정을 통해 이루어질까? 이에 대한 가장 직접적인 접근법은 개별 산업 내에서 하나의 거시 발명 이후로 어떤 소규모 기술 진보들이 발생했는가를 추적하는 것이다. 그러나 이 접근법은 미시 개량의 범위를 지나치게 좁게 규정한다고 볼 수 있다. 공정상 직접적으로 연결이 되지 않거나 혹은 업종 자체가 다른 경우에도 미시 개량은 발생할 수 있다. 즉, 연관 효과가 직간접적으로 발생하는 모든 분야에서 다양한 형태로, 그리고 다양한 요인에 의해 미시 개량이 이루어질 수 있는 것이다. 이를 감안해 도시 차원에서 국지적 네트워크가 어떻게 작동하는지를 살펴보자.

기술사학자 토머스 미사(Thomas J. Misa)는 산업 혁명 시기 영국의 세 도시에 주목하였다.[1] 전통적 소비 도시였던 대도시 런던, 면 공업 중심지로 급성장한 신흥 공업 도시 맨체스터, 그리고 철제 가공의 역사가 깊은 도시 셰필드였다. 런던이 잉글랜드 남부 지역에 위치한 반면, 맨체스터와 셰필드는 북부 지역을 대표하는 도시였다. 이들은 위치만이 아니라 산업 구성에 있어서도 차이가 두드러졌다. 공업이 상당한 부분을 차지하고 있다는 공통점이 있었지만, 핵심 업종이 달랐고, 생산 방식이 달랐으며, 업종들이 연계되는 형태도 달랐다.

런던은 애초에 정치 중심지이자 소비 도시로 성장했지만 18세기 후반에는 공업 부문도 중요한 일부가 되는 복합 도시로 진화하였다. 1800년을 기준으로 보면 런던 노동자의 약 1/3은 다양한 형태의 제조업에 종사하였다. 설치된 증기 기관의 수도 다른 어떤 도시보다 많았다.[2] 공업화가 한창 진행된 시점인 1850년경이 되어도 여타 4개의 최대 공업 도시들의 노동자들을 합한 것보다 많은 수의 노동자를 고용하는 거대 도시로서 위용을 과시하였다. 전체 인구는 240만 명에 달해 세계에서 가장 인구가 많은 도시 중 하나였다. 제조업의 종류는 무척이나 다양하였다. 가구 제작, 인쇄, 양조, 화학, 섬유 가공, 정밀 공업, 조선업 등이 대표적이었다.[3]

미사는 산업 발전에 있어서 보조 산업의 역할을 강조하였다. 예를 들어, 런던에서 18세기부터 급성장한 흑맥주 양조 산업은 보조 산업들의 성장과 궤

---

1 미사(2015), 3장.
2 Hills(1989), 299쪽.
3 미사(2015), 112쪽.

를 같이하였다. 양조 과정에서 추출된 곡물은 가축의 사료로 사용되었고, 맥주 배럴 찌꺼기는 비료로 쓰였으며, 양조장의 효모 수요는 효모 산업의 특화된 발달을 자극하였다. 기계업의 발달은 더욱 흥미롭다. 증기 기관의 성능을 비약적으로 향상시킨 제임스 와트의 성과는 증기 기관을 도입하는 각종 산업으로 확산되었다. 존 레니(John Rennie)는 런던에서 제분소 설립을 맡았는데, 증기를 이용한 각종 선구적 기구들을 도입하였다. 그는 또한 영국 과학 진흥 협회(British Association for the Advancement of Science)에서 젊은 엔지니어 헨리 베세머(Henry Bessemer)를 도와 유명한 전로를 제작하게 되었다. 그런데 새 동력을 장착한 기계 공업의 발달이라는 계보는 와트-레니-베세머와 같은 단선론적 연결에 의해 완성되지 않는다. 상세한 계보에는 맥주 펌핑 엔진으로 특허를 받은 조지프 브래머(Joseph Bramah)나 브래머와 함께 일하다 선박 부품 제작으로 나아간 헨리 모즐리(Henry Maudslay)가 포함되어야 한다. 모슬리는 나사 깎는 기구와 전동 대패를 발명했는데, 이는 차세대 기술자인 조지프 클레멘

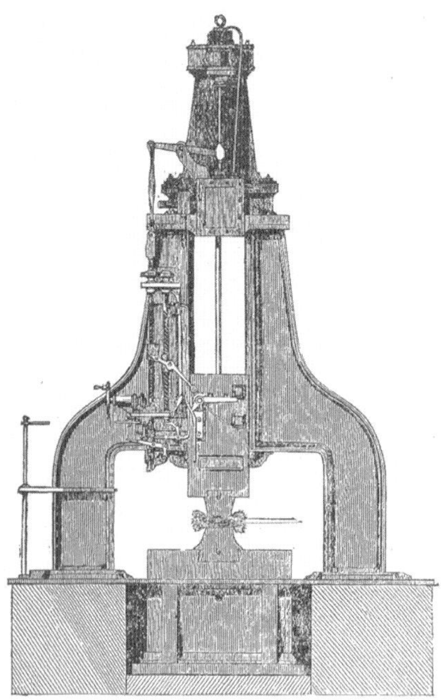
NASMYTH'S STEAM HAMMER.

네이스미스의 증기 해머 제임스 네이스미스가 개발한 대형 증기 해머는 사람의 힘으로는 불가능한 규모의 작업을 가능하게 했다. 여러 노동자들이 함께 이 증기 해머를 작동하는 모습은 동시대인들에게 매우 인상적으로 받아들여졌다.

트(Jeseph Clement), 리처드 로버츠(Richard Roberts), 제임스 네이스미스(James Nasmyth) 등에게 기술 교육을 통해 커다란 영향을 주었다. 바로 이들의 손에 의해 수평 셰이퍼, 증기 해머, 양방 대패 등 기계 공업의 주요 성과물들이 탄생하게 된다. 이들 중 대다수는 유명한 소수의 발명가들과는 달리 과학기술사에 뚜렷한 이름을 남기지 않은 인물들이지만, 이런 기술자들이 수많은 기계와 도구를 개량하고 이를 새로운 분야에 적용함으로써 미시 개량에 지대한 기여를 하였다. 그리고 이들 중 여럿은 런던을 떠나 다른 도시로 자리를 옮겨 기계 및 공구의 생산과 활용 범위를 크게 확장시켰다.[4]

맨체스터는 산업 혁명을 상징하는 신흥 공업 도시였다. 이 도시는 1770년에 인구가 3만 명에 불과했는데, 이후 인구가 비약적으로 성장해 1851년이 되면 30만 명에 육박하게 되었다. 1841년의 통계를 보면 맨체스터와 인근 랭커셔 지역에서 25개의 대규모 섬유 회사가 운영되었고 수백 개의 중소 기업이 많은 노동자를 고용하고 있었다. 시기적으로 보면 1760-1780년대에 방직과 방적 분야에서 중요한 기술 진보가 이루어져 혁신적인 기계들이 등장하였고, 과도기를 거친 후 1830년대에 공장 체제가 광범위하게 자리를 잡았다.[5]

이 지역에서 산업 혁명 시기 기술의 역사를 화려하게 장식하는 기술 진보가 앞을 다투어 성취되었다. 대표적으로 제임스 하그리브스의 제니 방적기, 리처드 아크라이트의 수력 방적기, 그리고 둘의 강점을 결합하여 가늘면서도 강한 면사를 뽑을 수 있도록 개량한 새뮤얼 크롬프턴의 뮬 방적기가 방적 기술의 진보를 이끌었다. 또한 에드먼드 카트라이트의 역직기는 방직 부문에서 기

4 미사(2015), 126-128쪽.
5 미사(2015), 128-130쪽.

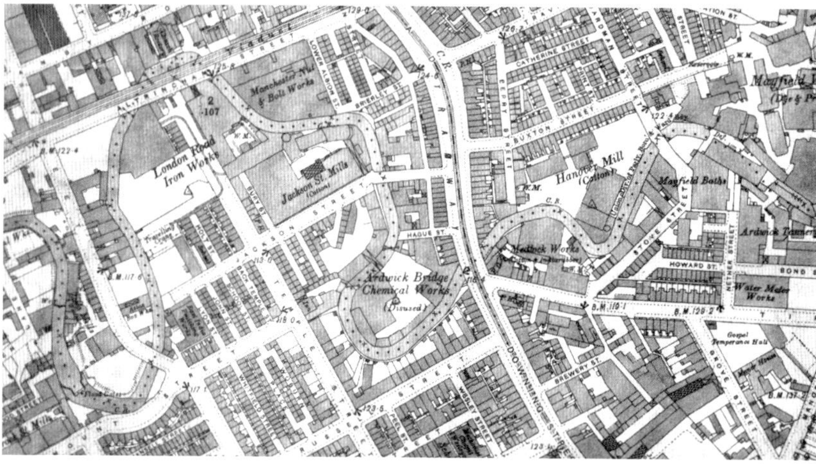

맨체스터의 도심 19세기 말에 작성된 이 지도에는 산업 혁명 시기에 건립된 수많은 공장들과 노동자들을 수용했던 빽빽한 주택들이 등장한다.

계화를 주도한 발명품이었다. 이들은 모두 18세기에 개발된 기계였지만, 이것이 공장제의 형태로 맨체스터에 뿌리내리게 된 것은 1820년대부터였다. 이후 공장 중심의 생산 체제는 맨체스터를 대표하는 이미지로 고착화되어 갔다.

그런데 여기서 한 가지 주목해야 할 점은 방적과 방직이 이 도시의 대표 산업임에도 불구하고, 각종 보조 산업들 역시 많은 고용 기회를 제공하고 있었다는 사실이다. 그중에서도 방직 및 방적 기계를 생산하고 수리하는 직업의 활약상이 가장 두드러졌다. 예를 들어, 리처드 로버츠는 크롬프턴의 방적기를 자동화하는 장치를 고안하고 제작해 특허를 획득했고, 조지프 휘트워스(Joseph Whitworth)는 정밀 계측이 가능한 측미계를 제작하였으며, 제임스 네이스미스는 대형 증기 해머를 만들어 산업 혁명의 상징처럼 여겨졌다.[6] 기계 공업 이외

6 미사(2015), 135-137쪽. 네이스미스는 다음과 같은 표현으로 기계의 유용성을 설파하였다. '[기계는] 술에 찌든

에도 여러 부문에서 발생한 기술 진보가 결합되어 섬유 공업 중심지로서 맨체스터의 위상을 완성하였다. 산업 혁명의 대표 도시 맨체스터의 모습은 이렇듯 여러 보조 산업들의 집합적 기여를 통해 형성되었다.

셰필드의 철물 제조 1870년에 제작된 이 그림에는 셰필드의 한 작업장에서 노동자들이 서로 독립적으로 일하는 모습이 묘사되어 있다.

공장과 대형 기계가 가득했던 맨체스터와 달리 셰필드는 수많은 숙련공들의 네트워크가 특징적인 공업 도시였다. 잉글랜드 북부에 위치한 이 도시는 가위, 못, 칼, 포크, 톱, 면도기 등 철과 강을 가공하여 각종 생산 도구와 소비 도구를 제작하는 것으로 유명하였다. 이미 18세기에 이름이 났던 이 도시는 19세기에 들어서 명성을 더욱 키웠다. 그런데 셰필드는 맨체스터와 달리 대규모 공장을 통한 생산 체제가 아니라 기술자들이 각자의 소규모 공방에서 작업을 하고 이들이 다른 이들과 상호 연결되는 방식의 생산 체제를 보유하였다. 이 경우 각 공방은 소규모 자본, 빠른 회전율, 변화에 맞춘 신속한 대응이라는 장점을 누릴 수 있었다. 이런 '리틀 마스터'(little master) 시스템이 셰필드만의 특징이었다.[7]

적도, 과도한 업무로 지친 적도, 결근한 적도, 임금을 위해 파업을 감행한 적도 없었으며, 정확도와 규칙성에 있어서도 절대 착오가 없었다.' Rolt(1965), 113쪽.

7 미사(2015), 142-147쪽.

런던, 맨체스터, 셰필드 세 도시를 비교해 보면, 영국의 산업 혁명이 단일한 방식으로 전개되지 않았다는 결론에 도달하게 된다. 런던이 다차원적인 성장을 하였다면, 맨체스터와 셰필드는 각각 섬유 공업과 철물 공업이라는 집중화된 성장을 보였다. 또한 동일하게 집중화된 성장을 경험한 맨체스터와 셰필드는 각각 대자본 공장 체제와 리틀 마스터 체제라는 상이한 생산 조직을 보여주었다. 이런 차이점에도 불구하고 이 도시들에서 공통적으로 발견되는 것은 지역적 네트워크의 중요성이다. 상호 직간접적으로 연관이 있는 업종들에서 여러 발명가들과 기술자들의 혁신이 상호 작용하면서 당시의 기술 진보를 이끌었던 것이다. 다수의 보조 산업들에서 진행된 크고 작은 발명과 개량이 서로의 필요성을 매개로 연결되는 과정이 바로 산업 혁명 시기 미시 개량이 전개된 모습이었다.

4.3. 기술자와 교육

슈퍼스타, 트위커, 임플리멘터

면 공업과 증기 기관 등 일부 부문이 산업 혁명의 총아로 각광을 받았지만, 뛰어난 기술 진보가 이 부문들에서만 발생했다고 보는 것은 잘못이다. 그간의 수많은 연구들이 보여 주는 결론은 무척이나 넓은 범위에서 다양한 종류의 발명이 발생하였고, 이 혁신들이 크고 작은 개량을 연쇄적으로 낳았으며, 부문을 뛰어넘는 파급 효과를 지닌 발명과 개량이 많았다는 사실이다.[8] 발명

가스등의 인기 거리에 설치된 가스등은 새로운 시대의 총아로 사람들에게서 큰 인기를 끌었다.

과 개량 활동이 특히 두드러지게 목격된 분야로 기계 공업, 토목 공업, 식료품 가공, 제지, 유리 제작, 양조, 광업, 조선업 등을 들 수 있다. 이들 가운데 일부는 당시 경제 성장률을 높이는 데는 효과를 보이지 못하였지만, 동시대인들의 생활 수준을 개선하는 효과는 거두었다. 특히 종두법 개발, 안전등 발명, 열기구 제작, 가스등 제작과 통조림 제조 등은 이런 면에서 상당히 큰 기여를 했다고 학자들이 인정하고 있다.[9]

영국이 누린 이런 기술상의 우위는 어디에서 연원하였는가? 전통적인 장인적 요소, 즉 과학적 탐구와는 별 관계가 없이 긴 기간에 걸쳐 습득되고 훈련된 숙련공의 손기술이 영국에 유리하게 작용한 것은 분명하다. 그러나 산업 혁명 시기의 기술 진보를 단순히 빼어난 손재주의 덕이라고 평가할 수는 없다. 크고 작은 수많은 혁신은 손재주를 넘어서는 행위였기 때문이다. 그런 의미에서 당시의 경제 성장은 '지식 기반 경제'의 초기적 양상을 보여 주었다고 볼 수 있을 것이다. 이제 이런 지식 기반 경제 성장을 데이터베이스 분석을 통해 보

8 MacCloskey(1981, 118쪽)는 이런 상황을 강조해서 '산업 혁명은 증기의 시대도, 면의 시대도, 철의 시대도 아니다. 그것은 진보의 시대다'라고 설파하였다.

9 Mokyr(2009b); Meisenzahl and Mokyr(2011), 1쪽.

다 구체적으로 살펴보기로 하자.

3장에서 살펴본 바와 같이 로버트 앨런은 영국의 기술 혁신이 생산 요소의 상대 가격에 의해 유도된 측면을 강조하였다. 임금 수준이 높고 석탄이 싸고 풍부한 생산 요소 조건이 영국 경제를 노동 절약적 기술 진보로 이끌었다는 주장이다. 그렇지만 하필이면 왜 이런 기술 진보가 18세기부터 본격화되었을까? 시기의 문제를 풀기 위해서는 더욱 많은 잠재적 혁신가들에게 지식이 더 쉽게 전파되는 여건이 어떻게 마련되었는가를 풀어야 한다.

랄프 마이젠잘과 조엘 모키어는 이 문제에 천착하여 산업 혁명 기간의 혁신을 지식 기반 사회의 등장과 결부시키고자 했다. 이런 목적의 연구를 위해 그들은 혁신가들의 데이터베이스를 구축하였다. 그들이 특별히 관심을 가진 계층은 소수의 '슈퍼스타'(superstar) 발명가들이 아니라 훨씬 덜 유명한 개량가들이었다. 기술자들의 '평균' 지식을 계량하는 것보다 상호 관련성이 많은 작은 혁신들을 이룬 다수의 기술자에 초점을 맞추는 것이 더 유용하다고 판단하였기 때문이다. 앞서 우리는 '거시 발명'과 구분하여 '미시 개량'을 살펴보았다. 마이젠잘과 모키어는 미시 개량, 즉 발명품의 성능을 향상시키고 오류를 제거하는 종류의 혁신을 만드는 이를 트위커(tweaker)라고 명하였다. 그리고 이런 미시 개량이 이루어지기 위해서는 많은 수의 숙련공들이 새로운 기계와 기구를 제작하고, 설치하고, 작동하고, 보수해야 한다고 강조하면서 이들을 임플리멘터(implementer)라고 차별화하여 불렀다. 마이젠잘과 모키어는 수만 명에 이르렀을 것으로 추정되는 이들의 존재가 상위의 발명과 개량을 가능하게 했다고 주장하였다. 즉, 영국 노동력의 3-5%를 차지하는 상급 숙련공의 기여에 주목해야 한다는 것이다.[10]

이 세 차원의 기술자들이 보여 준 보완성(complementarity)이야말로 산업 혁명 시기에 영국을 기술 선진국의 반열에 올려놓은 핵심 요인이었다고 마이젠잘과 모키어는 강조하였다.[11] 그들이 제시한 대표적 사례는 증기 기관의 혁신이다. 거시 발명가 제임스 와트의 증기 기관은 미시 개량가, 즉 트위커인 존 윌킨슨(John Wilkinson)의 실린더 보링(boring) 기술이 필요했고, 또한 임플리멘터라고 부를 수 있는 존 서던(John Southern)과 제임스 로슨(James Lawson)과 같은 숙련공이 있었기에 가능했다고 그들을 지적하였다.[12]

혁신을 이끄는 유인들

잠재적 발명가들을 실제 발명가로 전환시키는 데에는 여러 유인들이 작용할 수 있다. 혁신의 가장 대표적인 인센티브는 특허 제도이다. 6장에서 자세히 다루겠지만, 특허는 발명가에게 일정한 기간 독점적 이윤을 보장함으로써 혁신을 유도하는 제도이다. 그러나 혁신의 인센티브로 특허만이 있었던 것은 아니다. 특정한 산업에서는 특허를 통해 기술의 구체적 정보를 공표하지 않고 기업 혹은 기업가의 비밀로 남겨 두는 것이 더 바람직해 보였다. 특히 단기간에 다른 사람들이 모방하기 어려운 기술 혹은 발명품을 분해해서 제조법을 알아내기가 어려운 기술의 경우 발명가가 특허를 출원하면서 자신의 기술이 외부에 노출될 위험을 감수하기보다 '선도자의 이익'(first-mover's advantage)을 누리

10 Meisenzahl and Mokyr(2011), 7쪽.
11 Meisenzahl and Mokyr(2011), 5-6쪽.
12 Meisenzahl and Mokyr(2011), 6쪽.

는 것이 더 큰 이익이 되는 경우가 많았다.

특허 제도에 대한 가시적 대안으로 국가나 기관이 주도하여 혁신가에게 상을 수여하는 제도가 존재하였다. 문제점 해결을 위해 사전적으로 포상을 하는 경우도 있었고, 문제점에 대한 해결책을 찾아내면 그에 대한 대가로 상을 주는 경우도 있었다. 예를 들어, 프랑스에 비해 기술이 한참 뒤졌던 레이스 제조업의 경우 1754년에 설립된 왕립 기술 협회(Royal Society of Arts)가 명시적으로 포상을 내건 바 있다.[13] 의회가 포상 제도를 주도한 사례도 많이 보고되었다. 포상 중에는 메달의 수여를 내용으로 하는 경우도 많았다.[14]

포상 제도의 활용 왕립 기술 협회는 포상 제도를 기술 혁신의 인센티브로 활용한 대표적 기관이었다.

그런데 발명가들의 마음을 사로잡은 것이 반드시 경제적 이익만은 아니었음에 유의해야 한다. '기술 진보'는 산업 계몽주의 주창자들에게는 단순히

13 Griffiths, Hunt, and O'Brien(1992), 886쪽. 이런 경우 대부분 포상을 받는 대신에 특허를 출원하지 않는다는 조건이 부가되었다.

14 Harrison(2006).

소득과 부의 원천이었던 것이 아니다. 그들에게는 기술 진보가 '시대 정신'으로 받아들여졌다. 인간의 합리성을 최대한으로 응용하여 사람들의 생활이 편리함과 이익으로 충만하도록 하는 것, 이런 사회 개선의 꿈이 산업 계몽주의자들의 마음을 사로잡고 있었던 실체였다.[15] 당시의 유명한 발명가들 가운데 매튜 볼턴, 벤자민 고트, 조사이어 웨지우드 등은 모두 산업 계몽주의를 상징하는 인물들이었다. 또한 과학자로서 출발한 발명가들 중에서는 경제적 이익은 부차적이고 과학적 탐구를 우선에 두었던 이들도 많았던 것으로 보인다.[16] 따라서 우리는 혁신가들이 발명과 관련하여 어떤 '문화'를 지녔는지를 파악해야 한다. 즉, 혁신가들이 어떤 매체를 통해 기술에 대한 지식을 습득하였는지, 그들이 어떤 곳에서 사람들과 어울렸고, 이들을 한데 묶은 열정과 동질 의식은 어디에서 출발하는지 등에 대해 본격적으로 분석할 필요가 있다.

혁신가의 데이터베이스

마이젠잘과 모키어는 영국 기술자들이 남긴 전기물들을 수집한 Skempton et al.(2002), 그리고 Day and McNeil(1996)과 Smiles(1865; 1884; 1889)의 자료를 한데 모아 데이터베이스를 완성하였다. Woodcroft(1854)는 영국에서 1851년 이전에 발표된 모든 발명 사례를 담고 있다. 이 자료를 앞의 데이터베이스와 비교함으로써 자료의 신뢰성을 확인할 수 있었다. 이 데이터베이스에는 1660-1830년에 출생한 사람들만을 담았다. 이를 기간별로 구분하면 시기적 추이 변화를 추적할

15 Jacob(2007), Jones(2008).
16 Jones(2008).

수 있게 된다.

도기 공업의 혁신가 조사이어 웨지우드는 루나 소사이어티의 회원이었다. 그는 경질 자기 제조법을 개발해 영국을 대표하는 도기 제품을 생산하였다.

유명한 슈퍼스타 발명가의 경우 일생에 관한 기록이 매우 풍부하지만, 우리가 특별한 관심을 기울이고 있는 트위커와 임플리멘터의 경우에는 전기적 내용이 간단하고 구체성이 다소 부족하기도 하였다. 전기적 내용이 전혀 알려지지 않은 발명가의 경우에는 이 데이터베이스에 포함되지 않는다. 따라서 앞으로 이어질 분석에서 잠재적인 표본 편의(selection bias)가 발생할 수 있음에 유념해야만 한다.[17]

표 4-1은 이 데이터베이스를 요약하여 50년 간격의 기간을 기준으로 보여 준다. 총 12개 산업으로 분류하여 산업별 발명가 수를 조사하였다. 결과적으로, 총 759명의 트위커 내지 임플리멘터가 데이터베이스에 포함되었다. 이 가운데 758명이 남성이었고 여성은 1명에 불과했다. 이 여성은 엘리너 코드(Elenor Coade)라는 이름을 지닌 발명가로 인조석 제조법에 대한 특허를 보유했다.[18]

표가 보여 주는 가장 두드러진 특징은 직물 공업이 18세기 이래 비약적으로 성장하였다는 점이다. 전체 기간을 통해 이 부문에 속한 트위커와 임플리멘터는 193명에 이르렀다. 그러나 직물 공업의 전성기 때에도 전체 발명가의 1/3 이하만이 직물 공업에 속했다는 점을 간과해서는 곤란하다. 다음으로 높은 비

---

17 이 데이터베이스의 전부 혹은 일부를 이용한 연구에 관해서는 Meisenzahl and Mokyr(2011), 16쪽 참조.
18 Meisenzahl and Mokyr(2011), 17쪽.

표 4-1 **트위커와 임플리멘터 데이터베이스**

부문	1700년 이전	1700-1749	1750-1774	1775-1799	1800-1814	1815-1830	부문 합계
직물	2.0	39.0	41.0	42.0	45.0	24.0	193.0
조선	1.0	3.0	7.5	7.5	6.0	2.0	27.0
교통	2.0	2.0	11.5	26.5	24.5	23.0	89.5
기타 공학	11.0	19.0	32.5	44.0	27.0	14.5	148.0
의학 · 화학	1.0	6.0	6.0	10.0	3.0	3.5	29.5
기구	8.0	26.0	12.0	27.0	12.0	5.5	90.5
제철 · 제련	4.0	13.0	11.0	11.5	7.0	4.5	51.0
광업	2.0	3.0	8.0	9.5	3.0	0.0	25.5
농업	2.0	7.0	2.5	4.5	3.0	2.0	21.0
건설	0.0	10.0	11.5	15.5	5.0	0.0	42.0
인쇄 · 사진	0.0	4.0	4.5	6.5	2.5	2.0	19.5
기타	1.0	6.0	5.0	3.5	4.0	3.0	22.5
기간 합계	34.0	138.0	153.0	208.0	142.0	84.0	759.0
(%)	4.5	18.2	20.2	27.4	18.7	11.1	

자료: Meisenzahl and Mokyr(2011), 18쪽.

중을 차지한 산업은 '기타 공학'이었다. 여기에는 표에서 산업 분류에 사용되지 않은 다양한 업종이 포함된다. 이 항목에 많은 수의 기술자들이 포진하고 있었다는 사실은 산업 혁명 기간에 기술 진보가 특정한 소수의 산업에 국한된 것이 아니었음을 시사한다. 다음으로는 기구 제작과 교통 부문이 많은 기술자들 둔 것으로 나타났고, 제철 · 제련과 건설업이 뒤를 이었다.

혁신가와 기술 교육

트위커와 임플리멘터들을 교육과 훈련의 관점에서 분류해 보자. 고숙련

표 4-2 1800년 이전 출생자의 교육 수준별 구분

부문	도제(%)	학교(%)	대학(%)	없음(%)	부문 합계
직물	19.5(16)	5.0 (4)	1.5 (1)	100.5(81)	124.0
조선	10.0(53)	1.0 (5)	5.5(29)	3.5(18)	19.0
교통	19.0(45)	4.0(10)	7.0(17)	13.0(31)	42.0
기타 공학	42.0(39)	6.5 (6)	22.5(21)	39.5(37)	106.5
의학 · 화학	9.0(39)	2.0 (9)	8.0(35)	5.0(22)	23.0
기구	38.0(52)	4.5 (6)	15.5(21)	17.0(23)	73.0
제철 · 제련	17.0(43)	4.5(11)	4.0(10)	15.0(38)	39.5
광업	13.0(58)	1.5 (7)	3.0(13)	6.0(27)	22.5
농업	3.5(22)	1.0 (6)	7.0(44)	5.0(31)	16.0
건설	17.0(46)	4.0(11)	2.5 (7)	13.5(36)	37.0
인쇄 · 사진	9.0(60)	1.0 (7)	2.5(17)	3.5(23)	15.0
기타	5.0(32)	2.0(13)	2.0(13)	6.5(42)	15.5
합계	202.0(38)	37.0(7)	81.0(15)	228.0(43)	533.0

주: 중복 선택 있음.
자료: Meisenzahl and Mokyr(2011), 21쪽.

기술자들이 가진 인적 자본은 교육 및 훈련과 어떤 관련성을 지녔을까? 먼저 1800년 이전 출생자의 사례를 살펴보자. 표 4-2에 나타난 것처럼, 전체 533명의 기술자 가운데 38%에 해당하는 202명은 도제 훈련을 마친 것으로 보고되었다. 7%인 37명은 학교(중등) 교육을 받았으며, 15%에 해당하는 81명은 대학 교육을 받았다. 교육과 훈련에 대한 기록을 남기지 않은 경우가 43%인 228명에 이르렀다. 이들 중에는 공식 교육과 훈련을 받지 않은 경우가 많았을 것이고, 일부는 자료의 미비와 누락 탓에 기록이 되지 않았을 것이다. 산업별로 보면 교육과 훈련 기록을 남기지 않은 기술자의 비율이 직물 공업에서 가장 높아 81%를 나타냈다. 직물 공업은 공식 교육을 가장 덜 필요로 하는 업종이었음을 유추할

수 있다. 그 뒤를 이어 직물 공업보다 훨씬 낮은 비율로 제철 · 제련과 기타 공학이 차지하였다.[19]

도제 훈련에 의존도가 높았던 업종으로는 조선, 교통, 기구 제작, 제철 · 제련, 광업, 건설, 인쇄 · 사진 등을 들 수 있다. 반면에 농업은 도제 훈련에 의존하는 정도가 가장 낮은 것으로 나타났다. 1814년에 제정된 도제법으로 인해 도제 제도가 공식적으로는 폐지되었지만, 영국에서 도제 제도의 영향력은 상당히 컸다는 사실을 확인할 수 있다. 학교 교육의 경우 전반적으로 의존도가 높지 않은 가운데, 직물, 교통, 기타 공학, 기구, 제철 · 제련이 상대적으로 높은 수치를 보였다. 대학 교육을 받은 기술자의 비율이 높은 업종으로는 기타 공학과 기구가 가장 두드러졌고 다음으로 의학 · 화학, 교통, 농업이 뒤를 이었다.

이번에는 1800-1830년에 출생한 기술자들에 대해 같은 분류법을 적용해 보자. 표 4-3에 결과가 수록되어 있다. 전체 226명의 기술자 가운데 교육과 훈련의 기록이 없는 이가 36%에 이른 것으로 나타났다. 기술자들 가운데 45%에 해당하는 101명이 도제 제도를 통하여 기술을 습득한 것으로 밝혀졌다. 8%에 해당하는 19명은 학교 교육을 받았으며, 15%에 해당하는 35명은 대학 교육을 받은 것으로 나타났다. 이를 다시 산업별로 보면, 교육과 훈련 기록을 남기지 않은 기술자의 비율이 여전히 직물 공업에서 가장 높아 78%를 기록하였다. 그 뒤를 이어 농업과 광업이 순위에 올랐다.[20]

도제 훈련에 의존도가 높았던 업종으로는 조선, 교통, 기타 공학, 제철 ·

---

19 Meisenzahl and Mokyr(2011), 20쪽.
20 Meisenzahl and Mokyr(2011), 19쪽.

표 4-3 1800-1830년 출생자의 교육 수준별 구분

부문	도제(%)	학교(%)	대학(%)	없음(%)	부문 합계
직물	14.0(20)	1.0 (1)	0.5 (1)	54.0(78)	69.0
조선	4.0(50)	2.0(25)	2.0(25)	0.0 (0)	8.0
교통	36.0(76)	3.0 (6)	4.0 (8)	6.5(14)	47.5
기타 공학	25.5(61)	5.0(12)	9.0(22)	5.5(13)	41.5
의학 · 화학	1.5(23)	1.0(15)	4.0(62)	0.0 (0)	6.5
기구	6.0(34)	2.0 (11)	6.0(34)	5.0(29)	17.5
제철 · 제련	4.5(39)	2.0(17)	4.0(35)	1.0 (9)	11.5
광업	1.0(33)	0.0 (0)	0.0 (0)	2.0(67)	3.0
농업	0.5(10)	0.0 (0)	1.0(20)	3.5(70)	5.0
건설	1.5(30)	1.0(20)	2.0(40)	0.5(10)	5.0
인쇄 · 사진	1.5(33)	0.0 (0)	2.5(56)	1.0(22)	4.5
기타	5.0(71)	2.0(29)	0.0 (0)	2.0(29)	7.0
합계	101.0(45)	19.0 (8)	35.0(15)	81.0(36)	226.0

주: 중복 선택 있음.
자료: Meisenzahl and Mokyr(2011), 21쪽.

제련 등이 두드러졌다. 이와 대조적으로 직물, 의학 · 과학, 그리고 농업은 도제 훈련에 가장 적게 의존하는 것으로 나타났다. 학교 교육을 받은 비중이 상대적으로 높은 업종은 조선, 의학 · 화학, 제철 · 제련, 건설 등이었다. 대학 교육의 혜택을 입은 기술자가 높은 비율을 차지한 업종은 의학 · 화학, 인쇄 · 사진, 건설 등이었다.

전체적으로 보면, 도제 제도에 의존하여 기술을 습득한 기술자의 비율이 매우 높았다는 특징을 확인할 수 있다. 산업 혁명 시기의 번영을 이끈 수많은 중소 기술자들이 도제 제도의 틀을 따라 훈련을 받고 숙련도를 향상시켰던 것이다. 가장 널리 알려진 발명가의 도제 제도 계보를 보면, 수압기를 발명한 조

지프 브래머(Joseph Bramah)가 기계식 선반을 혁신하게 되는 헨리 모즐리(Henry Maudsley)에게 도제 훈련을 시켰고, 모즐리가 다시 증기 해머를 발명하게 되는 제임스 네이스미스(James Nasmyth)에게 도제 교육을 실시하였다. 이런 사례는 여러 산업에서 목격되는데, 특히 광업 분야에서 많은 사례가 등장하였다.[21]

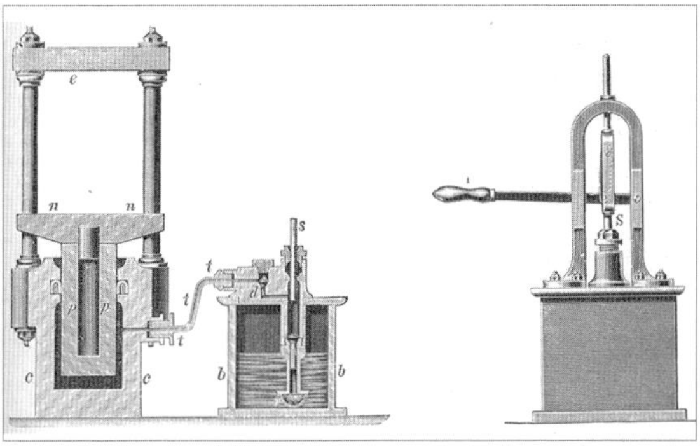

브래머의 수압기 이 기계를 발명한 브래머는 도제 제도를 통해 중요한 기술들을 후대에 전수했다.

다양한 포상 방법

마이젠잘과 모키어의 연구에 따르면 영국의 기술자들이 자신의 발명에 대해 보상을 받는 경로가 네 가지 있었다고 한다. 첫째는 자신의 기술 지식에 대해 지식 재산권을 요구하는 것이고, 둘째는 개별 사업자가 선도자의 이익을 추구하는 것이며, 셋째는 동시대인의 평판(reputation)에 의지하는 것이고, 넷째는 비금전적 보상을 받는 것이었다.[22]

첫째, 지식 재산권의 확립에 관해서는 특허 제도가 각별한 주목을 끈다. 특허 제도가 산업 혁명 기간에 기술 진보가 발생하는 데에 중요한 기여를 하였

21 Meisenzahl and Mokyr(2011), 22쪽.
22 Meisenzahl and Mokyr(2011), 22쪽.

표 4-4 **부문별 특허 취득 건수에 따른 구분**

부문	0(부문 %)	1(부문 %)	2-5(부문 %)	6-10(부문 %)	10+(부문 %)	부문 합계
직물	37.0(19)	64.0(33)	71.0(37)	9.0 (5)	12.0 (6)	193.0
조선	8.0(30)	9.0(33)	7.5(28)	2.5 (9)	0.0 (0)	27.0
교통	50.0(56)	17.5(20)	16.5(18)	4.0 (4)	1.5 (2)	89.0
기타 공학	57.0(39)	32.0(22)	29.5(20)	20.0(14)	9.5 (6)	148.0
의학 · 화학	12.0(41)	11.0(37)	4.5(15)	0.0 (0)	2.0 (7)	29.5
기구	59.0(65)	16.0(18)	12.0(13)	0.5 (1)	3.0 (3)	90.5
제철 · 제련	15.0(29)	11.5(23)	20.5(40)	2.0 (4)	2.0 (4)	51.0
광업	15.0(59)	7.0(27)	2.5(10)	1.0 (4)	0.0 (0)	25.5
농업	10.0(48)	5.5(26)	4.5(21)	1.0 (5)	0.0 (0)	21.0
건설	27.5(65)	6.5(15)	5.5(13)	1.0 (2)	1.5 (4)	42.0
인쇄 · 사진	7.5(38)	2.0(10)	4.5(23)	2.0(10)	3.5(18)	19.5
기타	6.0(27)	10.0(44)	6.5(29)	0.0 (0)	0.0 (0)	22.5
합계	304(40)	192(25)	185(24)	43 (6)	35 (5)	759.0

자료: Meisenzahl and Mokyr(2011), 25쪽.

을까? 이에 대해서는 학자들 간에 의견이 크게 갈려 있다. 특허 제도가 부실했다는 주장도 있고, 사법부가 특허를 반기지 않았다는 주장도 있으며, 특허의 독점권 부여에 대해 부정적 입장을 취한 발명가가 많았다는 주장도 있다. 그러나 반대로 특허 제도가 대체로 원활하게 작용했고, 많은 발명가들이 특허 제도를 유효한 보호 제도로 인식했다는 주장도 있다. 특허 제도의 여러 측면과 종합적 효과에 관한 논의는 6장에서 상세하게 진행할 예정이다.

그렇다면 우리의 데이터베이스에 등장하는 발명가들은 얼마나 특허 제도에 의존하였을까? 표 4-4를 보자. 데이터베이스에 등장하는 759명의 기술자 가운데 특허를 전혀 출원하지 않은 경우는 40%인 304명이다. 나머지 60%는 한 번 혹은 그 이상 특허를 냈다. 특허 출원이 가장 빈번했던 분야는 직물 공업이었다. 이 업종에서는 발명가가 제작한 직물을 분해해 봄으로써 기술적 특성과 제조법을 유추해 내는 이른바 역공학(reverse engineering)이 손쉽게 이루어질 수 있었기 때문에 기술을 비밀로 묻어 두는 방법으로는 보호가 충분히 되지 않았을 것이다. 직물 공업 다음으로 특허가 덜 취득된 업종은 제철 · 제련, 조선, 인쇄 · 사진, 기타 공학의 순이었다.

특허를 출원한 기술자의 경우 1건만을 출원한 이가 192명(25%)으로 가장 많았고, 다음으로 2-5건을 출원한 기술자가 185명(24%)이었다. 6-10건을 취득한 기술자는 43명(6%)이었고, 10건 이상을 출원한 이는 35명(5%)이었다. 전반적으로 보면 복수의 특허를 취득한 이가 적지 않았다. 그중에는 전업적인 발명가라고 해도 과언이 아닐 만한 기술자들도 있었다. 특허 취득 건수가 6건 이상인 78명은 아마도 이런 범주에 들어갈 만한 인물이었을 것이다. 10건 이상의 특허를 취득한 기술자의 비율이 특히 높았던 부문은 인쇄 · 사진(18%)이었고, 의학 · 화학(7%), 직물(6%), 기타 공학(6%)이 뒤를 이었다. 이 업종들은 특허 취득 건수가 6-10인 사례의 비율도 매우 높은 것으로 나타났다.[23]

발명가가 택할 수 있었던 둘째 선택인 선도자의 이익은 기술의 비밀을 외부에 도출하지 않고 비밀로 간직한 채 사업을 지속하는 경우를 지칭한다. 이를 보여 주는 대표적인 사례가 직물 제조업자인 타이터스 솔트(Titus Salt)였다. 그는 알파카 실을 고르는 방법에 대한 자신만의 기술을 보유하고 있었는데, 기술을 외부에 노출하지 않은 채 영업을 계속해 막대한 부를 얻었다. 다이빙 기계를 발명한 존 브레이스웨이스(John Braithwaithe)는 좌초되어 해저에 가라앉은 선박

23 Meisenzahl and Mokyr(2011), 22-24쪽.

경도법 위원회 18세기 영국에서 정확한 경도를 측정하는 기술을 개발하는 이에게 포상을 하는 임무를 띤 경도법 위원회의 회의 장면.

을 해저에서 묶어 인양하는 방법, 그리고 해저에서 화약을 터뜨리는 방법을 고안하고는 이를 비밀에 붙인 채 사업을 계속하였다.[24] 그러나 선도자의 이익은 기술적 우위를 바탕으로 하거나 보안이 확실할 수 있다는 전제에서만 유용하였다. 비밀주의를 택했다가 결국 기술이 외부로 유출되어 경쟁자의 손에 들어감으로써 큰 손실을 보게 된 사례도 많이 보고된다.

셋째, 동시대인의 평판에 의지하는 길도 있다. 특히 동일하거나 유사한 업종에 종사하는 기술자들 사이에서 확립된 평판은 매우 높은 가치를 지녔다. 이런 평판은 소비자에게도 전달되어 최고의 기술을 이용하여 최상의 상품을 제작할 수 있는 기술자가 누구인가에 대한 폭넓은 동조를 형성한다. 동업자 및 소비자들의 평판은 쉽게 깨지지 않는다. 이런 평판을 바탕으로 발명가는 특허나 비밀에 의존하지 않고도 높은 소득과 사회적 지위를 누릴 수 있게 된다.

마지막으로, 비금전적 보상도 혁신의 중요한 인센티브가 될 수 있었다. 현금 포상이 많은 발명가들에게 솔깃하게 여겨졌으리라는 점은 상상하기 어렵지 않다. 가장 널리 알려진 현금 포상의 사례로 의회가 제정한 경도법(Longitude

---

24 Meisenzahl and Mokyr(2011), 26쪽.

Act)의 사례를 들 수 있다. 종종 발생하는 해양 좌초 사고를 방지하기 위해 정확한 경도를 측정하는 것이 중요하였다. 의회를 이를 위해 현금 포상 제도를 마련하였다. 슈퍼스타 과학자들을 포함한 수많은 학자와 기술자들이 다양한 방식의 측정법을 제시하였지만, 결국 가장 오차가 적은 방법을 개발한 이는 시골 시계공 출신의 장인이었던 존 해리슨(John Harrison)이었다. 도로 포장법을 크게 혁신한 존 맥아담(John McAdam)과 천연두를 막을 종두법을 개발한 에드워드 제너(Edward Jenner)도 현금 포상의 혜택을 받았다.[25]

그러나 이들과 달리 금전적 보상이 최상의 정책이 아닌 이들도 있었다. 특히 특허가 독점이라는 달갑지 않은 요소를 끌어들여 발명가에게 이익을 보장해 주는 제도라고 인식하여 부정적인 태도를 견지한 발명가나, 계몽주의적 관점에서 발명의 과실이 모든 이에게 돌아가야 한다고 생각한 발명가에게는 비금전적인 보상이 금전적인 보상보다 더 적합한 측면이 있었다. 이들에게도 다양한 사회적 보상 제도가 공식적 및 비공식적으로 마련되어 있었다. 정부에서 발명의 공헌을 높이 사 메달을 수여하기도 했고, 왕립 협회(Royal Academy)처럼 권위가 높은 조직의 구성원으로 인정을 받을 수도 있었다.[26] 또한 정부가 명예 귀족 작위를 수여하는 경우도 있었고, 명예직에 임명을 하는 경우도 있었다.

표 4-5는 1800년 이전에 출생한 기술자들을 대상으로 놓고, 현금 포상과 더불어 여러 비금전적 포상을 비교해서 보여 준다. 중복자의 경우도 포함되어 있다. 전체 기술자의 12%가 메달을 수여 받았고, 9%가 현금 포상을 받았고, 5%가

25 Meisenzahl and Mokyr(2011), 33쪽.

26 유사한 속성을 지닌 기관으로는 The Society of Arts, The Royal Institution, The British Association for the Advancement of Science 등을 들 수 있다.

표 4-5 1800년 이전 출생자의 포상

부문	메달(%)	현금 포상(%)	작위(%)	임용(%)	왕립 협회(%)	부문 합계
직물	3.0 (2)	8.0 (6)	3.0 (2)	5.0 (4)	2.0 (2)	124.0
조선	3.5(18)	5.5(29)	0.5 (3)	0.5 (3)	4.5(24)	19.0
교통	1.0 (2)	3.0 (7)	2.0 (5)	4.5(11)	5.5(13)	42.0
기타 공학	19.0(18)	5.5 (5)	8.5 (8)	11.5(11)	21.0(20)	106.5
의학 · 화학	4.0(17)	2.5(11)	0.5 (2)	2.5(11)	7.5(33)	23.0
기구	18.5(25)	11.5(16)	2.0 (3)	24.0(33)	31.0(42)	73.0
제철 · 제련	1.0 (3)	1.0 (3)	3.0 (8)	3.0 (8)	5.0(13)	39.5
광업	2.0 (9)	1.0 (4)	0.0 (0)	2.0 (9)	3.0(13)	22.5
농업	1.0 (6)	2.0(13)	1.5 (9)	0.0 (0)	0.5 (3)	16.0
건설	7.5(20)	4.0(11)	1.5 (4)	8.0(22)	5.0(14)	37.0
인쇄 · 사진	1.0 (7)	2.0(13)	2.0(13)	2.0(13)	3.0(20)	15.0
기타	3.5(23)	1.0 (6)	1.5(10)	4.0(26)	3.0(19)	15.5
합계	65.0(12)	47.0 (9)	26.0 (5)	67.0(13)	91.0(17)	533.0

자료: Meisenzahl and Mokyr(2011), 35쪽.

작위를 하사 받았고, 13%가 명예직에 임용되었고, 17%가 왕립 협회의 구성원으로 뽑혔다. 부문별로는 편차가 매우 큰 것으로 나타났다. 이런 포상 방법들은 상호 중첩이 될 뿐 아니라 출신 신분이나 대학 등의 연줄과도 관련이 깊었다. 따라서 이들을 발명의 중요성을 보여 주는 척도로 보아서는 곤란하다. 다만 비경제적 인센티브도 중요한 요인으로 작용했을 수 있다는 측면은 기억할 필요가 있다.

표 4-6은 출생 시기가 1800-1830년인 기술자를 대상으로 동일한 분석을 한 결과를 보여 준다. 전체 기술자 가운데 10.5%에게 메달이 수여되었고, 5%에게 현금 포상이 이루어졌고, 13%에게 작위를 주어졌고, 14%에게 명예직이 제공되었으며, 14%에게 왕립 협회의 구성원 지위가 주어졌다. 부문별 편차는 여기

표 4-6 1800-1830년 출생자의 포상

부문	메달(%)	현금 포상(%)	작위(%)	임용(%)	왕립 협회(%)	부문 합계
직물	3.0 (4)	0.5 (1)	6.0 (9)	3.5 (5)	0.5 (1)	69.0
조선	1.0(13)	0.0 (0)	2.0(25)	1.0(13)	2.0(25)	8.0
교통	1.0 (2)	0.0 (0)	3.0 (6)	5.5(12)	5.0(11)	47.5
기타 공학	14.0(34)	5.5(13)	8.0(19)	7.0(17)	10.5(25)	41.5
의학 · 화학	2.0(31)	0.0 (0)	4.0(62)	1.0(15)	3.5(54)	6.5
기구	7.0(40)	0.5 (3)	2.5(14)	8.5(49)	3.5(20)	17.5
제철 · 제련	5.0(43)	1.0 (9)	3.0(26)	1.0 (9)	3.0(26)	11.5
광업	0.0 (0)	1.0(33)	0.0 (0)	0.0 (0)	1.0(33)	3.0
농업	1.0(20)	1.0(20)	1.0(20)	0.0 (0)	1.0(20)	5.0
건설	1.0(20)	0.0 (0)	0.5(10)	0.5(10)	0.0 (0)	5.0
인쇄 · 사진	3.0(67)	1.0(22)	0.0 (0)	1.0(22)	1.0(22)	4.5
기타	0.0 (0)	0.0 (0)	0.0 (0)	2.0(29)	0.0 (0)	7.0
합계	38.0(17)	10.5 (5)	30.0(13)	31.0(14)	31.0(14)	226.0

자료: Meisenzahl and Mokyr(2011), 36쪽.

서도 크게 나타났다. 부문 간에 편차가 크다는 점은 공급 측면에서 기술과 숙련을 고루 제공하는 데에 어려움이 있었다고 해석할 여지를 남긴다.

혁신가와 출판 활동

발명가들에게 자신들의 커뮤니티는 얼마나 중요했을까? 산업 계몽주의를 강조하는 학자들은 이들이 의견을 교환하고, 정보를 얻고, 새로운 사람을 소개 받고, 출판의 기회를 찾는 공간으로서 여러 커뮤니티가 매우 중요했다고 여긴다. 과연 트위커와 임플리멘터는 얼마나 이런 활동에 적극적이었을까?

표 4-7은 출판의 경험을 가진 기술자의 비율과 과학 기술과 관련한 협회에

표 4-7 출판인과 협회 회원

부문	출판인만(%)	회원만(%)	출판인 겸 회원(%)	부문 합계
직물	7.5 (4)	6.0 (3)	3.0 (2)	193.0
조선	6.5(24)	2.0 (7)	11.0(41)	27.0
교통	11.0(12)	29.5(33)	23.0(26)	89.5
기타 공학	25.0(17)	31.0(21)	55.0(37)	148.0
의학 · 화학	4.0(14)	3.5(12)	13.5(46)	29.5
기구	13.0(14)	13.5(15)	40.5(45)	90.5
제철 · 제련	6.5(13)	9.0(18)	6.5(13)	51.0
광업	4.5(18)	3.0(12)	8.0(31)	25.5
농업	6.5(31)	1.5 (7)	3.5(17)	21.0
건설	8.0(19)	2.5 (6)	18.0(43)	42.0
인쇄 · 사진	3.0(15)	2.5(13)	4.0(21)	19.5
기타	1.5 (7)	1.0 (4)	5.0(22)	22.5
합계	97.0(13)	105.0(14)	191.0(25)	759.0

자료: Meisenzahl and Mokyr(2011), 38쪽.

회원 자격을 가졌던 기술자의 비율을 정리하여 보여 준다. 출판과 협회 활동이 국지적이거나 기록되지 않은 경우가 있을 것이기 때문에 이 표의 수치는 실제의 하한이라고 여길 수 있다. 759명 가운데 97명(13%)은 출판을 한 적이 있되 협회의 회원인 적은 없었다. 105명(14%)은 협회의 회원이었으나 출판의 경험이 없는 것으로 나타났다. 그리고 255에 해당하는 191명은 출판과 협회 회원 경험을 동시에 가지고 있었다. 종합하자면 52%에 이르는 기술자들이 출판 혹은 협회 회원이라는 활동을 보였다. 이 수치를 높다고 보아야 할지 낮다고 보아야 할지는 논쟁적이다. 이 수치가 하한이라는 점을 고려한다면, 적지 않은 수의 기술자들이 출판과 협회 활동을 통해 다른 기술자들과 교류하고 있었다고 결론을 내릴 수 있을 것이다. 부문별로는 차이가 크게 나타났다. 직물의 경우 두

표 4-8 트위커/임플리멘터와 스타 기술자의 비교 (단위: %)

교육	도제	학교	대학	없음/불확실	
전체	40	7	15	41	
스타 기술자	54	10	24	18	
특허	**0**	**1**	**2-5**	**6-10**	**10+**
전체	40	25	24	6	5
스타 기술자	19	17	28	15	21
보상	**현금**	**메달**	**작위**	**임용**	**왕립 협회**
전체	8	14	7	13	16
스타 기술자	14	25	18	29	24
출판/회원	**출판**		**회원**		**둘 다**
전체	13		14		25
스타 기술자	14		14		35

자료: Meisenzahl and Mokyr(2011), 41쪽.

가지 활동이 모두 가장 적은 편이었다.

스타 기술자와 중소 기술자

지금까지 우리는 트위커와 임플리멘터, 즉 미시 개량과 기타 보조 업무를 수행한 중소 기술자들의 특성을 살펴보았다. 이들의 특성을 거시 발명을 주도했던 스타 기술자들의 특성과 비교하면 어떤 결과가 나타날까?

표 4-8은 비교의 결과를 보여 준다. 먼저 교육과 기술을 보면, 스타 기술자들이 중소 기술자들에 비해 도제 훈련의 비율이 14%포인트 높았고, 학교 교육의 비율과 대학 교육의 비율도 각각 3%포인트와 9%포인트 높은 것으로 나타났다. 스타 기술자가 교육과 훈련을 더 많이 받았다는 사실을 보여 준다. 특허

의 경우 6건 이상을 출원한 기술자의 비율이 스타 기술자에서 훨씬 높은 것으로 나타났다(36% 대 11%). 반대로 특허를 출원하지 않은 비율은 스타 기술자가 19%임에 비해 중소 기술자는 40%나 되었다. 보상의 방식을 보면, 모든 보상 방식에서 스타 기술자가 우위에 있었음이 입증되었다. 마지막으로 출판과 협회 회원 활동을 보면 두 그룹 간에 별 차이가 없는 것으로 나타났다. 이 점이 가장 예상을 크게 벗어난 것인데, 모든 기술자들이 나름의 커뮤니티에서 동료들과 유사하게 교류를 했음을 시사한다. 즉, '산업 계몽주의'의 측면에서는 스타 기술자와 중소 기술자 간에 별 차이가 없었다는 흥미로운 결론이 도출되는 것이다.

4.4. 도제 제도의 역할

도제 제도와 경제 발전

오늘날 영국의 산업 혁명은 전통적인 견해와는 달리 '조숙한 구조 변화'로 이해되고 있다. 예를 들어, 닉 크래프츠(N. F. R. Crafts)는 당시의 핵심적인 특징을 '이미 비교적 산업화되었던 18세기 초의 상태에서부터 점진적으로 증가된 소득과 빠른 구조 변화'라고 보았다.[27] 농업 부문에서 산출과 고용의 상대적 비율이 감소한 사실과 비농업 부문의 비중이 증가한 사실은 경제사학자들로 하여

27 Crafts(1985).

금 영국이 유럽에서도 매우 예외적인 위치에 있었다는 주장을 가능하게 해주었다. 이러한 관점에서 본다면 산업 혁명의 특징은 새로이 달성된 높은 생산성에 있기보다 과거에 비해 월등히 많은 수의 노동력을 비농업 부문에 투입한 데에서 찾을 수 있다는 주장이 가능하다.[28] 그러나 이러한 변화가 어떠한 과정을 거쳐 달성되었는가에 대한 연구는 지금까지 매우 부족하다. 특히 당시 자원의 재배분을 초래한 제도상의 변화에 관해서는 깊이 있는 연구가 극히 부족했다고 볼 수 있다.

가장 힘든 도제 노동 환경이 열악했던 굴뚝 청소부는 대개 교구 도제 제도를 통해 훈련이 이루어졌다.

도제 제도가 경제 발전에 기여한 경로는 매우 다양한데, 이를 간추리면 크게 다음의 네 가지를 들 수 있다. 첫째, 고용의 지역적 확장에 직결되는 숙련을 제공하였다. 이는 또한 인구와 물자의 이동 능력과 직접적인 상관관계를 지닌다. 둘째, 경제학 문헌들은 여러 종류의 작업에 활용될 수 있는(transferable) 일반 훈련(general training)은 시장에서 과소 공급된다는 점을 지적한다. 과연 영국의 도제 제도는 이러한 문제점을 해결할 수 있었는가? 만일 그랬다면 어떠한 방

28 Crafts(1985).

식으로 그 해결이 가능하였는가? 이는 영국 도제 제도의 역사적 특수성에 관계된 논의가 된다. 셋째, 자원을 농업에서 비농업으로 이전시키는 데 드는 거래 비용을 감소시켰고, 각 경제 부문과 직종 간의 네트워크가 원활히 작동되도록 자극하고 촉진하는 역할을 하였다. 마지막으로, 교구 도제(parish apprenticeship) 제도를 통해 하층 노동 가구의 자녀들이 사회적 배제(social exclusion)의 대상이 되는 것을 방지하였고, 그들에게 기초적인 생활 수단이 될 수 있는 종류의 훈련을 제공하였다. 그간 학계에서 인정된 것보다 훈련과 인적 자본의 형성이 초기 산업화에 끼친 영향이 더 컸을 것이라는 점을 주장하고자 한다.

도제 제도의 경제학

논의의 출발점은 인적 자본에 관한 개리 베커(Gary S. Becker)의 연구가 된다.[29] 이를 기반으로 고용과 훈련에 관한 불완전 계약 이론을 구성하면 다음과 같다. 시장이 완전하게 작동하는 이상적인 경제에서는 기업들이 일반 훈련을 제공하고 노동자가 이에 투자하는 현상이 발생한다. 그러나 현실 세계에서 시장은 완전하지 않으며, 특히 노동자들은 자신에게 필요한 자금을 대여 받는 데 어려움을 겪는 것이 일반적이다. 노동자들이 훈련에 대해 충분하게 지불하지 않는 한 노동자를 고용하고 있는 기업은 가급적 훈련을 공급하지 않으려고 한다. 훈련된 노동자들은 다른 곳에서 한계 생산과 똑같은 임금을 벌 수 있으므로, 훈련을 제공한 기업의 임금이 외부에서 제공하는 임금보다 적다면 그

29 Becker(1993).

기업을 그만둘 것이기 때문이다. 즉, 기업의 입장에서 본다면, 훈련이 종료된 이후에 훈련생을 한계 생산보다 낮은 비용으로 고용함으로써 훈련비를 상쇄받는 것이 보장되지 않는 한 훈련을 제공할 유인이 없는 것이다. 이는 기업을 장인으로, 그리고 노동자를 도제로 대치시켜 놓는 경우에도 똑같이 적용된다. 뿐만 아니라 노동자들이 자본 시장에 접근할 수 있고 훈련에 대해 지불할 수 있을지라도 장인이 약속한 훈련을 제공하지 않을지 모른다는 우려 때문에 지불을 꺼릴 수도 있다. 이러한 우려로 인해 계약 자체가 널리 성립하지 못하는 이른바 '중단 문제'(holdup problem)로 귀결될 수 있다.[30]

이런 상황 하에서 도제 계약서는 여러 가능한 미래의 환경에서 당사자들이 수익을 어떻게 분배할 것인가에 대해 상세하게 규정할 필요가 있다. 그러나 현실적으로 효율적인 관계특수적(relation-specific) 계약서를 작성하기는 매우 어렵다. 계약과 관계된 비용은 발생 가능한 사태들을 예견하고 그 각각에 대해 강제되어질 수 있는 약정 및 이와 관련된 법적 비용 등을 모두 포함하기 때문이다. 계약의 실제 이행 수준은 관찰되지 못하거나 제3자에게 입증하기 어려우므로 실제 문제는 더욱 커진다. 불완전 계약 또는 그 부분 집합으로서 암묵적 계약에 관한 연구들은 관습, 효과적인 약속, 평판 등을 통해 이러한 문제들에 대한 해결책을 제시하고자 노력해 왔다. 이들 연구는 도제 계약의 속성에 대해 정곡을 찌르고 있다고 볼 수 있다.

30 Smits and Stromback(2001).

영국 도제 제도의 강점

기술 훈련 1792년에 묘사된 철공장의 작업 모습. 이런 곳에서 기술은 현장 교육 중심으로 이루어졌다.

이렇듯 도제 제도는 본질적으로 불완전 계약에 기초하고 있다. 그러나 여기에서 강조하는 점은 영국의 도제 계약서가 자기강제적(self-enforcing)이기 때문에, 비용이 적게 들고 따라서 효율적인 일반 훈련의 제공을 가능케 했다는 점이다. 그렇다면 현실에서 도제 제도의 원활한 작동을 담보하는 요소들은 무엇이었는가? 어떻게 시기적, 지역적, 또는 직종별로 존재했을 일시적 또는 지속적 악조건 속에서도 오랜 기간 도제와 장인 모두가 이 제도를 유지시키는 방향으로 행동하였는가?

영국에서는 다른 나라에 비해 이 문제점을 해결하기 좋은 제도를 갖추고 있었다. 문제 해결의 길은 크게 둘로 나눌 수 있다. 첫째는 계약 불이행 여부를 놓고 갈등이 빚어지는 경우, 이를 해결할 수 있는 체제를 구축하는 것이다. 영국은 시민 혁명 이래 강력한 의회의 권한을 배경으로 법에 의한 통치 체제를 마련하고 있었다. 이는 도제 계약의 양측 당사자 모두 사법적 권능에 의지하여 문제를 해결할 수 있었다는 의미다. 주요한 입법례로서 우선 1707년 인지법(Stamp Act)은 수업료가 1실링 이상인 도제 계약에 대해 등록을 의무화하였다. 1757년에는 도제 계약서가 인지 증서(stamped deed)로 대체되었는데, 이때 장인과 도제 양자의 의무가 재규정되었고 계약 위반 시에 부과되는 벌칙이 정교하게 마련되었다.[31] 무엇보다도 장인이 도제에 대해 통제력을 행사하는 것을 사회가 용인하는 분위기였다. 장인은 전통적인 가부장적 가치를 이용하여 실질적인 권력을 행사할 수 있었기 때문에 이탈을 한 도제에 대해서 가혹한 처벌을 가할 수 있었다. 계약 당사자인 이탈자의 가족을 통해 중재나 회유 및 강압이 가능했으며, 나아가서는 길드나 조합 그리고 최종적으로는 사법적 권능에 의존할 수도 있었다.[32] 또한 주에서 교구에 이르는 지방 자치 체제의 위계 구조가 강력한 행정력을 보유하고 있었기 때문에 도제 훈련 과정을 이탈한 훈련생이 타지로 숨어들어 거주지와 일자리를 찾기가 매우 어려웠다. 한편, 장인이 도제 교육에 소홀히 한 경우에도 훈련생 측은 실정법 및 관습법에 의지하여 손해를 구제 받을 길이 열려 있었다. 즉, 계약의 이행 여부와 관련해서 분쟁이 발생할 경우 사실의 입증과 피해 보상에 있어서 계약 당사자들이 의지할 수 있는 사회적 제도가 잘 갖추어져 있었다는 점에서, 영국은 다른 국가들에 비해 도제 제도의 원활한 작동에 유리한 상황이었다. 17-18세기의 도제 제도와 관련된 입법의 빈도와 법정 기록으로부터의 증거를 놓고 볼 때 장인과 도제의 장기적인 관계가 늘 순조롭게 진행되지는 않았음을 알 수 있다. 이에 관한 연구들에 따르면 법적 권능을 가진 기구는 타협을 도출하기 위해 많은 노력을 기울였다.[33]

문제 해결의 두 번째 길은 계약 당사자들에게 계약을 이행했을 때에 얻게 되는 기대 이익을 크게 해주는 것이다. 이 면에서도 영국은 다른 국가들에 비

31 Smits and Stromback(2001).

32 Davies(1956).

33 Davies(1956). 이탈자가 타 지역으로 도망가서 체포되지 않고 일자리를 찾을 가능성이 높았던 미국에서는 도제 제도가 원활히 작동될 수 없었다. Elbaum(1989).

This Indenture Witneſſeth, That [illegible] the Son of [illegible]

doth put himſelf Apprentice to [illegible] Citizen and GROCER of *London*, to learn his Art; and with him (after the manner of an Apprentice) to ſerve from the Day of the Date of theſe Preſents, unto the full End and Term of ſeven Years, from thence next following, to be fully compleat and ended. During which Term, the ſaid Apprentice his ſaid Maſter faithfully ſhall ſerve, his Secrets keep, his lawful Commandments every where gladly do. He ſhall do no damage to his ſaid Maſter, nor ſee to be done of others, but that he to his power ſhall lett, or forthwith give warning to his ſaid Maſter of the ſame. He ſhall not waſte the Goods of his ſaid Maſter, nor lend them unlawfully to any. He ſhall not commit Fornication, nor contract Matrimony, within the ſaid Term. He ſhall not play at Cards, Dice, Tables, or any other unlawful Games, whereby his ſaid Maſter may have any loſs. With his own Goods or others, during the ſaid Term, without Licence of his ſaid Maſter he ſhall neither buy nor ſell. He ſhall not haunt Taverns, or Playhouſes, nor abſent himſelf from his ſaid Maſter's Service Day nor Night unlawfully: But in all things as a faithful Apprentice, he ſhall behave himſelf towards his ſaid Maſter, and all his, during the ſaid Term. And the ſaid Maſter (for and in Conſideration of the Sum of [illegible] of lawful Money of *Great Britain* to him in Hand paid by [illegible] at and before the enſealing and Delivery of theſe Preſents, the Receipt whereof is hereby acknowledged) his ſaid Apprentice in the ſame Art and Myſtery which he uſeth, by the beſt Means that he can, ſhall teach and inſtruct, or cauſe to be taught and inſtructed, finding unto his ſaid Apprentice, Meat, Drink, Apparel, Lodging, and all other Neceſſaries, according to the Cuſtom of the City of *London*, during the ſaid Term. And to the true performance of all and every the ſaid Covenants and Agreements, either of the ſaid Parties binds himſelf unto the other by theſe Preſents. *In Witneſs* whereof, the Parties abovenamed to theſe Indentures interchangeably have put their Hands and Seals the [illegible] Day of [illegible] in the [illegible] Year of the Reign of our Sovereign Lord [illegible] of *Great-Britain, France* and *Ireland*, King, Defender of the Faith, &c. and in the Year of our Lord, 176[illegible]

Sealed and deliver'd (being firſt duly Stampt) in the Preſence of

THE Indenture muſt bear Date the Day it is executed; and what Money or other Thing is given or contracted for with Apprentice, muſt be inſerted in Words at Length; and the Duty paid to the Stamp Office, if in *London*, or within Weekly Bills of Mortality, in One Month after the Execution; and if in the Country, within Two Months, [illegible] the Stamps; otherwiſe the Indenture will be void, the Maſter forfeit Fifty Pounds, and another Penalty, and the Apprentice [illegible] to follow his Trade, or be made Free.

도제 계약서 이 문서는 1760년대에 작성된 도제 계약서로 계약 당사자들이 세심하게 계약에 임했다는 사실을 보여 준다.

해 유리한 제도적 환경을 갖추고 있었다. 먼저, 다른 국가들에서 도제 기간이 직종에 따라 상이했던 것과 달리 영국에서는 모든 직종의 도제 기간이 7년으로 고정되어 있었다. 다른 국가들에서는 평균 도제 기간이 7년보다 짧았으며, 많은 직종에서 도제 기간을 4-6년으로 삼고 있었다. 장인은 도제에게서 수업료를 징수할 뿐 아니라 비록 숙련도는 충분치 않지만 도제 훈련생에게 일을 시킴으로써 도제의 유지 비용을 초과하는 이득을 누릴 수 있었다. 많은 직종에서 도제 기간이 2년이 지나 어느 정도 숙련을 익히면 도제의 기여도가 도제 유지 비용을 초과하게 된다고 최근의 한 연구는 주장한다.[34] 따라서 영국의 장인들은 도제 제도를 통해 향유할 수 있는 경제적 이익이 다른 나라들에 비해 컸다.

한편, 도제 훈련을 완료함으로써 훈련생 측이 얻을 수 있는 이익도 다른 국가들에 비해 컸다. 영국 도제 제도의 기원은 1563년의 장인법(Statute of Artificers)으로 거슬러 올라가지만, 18-19세기의 도제 제도는 1692년의 정주법(Laws of Settlement)에 의해 구체적인 운영 방식이 규정되었다.[35] 정주법은 도제 훈련을

34 Smits and Stromback(2001).

35 1814년에 장인법이 폐지되는데, 이에 따라 모든 직종에 대해 도제 과정을 완료한 자만이 영업을 할 수 있다는 규정이 더 이상 유효하지 않게 되었다. 이 입법 이후 도제 제도가 완전하게 사라지지는 않았으나 그 중요성은 크게 줄어들었다.

온전하게 완료한 훈련생에게 교육을 받은 교구에서 정주권을 새로 부여 받도록 규정하였다. 원칙적으로 영국민은 출생, 노동, 혼인, 도제 훈련, 공직 근무 등 여러 조건에 따라 자신이 속하는 교구를 한 곳으로 지정해야 하였다. 이렇게 특정한 교구에 속한다는 권리가 정주권인데, 이는 정주자가 정주권을 지닌 교구에서 거주하고 본인이나 가족의 생계가 곤란할 경우 해당 교구에 구호를 요청할 자격을 갖도록 하는 권리였다. 따라서 경제적 여건이 상대적으로 양호한 교구에서 정주권을 획득하면 정주자는 장래에 안정된 생활 수준을 기대할 수 있는 것이다. 이 제도에 따라 각 교구는 잠재적으로 교구의 재정에 악영향을 줄 것으로 예상되는 사람들이 정주권을 얻지 못하도록 다양한 직접적 및 간접적 수단을 동원하였다.

도제 기간을 마친 훈련생에게 도제 수업이 진행된 교구에서 정주할 권리를 부여하는 것은 훈련생에게 매우 큰 이익이 될 수 있었으며, 따라서 도제가 계약을 중간에 파기하지 않도록 하는 강력한 유인책으로 작용하였다.[36] 빈민법 체계 하에서 개인은 본인이나 가족의 생계가 곤란할 경우 자신이 정주하는 교구에 구호를 요청할 자격을 보유하므로, 도제는 경제적으로 부유하고 빈민에게 관대한 교구를 선택하여 도제 훈련을 받음으로써 자신의 미래에 대해 전보다 나은 안전망을 확보할 수 있었던 것이다.[37] 정주권 심사 자료를 분석한 키스 스넬(Keith D. M. Snell)의 연구에 의하면, 심사 대상자의 1/8 내지 1/10이 도제 계약의 완료를 통해 새로이 정주권을 얻었다고 한다.[38] 이와 같은 사정을 통해

36 Song(1988).

37 Snell(1985). 이는 (정주법을 포함한) 빈민법이 사회 안전망의 보장을 통해 타 지역으로의 이주를 독려하는 효과를 가져왔다는 주장으로 이어진다. Snell(1992), Solar(1995). 반대 견해의 예로는 Landau(1991).

38 Snell(1985).

유추해 볼 때, 정주권 획득의 가능성은 도제의 계약 파기를 막는 중요한 요소였다고 판단할 수 있다. 1814년에 장인법이 폐지되는데, 이에 따라 모든 직종에 대해 도제 과정을 완료한 자만이 영업을 할 수 있다는 규정은 더 이상 유효하지 않게 되었다. 이 입법 이후 도제 제도가 완전하게 사라지지는 않았으나 그 중요성은 크게 줄어들었다.

도제 제도의 성공 증거

실제로 영국의 도제 제도는 얼마나 활발하게 숙련공을 배출하였을까? Feldman and Van der Beek(2016)는 1710-1772년의 영국 도제 자료를 수집하여 분석하였다. 그에 따르면 영국에서 도제 제도는 적어도 이 기간에 고숙련 노동자를 대규모로 배출하는 데 성공하였다. 특히 기계 공업과 정밀 공업에서 이런 현상이 가장 두드러졌다. 지역적으로는 이 공업 부문에서 숙련 기술에 대한 수요가 가장 많았던 미들랜드에서 도제 제도의 성과가 가장 돋보였다. 고숙련 장인들에게 지급된 도제 수업료도 상대적으로 더 증가하지 않았다. 이로 미루어 볼 때, 18세기 영국에서 수요한 고숙련 기술에 대해 도제 제도가 훌륭하게 대응하여 공급하였다고 결론을 내릴 수 있다.

도제 제도를 통해 전수된 기술은 거창하고 유명한 핵심적 기술만이 아니었다. 실제 기술을 이용하고 응용하고 개선하는 데 필요한 소소한 정보와 암묵적 지식, 숙련 장인의 오랜 경험을 통해서만 알 수 있는 독특한 작업 방식 등이 여기에 모두 속했다. Meisenzahl and Mokyr(2011)의 연구를 통해서 살펴본 바와 같이, 거시 발명에 성공함으로써 산업 혁명 진행에 혁혁한 공을 유명 기술자

성실한 도제 저명한 만평가 윌리엄 호가스가 묘사한 바람직한 도제의 모습. 부지런하고 성실해서 장인이 총애하는 제자의 모습이다.

들 중에서 도제 제도의 혜택을 입은 인물이 많았을 뿐만 아니라, 트위커와 임플리멘터 중에서도 도제 제도를 통해 기술을 배우고 숙련도를 높인 이들이 많았던 것이다.

Chapter 5

기술 공급과 커뮤니티

Chapter 5
기술 공급과 커뮤니티

5.1. 계몽주의의 대중화

지식의 보급

18세기를 거치면서 계몽주의 사조가 범유럽적으로 확산되었다. 그리고 계몽주의에 대한 추상적인 논의와 주장을 넘어서 계몽주의적 사고를 사회 전 분야에 확산시키려는 움직임도 점차 열기가 뜨거워졌다. 대중이 새로운 사조를 받아들인 경로는 다양했고 그중 일부는 과거에 찾아보기 어려운 새로운 종류였다. 특히 영국에서는 새로운 지식의 전파가 두드러지게 발생하였다.

새로운 지식 전파 통로의 대표적인 사례가 도서관의 확산이었다. 계몽주의 시대 이전에도 도서관이 존재하지 않았던 것은 아니지만 대부분 대학과 소수의 귀족층만을 위한 시설의 성격이 강하였다. 그러나 18세기부터 공적 및 사적 속성을 지닌 도서관들이 세워지면서 대중이 새로운 지식에 접할 기회가 눈에 띄게 증가하기 시작하였다. 지식 자체의 생산과 보존도 중요하지만 보다 많은 사람들이 지식에 대한 접촉 면을 넓혀 가는 것이 더욱 큰 의미를 지닌다는 계몽주의적 자각이 이런 도서관 설립을 추동하였다. 19세기에 들어서면서 이런 움직임은 더욱 가속화되었다. 공공 및 사설 도서관이 유럽 곳곳에서 새로 건설되었고 이런 시설에 낯설어하였던 많은 대중이 새로 도서관의 회원으로 등록하였다. 이런 현상은 대도시들을 중심으로 전개되었지만, 적지 않은 중소 도시와 지방 중심지도 영향을 받았다.

개인의 소득이 증가하면서 지식에 대한 접근 능력을 증대시킨 사람들 가운데에는 도서관에 의존하는 데에 그치지 않고 개인적으로 도서를 구입하는 적극성을 발휘한 이들도 많았다. 대도시를 중심으로 도서를 제작하고 판매하는 산업이 빠르게 성장하였고, 도서 시장의 확대가 생산 단가를 낮추어 더 많은 책이 소비자의 손에 들어갈 수 있게 되었다.

도서관과 도서 시장

도서관의 증가와 도서 시장의 성장에 대해 상세히 살펴보자. 우선 1850년까지 영국에서 건립된 도서관의 추이를 보자. 표 5-1은 얼마나 많은 도서관이 세워졌는가를 도서관 유형별로 정리한 것이다. 순회 도서관이 5,000여 개로 가장 많고 그 뒤를 문법 학교와 자선 학교 재단, 북클럽과 독서 협회, 교구 도서관, 구독 도서관 등이 이었다. 이들은 모두 1,000개소를 상회하는 숫자를 기록하였다. 유형을 살펴보면 다양성이 크다는 점을 발견할 수 있다. 전통적인 대학, 문법 학교, 종교 도서관들이 많지만 동시에 전문적 협회나 과학 기술, 의학과 법률 등과 관련된 도서관도 많았다. 과거에 비해 다양한 종류의 도서관들이 설립되어 독자들이 지식에 쉽게 접근할 수 있는 기회가 크게 늘어났을 것으로

표 5-1 1850년까지 영국에서 설립된 도서관

유형	숫자
순회 도서관	5,481
문법 학교와 자선 학교 재단	1,846
북클럽과 독서 협회	1,183
교구 도서관	1,162
구독 도서관	1,005
협회 도서관	923
기계공 협회	538
문해 협회	525
연쇄 도서관	306
종교적 도서관	191
종교적 구독 도서관	117
병의원	105
칼리지 도서관	97
일요학교 도서관	90
전문적 협회	89
의학 도서관	85
음악 순회 도서관	48
법률 도서관	46
과학 기술 도서관	43
정부 도서관	32
성당 도서관	30
농업 도서관	28
공장과 작업장 도서관	26
협동조합 도서관	23
공공 도서관	21
박물관 도서관	20
커피하우스 도서관	15
사설 클럽	13
청소년 순회 도서관	10
대학교 도서관	10
기숙 시설 도서관	4
문서 보관소	3
이동 도서관	2
종교적 순회 도서관	1
청소년 구독 도서관	1

자료: http://digitalriffs.blogspot.co.uk/2011/08/robin-alstons-library-history-database.html.

그림 5-1 **영국의 공공 및 사설 도서관 설립 시점, 1500-1850(10년 이동 평균)**

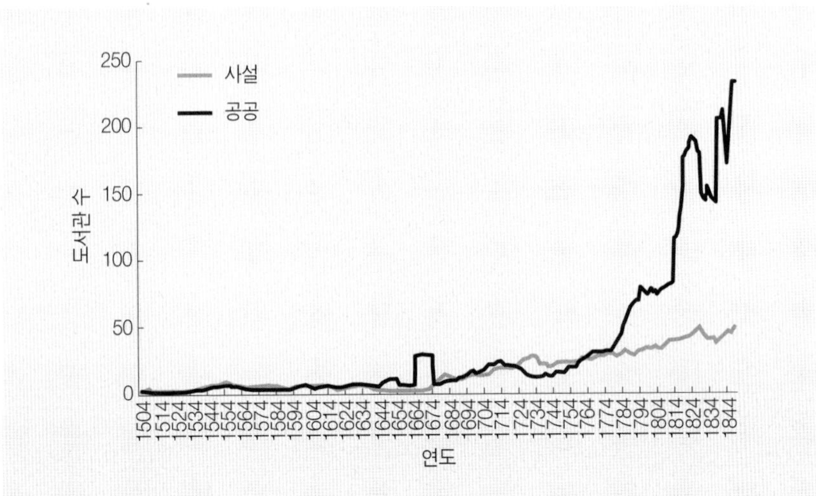

자료: Dowey(2017), 51쪽.

짐작할 수 있다.[1]

도서관 건립을 시기적으로 추적해 보는 것도 의미가 있다. 그림 5-1은 1500-1850년 기간에 영국에서 공공 도서관과 사설 도서관이 각각 언제 설립되었는가를 보여 준다.[2] 17세기부터 공공 도서관과 사설 도서관이 모두 두드러진 성장세를 보였음이 나타난다. 이후 도서관들은 지속적으로 증가하였다. 19세기 초를 기준으로 보면, 평균적으로 매해 10개가량의 도서관이 신규 설립되었고, 19세기 중반이 되면 연간 평균 20개가량의 도서관이 설립되었다. 특히 1770년대부터는 공공 도서관의 증가세가 매우 가파르게 되었다는 점이 특징

1 자료에 대한 자세한 설명은 Dowey(2017).

2 설립 연도가 불분명할 경우 문헌 자료에 최초로 언급된 시점을 대신 채택하였다.

그림 5-2 **영국의 공공 및 사설 도서관 설립 시점, 1700-1850(10년 이동 평균)**

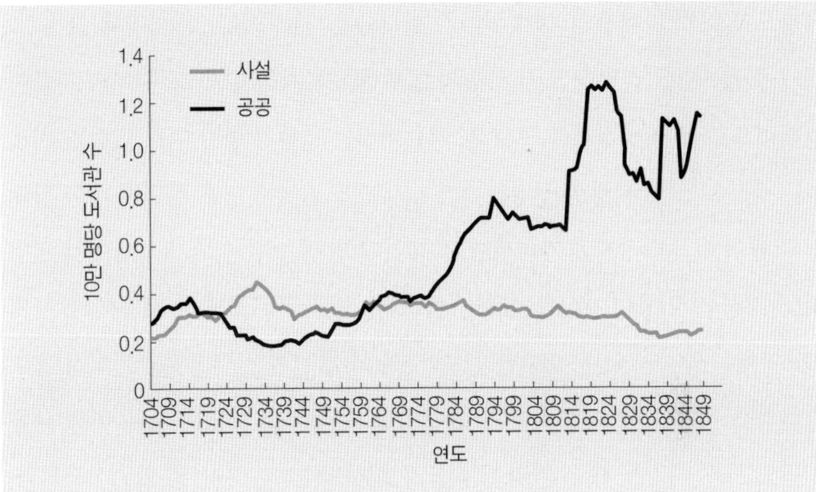

자료: Dowey(2017), 51쪽.

적이다. 공공 도서관의 증가는 사설 도서관의 증가에 비해 대중이 새로운 지식에 접근하는 비용을 더 크게 낮춘다는 점에서 이런 추세적 변화는 의미가 크다.

도서관이 개인의 지식에 대한 접근성 향상에 끼친 영향을 좀 더 상세히 파악하기 위해서는 인구 수에 대비한 도서관의 증가 추세를 살펴볼 필요가 있다. 그림 5-2는 1700-1850년 기간에 영국에서 인구 10만 명당 얼마나 많은 공공 도서관 및 사설 도서관이 설립되었는가를 보여 준다. 이 그래프에서도 1770년대를 기점으로 해서 공공 도서관이 매우 빠른 속도로 증가했다는 점을 확인할 수 있다. 1790년대와 1810년대에는 각별히 높은 신장세를 기록하였다.

도서 시장의 성장에 대해서도 자세히 알아보자. 최근 연구에 따르면 영국 전역에서 서적 판매상의 수가 지속적으로 증가하였다.[3] 1500-1850년 기간에 잉글랜드의 수도인 런던과 스코틀랜드의 수도인 에든버러, 그리고 기타 지방을 대상으로 서적 판매상의 수가 얼마나 변화했는가를 살펴보면 다음과 같다. 17세기 중반까지는 런던이 도서 시장의 대부분을 차지하였다. 그 후 기타 지방이 상대적으로 빠른 성장세를 보였다. 에든버러는 17세기 중반 이래 런던과 비례하는 속도로 도서 시장이 성장하다가 19세기에 접어든 이후 런던에 대한 상대적 비율이 두드러지게 증가하였다. 17세기 중반에는 전국 도서 시장에서 런던이 차지하는 비중이 70%를 상회하였으나, 시간이 흐르면서 비중이 낮아져 1750년에는 약 45% 이내, 1800년에는 약 30%, 1840년에는 약 25%를 기록하였다. 런던의 도서 시장이 이미 18세기 초반에 포화 상태를 보였던 데에 비해 다른 지방의 도서 시장은 매우 가파른 속도로 확대되었다는 사실은 의미심장하다. 런던에 국한되었던 지식 시장이 18세기와 19세기 초를 거치면서 점차 전국적으로 확대되었음을 의미한다. 계몽주의의 과실이 지식 시장의 확장이라는 형태로 널리 향유되었다는 사실을 말해 준다.

5.2. 산업 계몽주의

혁신의 근원과 산업 계몽주의

18세기 중반부터 영국을 필두로 북유럽과 서유럽의 일부 지역에서 산업

3 Dowey(2017), 53-54쪽.

혁명이 전개되었다. 이 시기는 기술 혁신을 기반으로 하는 경제 성장이 처음으로 지속된 시기였다. 이 기간에도 경기 쇠퇴와 불황이 존재했지만 국가의 부는 지속적으로 증가하였고 1인당 소득도 성장세를 계속 보여 주었다. 산업혁명 시기에 활동했던 사상가 맬서스는 경제적 번영이 인구 증가를 초래하기 마련이고 식량과 자원 부족으로 인해 인구 감소와 경제적 쇠퇴가 불가피하게 돌아오는 '철의 법칙'을 주장하였다. 그런데 그가 활동했던 시기는 사실 역사상 처음으로 인류가 맬서스 트랩을 벗어나 인구 증가와 생활 수준 향상을 동시에 이루기 시작한 때였다.

『인구론』의 저자 토머스 맬서스의 저작은 산업 혁명을 둘러싸고 뜨거운 논쟁을 불러일으켰다.

맬서스의 주장이 틀린 이유를 어떻게 설명할 수 있을지에 관해 논쟁이 계속되어 왔다. 서구의 번영을 지속적으로 가능하게 만든 주요 요인은 무엇이었을까? 최초의 산업 국가를 이룬 영국의 사례는 특히 많은 학자들의 연구 대상이 되었다. 새로운 에너지원인 석탄에 대한 우수한 접근성, 인구 증가로 인한 시장 확대와 이에 따른 분업 가능성 증대, 노예 무역을 포함한 무역업에서의 우위, 자본 공급에 애로가 크지 않았던 상황, 근면 혁명이 동반한 국내 소비의 확대, 생산 요소의 상대 가격 등 많은 요인들이 변화의 핵심적 추동력으로 제시되었다.

이에 대해 최근에 조엘 모키어는 구체성의 부족을 비판하면서 새로운 요인을 강조하였다.[4] 그가 강조한 요인은 기술의 공급을 담당할 계층이 어떻게 형성되었는가에 초점을 맞춘다. 그에 따르면 산업 혁명 당시 영국에서 수천 명의 사람들이 지식의 상호 교류에 적극적으로 참여하였고, 그 채널이 그들이 자발적으로 구성한 다수의 혁신적인 커뮤니티였다. 화학자, 물리학자 등 기초과학에 가까운 학문을 연구하는 학자를 비롯하여 여러 분야의 기술자와 기계공들이 지식의 공유와 이용 확대를 주된 목적으로 하는 그룹을 형성하였다. 기술 변화를 설명하는 데 있어서 그 사회의 평균 문해율의 상승이 보여 줄 수 있는 것은 극히 제한적이라는 게 모키어의 생각이다. 그보다는 과학과 기술 지식을 서로 공유하고 개선하고 활용하는 커뮤니티의 발달사를 탐구하는 것이 훨씬 유용하다고 그는 지적하였다.[5]

혁신을 추구하는 이런 커뮤니티의 활동은 '산업 계몽주의'의 관념과 무척이나 잘 부합한다. 익히 알려진 바와 같이 계몽주의는 인간의 합리성에 기초하여 자연과 사회의 원리를 파악하고 지식을 축적하는 활동을 강조하는 사조였다. 이런 가치관과 태도를 현실의 물질적 상황 개선으로 연결시키려는 노력이 바로 산업 계몽주의이다. 현실 사회에서 생산력을 높여 경제 발전을 이끌고 사람들의 생활 수준을 향상시킬 수 있는 과학과 기술의 진보를 이루자는 지적 운동이 바로 산업 계몽주의인 것이다. 이런 움직임에는 교육의 확대, 교과 과정의 개편, 과학 지식의 확산, 기술과 과학의 연계 강화, 강연과 잡지 등을 통한 과학 기술 지식의 대중화 등이 모두 포함된다.

산업 혁명 시기와 관련해 보자면 이전에 볼 수 없었던 혁신 커뮤니티의 활

4 Mokyr(2005; 2006; 2009b).
5 Mokyr(2009b).

과학 강연 데이비 험프리의 화학 연구에 대한 강연이 열리는 장면을 그린 풍자화.

동이 가장 주목된다. 산업 혁명의 성공 요인에 관한 여러 논의들 가운데 이 책에서는 뉴턴의 과학에서 깊은 영향을 받은 역학 지식, 그리고 광업 및 제조업 분야에서 기술적인 혁신을 야기한 증기 기관에 관한 이론적 및 경험적 탐구를 강조하고자 한다. 산업 혁명은 단지 노동과 자본과 같은 생산 요소의 양적 증가에 의해 발생한 것이 아니라 기술의 혁신에 의해 추동되었는데, 이 기술 혁신의 근간을 이룬 것이 바로 과학적 지식을 실생활에 적응시키는 노력, 즉 산업 계몽주의가 사회 전반으로 확산된 덕분이라는 점을 보이고자 한다.

5.3. 루나 소사이어티

다양한 구성

새로운 산업 중심지로 부상하고 있던 잉글랜드 중북부의 도시 버밍엄은 공장과 생산만으로 유명했던 것이 아니다. 이 도시를 경제사적으로 의미 있게 만든 더욱 중요한 요인은 지역의 다양한 혁신가들이 모여 지적인 커뮤니티를 설립하고 매우 성공적으로 운영한 점이었다. 기업가들과 과학자들을 포함하여 새로운 지식과 기술에 목말라한 두뇌들이 모여 1765-1813년에 걸쳐 이끌어 간 모임이 바로 루나 소사이어티(Luna Society)였다. 이 모임에서 참석자들이 단지 기술적 지식만을 공유하지 않고, 도덕적 · 사회적 가치도 함께 나누었다는 사실에도 주목할 필요가 있다.

루나 소사이어티의 주축 에라스무스 다윈은 회합 장소를 제공하는 등 협회의 활동에 중추적 역할을 했다.

이 비공식적 모임에 참가한 인물로는 에라스무스 다윈(Erasmus Darwin), 제임스 와트(James Watt), 매튜 볼턴(Matthew Bolton), 조사이어 웨지우드(Josiah Wedgwood), 토머스 데이(Thomas Day), 리처드 에지워스(Richard L. Edgeworth), 조지프 프리스틀리

(Joseph Priestly), 윌리엄 스몰(William Small), 윌리엄 위더링(William Withering) 등이 있었다.[6] 이들은 당대에 활약한 기업가, 투자가, 기술자, 학자 등으로, 이들의 교류는 '유용한 지식'의 창출과 전파에 매우 중요한 역할을 한 것으로 평가된다. 오늘날의 관점에서 보자면 매우 훌륭하게 활동한 산학 협력의 사례라고 평할 수 있을 것이다. 모임의 이름이 루나 소사이어티가 된 것은 1775년이었는데, 회합 장소로 밤에 다니기에 불편함이 없도록 매달 보름에 정기적으로 모임을 가졌다는 데에서 유래하였다. 구성원들은 스스로를 '루나틱'(lunarticks)이라고 불렀다고 한다. 모임의 장소는 주로 다윈과 볼턴이 제공한 곳이었다.[7]

루나 소사이어티의 전성기는 1780년대였다고 평가된다. 조지프 프리스틀리가 모임에 합류하면서 과학 관련 활동이 더욱 활기를 띠었고 대외적으로도 이 모임의 활동이 널리 알려졌다. 그런데 1789년 프랑스에서 대혁명이 발발하자 사회적 동요가 영국에까지 전해졌다. 특히 프리스틀리는 1791년 버밍엄에서 소요를 주도하였다. 이 사건은 루나 소사이어티에도 영향을 미치지 않을 수 없었다. 하지만 이런 충격에도 불구하고 루나 소사이어티는 19세기 초반까

과학자이자 혁명가 루나 소사이어티의 핵심 회원이었던 조지프 프리스틀리는 1790년대 혁명 운동에도 가담하였다.

6 이 핵심적 인물들 이외에도 많은 인사들이 정기적 혹은 비정기적으로 참여하였고, 회원들과의 개별 모임이나 서신 왕래를 통해 교류를 한 이도 많았다. 따라서 루나 소사이어티의 영향력은 이 모임에 직접 참여한 인물들의 범위를 훨씬 벗어났다. 이에 관해서는 https://en.wikipedia.org/wiki/Lunar_Society_of_Birmingham를 참조하라.

7 Schofield(1957; 1963).

지 활동을 계속하였다.

와트와 볼턴

루나 소사이어티를 유명하게 만든 인물들 가운데서도 제임스 와트와 매튜 볼턴은 특별한 위치를 차지하고 있다. 이는 물론 이들이 영국 산업 혁명의 상징적 인물이 되었기 때문이다. 동업자 관계였던 이 둘은 1775년 '볼턴 앤드 와트'(Boulton & Watt)라는 회사를 설립하고 자신들의 주특기인 증기 기관의 개발에서 발군의 실력을 과시하였다.

이들은 증기 기관을 직접 생산해서 소비자에게 판매를 하지 않고, 대신에 공장과 광산의 소유주와 기술자 등 관계자들에게 기술적 컨설팅을 제공하는 방법을 주된 사업 내용으로 삼았다. 수수료의 비율이 높다고 불만을 품은 광산업자들이 한때 와트와 볼턴의 증기 기관 특허권을 몰수해야 한다는 청원을 의회에 보내기도 하였다. 증기 기관으로 유명한 와트와 금속 제조업자였던 볼턴의 파트너십은 산업 혁명 기간에 이루어진 유사한 협력 사례 가운데 손꼽히는 성공 사례로 평가를 받는다. 이들은 와트가 보유한 기술적 능력과 볼턴이 갖춘 사업적 감각 및 인적 네트워크 활용 능력을 결합하여 빼어난 시너지 효과를 거두었던 것이다. 초기 산업 성장에 필요한 가치를 공유했다고 볼 수 있다. 이들은 1770년대부터 서로 간에 신뢰를 본격적으로 쌓아 나가, 기술적 지식과 시장 경험을 서로 나누면서 이상적인 파트너십을 유지하였다.[8]

---

8 Uglow(2002).

와트와 볼턴은 성장 과정부터 차이가 많았다. 기술자이자 발명가인 와트는 거의 독학에 의존하여 지식을 쌓았고, 내향적인 성격을 지녔으며, 억압적인 가정 환경 속에서 성장하였다. 이와 대조적으로 볼턴은 아버지의 사업을 물려받아 넉넉한 환경에서 성장하였고 귀족적인 문화에 대한 취향을 보였다. 이런 차이는 훗날 와트와 볼턴이 자신들의 자식을 교육시키는 방식에도 반영되었다. 와트는 자신의 아들이 과학과 수학을 집중적으로 탐구함으로써 전문적 지식을 갖춘 과학 기술자가 되기를 바랐다. 반면에 볼턴은 이런 기술적 측면 이외에 상류층의 문화에서 흔히 발견할 수 있는 교양과 고상함에 대해 높은 가치를 두었다. 그러나 이런 강조점의 차이에도 불구하고 두 사람은 모두 자신의 자식들이 버밍엄을 벗어나 보다 넓은 유럽 대륙 방식의 교육을 받고 폭넓은 문화와 친숙하게 되기를 희망하였다. 이들의 자식들이 모두 공식적 및 비공식적으로 지식과 사업에 관해 교육을 받았다는 점도 공통적이었다.[9]

이상적인 파트너 제임스 와트와 함께 기술을 개발하고 사업을 벌인 매튜 볼턴은 산업 혁명 기간을 대표하는 기업가로 평가된다.

와트는 1755년 런던에서 기계를 다루는 견습공이 되었고 1757년 스코틀랜드의 글래스고 대학교에서 기술자로 고용되었다. 이때에 화학자인 조지프 블

9 Uglow(2002).

뉴커먼의 기관 와트 이전에 영국의 탄광에서는 뉴커먼의 기관이 널리 사용되고 있었다.

랙(Joseph Black)과 인연을 맺고서 교류를 하였다. 1760년대에 들어와서 와트는 기계에 대한 이해도가 높아지고 기계를 다루는 숙련도가 향상되면서, 보다 정교한 기계 장치에 많은 관심이 보였다. 그의 경력에 일대 전환점이 된 것은 1763년에 뉴커먼 기관을 수리해달라는 요청을 받은 경험이었다. 이를 계기로 와트는 뉴커먼 기관의 특성에 대해 치밀하게 조사하고, 이 기관의 약점을 개선시킬 방도가 있을지 연구를 거듭하였다.

뉴커먼의 증기 기관은 콘월(Cornwall)의 구리 광산에서 처음 사용되기 시작하였다. 1768년 수년 동안의 연구 끝에 와트는 뉴커먼의 증기 기관보다 같은 양의 석탄으로 5배나 효율성이 높은 증기 기관을 개발하는 데 성공하고 특허권을 획득하기 위한 청원을 의회에 제출하였다. 뉴커먼과 와트의 증기 기관의 구조를 비교하면, 뉴커먼의 기관은 실린더에 물을 넣어 실린더 전체를 가열했다가 냉각시키는 방법을 사용하지만, 와트의 기관은 별도의 응축기(condenser)를 달아 증기만 냉각시켰다. 이런 획기적인 개선을 통해 와트의 증기 기관은

뉴커먼의 증기 기관보다 훨씬 뛰어난 효율을 보일 수 있었다.[10]

세상을 바꾼 발명품 와트의 증기 기관은 기존의 기관보다 훨씬 높은 효율을 달성함으로써 기업가들에게 각광을 받았다.

어떤 기술이 특허권으로 보호 받을지를 결정하는 데에는 의회의 판단이 중요하였다. 그런데 의회는 순전히 기술적이 측면만을 고려하지 않고 로비나 개인적 연줄과 같은 정치적 · 사회적인 요인도 고려한 경우가 많았다. 결국, 볼턴 앤드 와트가 창립된 후 10년 동안은 이들의 발명품이 사회로부터 인정을 받거나 경제적으로 보상 받지 못하였다. 와트와 볼턴은 스스로를 의회에 의해 지배당하는 중간 계급이라고 생각하였다. 1780년에 와트는 자신과 같은 사람에게 부과되는 세금이 과중하다고 판단하고 격분하는 내용의 기록을 남기기도 하였다. 그는 의회를 지배하는 지주 계급은 자신과 같이 상공업에 종사하는 중간 계급과 아무런 공통점을 갖지 않는다고 여러 차례 토로하였다. 볼턴은 과중한 세금을 줄여달라는 목적으로 의회에 로비를 하기도 하였다. 와트

10 매클렐란 3세와 도른(1999), 426-431쪽.

는 최종적으로 의회의 승인을 받아 자신의 특허권이 보호되고 나서야 현 정치 체제 및 제도를 지지하는 입장에 서게 되었다.[11]

와트는 대중에 대해 신뢰를 하는 편이 아니었다. 그가 보기에 대중은 특허를 침해할 기회를 노리는 존재들이었다. 와트가 그들에 대해 경계심을 풀지 않고 거리를 둔 것은 이런 이유에서였다. 그리고 이런 경계심에서 출발하여 와트는 그들과의 경쟁에서 승리하기 위해서는 증기 기관 제작 및 운영과 연관된 기계학과 물리학에 대한 지식이 필수적이라고 보았다. 루나 소사이어티를 포함한 여러 전문가, 학자, 기술자 집단과의 교류는 이를 위해 유용한 수단이 될 것이라고 와트는 확신하였다.[12]

산업 계몽주의의 지리적 확산

산업 계몽주의의 발전에 대한 이상의 논의는 버밍엄에 기반을 둔 루나 소사이어티의 사례를 중심으로 살펴보았다. 분명 버밍엄의 루나 소사이어티, 그리고 핵심 구성원이었던 와트와 볼턴은 산업 계몽주의의 발전을 보여 주는 가장 대표적인 사례이다. 그러나 산업 계몽주의의 발전이 소수의 특정한 중심지에서만 나타났다고 보면 곤란하다. 실제로는 버밍엄과 같은 명성을 얻지는 못하였지만 지역적인 산업 중심지로 발전해 간 곳이 많았다. 표 5-2는 잉글랜드의 각 주에서 얼마나 많은 특허가 출원되었는지를 일인당 건수 기준으로 10개의 시점별로 보여 준다.

11 Uglow(2002).
12 Jacob(2014), 1장.

표 5-2 런던 대비 일인당 특허 출원 건수, 잉글랜드 1761-1851년

주	1761	1771	1781	1791	1801	1811	1821	1831	1841	1851
베드퍼드셔	0.0	25.4	0.0	5.0	3.8	14.1	10.1	0.0	4.3	2.5
버크셔	0.0	0.0	10.0	2.8	5.8	7.3	1.4	2.4	3.0	8.3
버킹엄셔	0.0	4.8	0.0	5.9	2.6	2.0	9.2	4.8	4.2	11.5
캠브리지셔	0.0	0.0	4.3	0.0	2.8	8.1	1.7	4.3	6.3	5.1
체셔	6.1	2.9	6.3	6.8	16.0	14.1	9.2	8.0	5.8	13.2
콘월	13.0	6.6	11.2	7.1	14.4	7.5	5.9	8.4	7.0	6.9
컴버랜드	9.7	0.0	0.0	2.8	2.2	1.6	1.4	8.7	4.3	10.9
더비셔	7.5	15.0	13.3	8.4	17.9	11.6	22.4	11.1	9.6	15.8
데본셔	5.6	4.8	5.3	7.4	5.9	7.6	13.4	14.4	6.1	6.6
도세트셔	0.0	0.0	0.0	8.6	4.6	1.7	3.2	0.0	1.1	0.0
더럼	13.3	3.6	0.0	8.3	12.7	5.9	8.6	8.4	10.9	11.2
이스트라이딩	0.0	4.0	5.8	6.5	15.9	17.8	10.1	7.6	10.5	7.8
에섹스	0.0	6.9	3.4	4.4	10.8	13.4	12.3	13.6	10.5	14.8
글로스터셔	8.0	6.4	9.3	25.4	28.7	28.4	32.1	28.5	11.7	9.4
햄프셔	4.8	0.0	12.0	7.3	15.1	6.8	8.6	14.2	6.8	10.6
헤레퍼드셔	10.5	11.0	4.0	6.8	0.0	0.0	0.0	0.0	3.0	6.6
허트퍼드셔	0.0	4.7	0.0	3.2	9.9	14.7	4.9	17.1	7.1	7.6
헌팅던셔	0.0	0.0	0.0	0.0	0.0	0.0	0.0	8.3	17.3	13.6
켄트	3.6	9.9	9.6	7.4	15.6	11.6	18.0	21.2	9.3	13.9
랭커셔	17.0	11.7	18.1	11.0	15.5	11.3	17.0	20.5	26.9	33.7
레스터셔	0.0	0.0	6.3	5.0	9.4	8.1	4.9	13.7	27.6	19.6
링컨셔	0.0	2.5	1.8	3.0	4.9	0.9	5.5	5.4	3.2	7.4
런던	100.0	100.0	100.0	100.0	100.0	100.0	100.0	100.0	100.0	100.0
노포크	0.0	1.8	11.1	2.3	4.7	7.9	7.7	1.6	3.8	4.9
노스라이딩	0.0	3.1	6.8	2.0	1.7	5.3	1.2	3.5	6.7	5.1
노샘프턴셔	0.0	0.0	0.0	6.9	7.9	10.5	6.8	2.4	4.4	7.7
노섬버랜드	6.4	16.7	12.3	14.9	16.5	14.6	7.2	16.9	17.4	23.3
노팅엄셔	82.6	105.7	117.8	67.9	44.7	39.8	48.4	60.5	39.9	40.8

표 5-2 **계속**

주	1761	1771	1781	1791	1801	1811	1821	1831	1841	1851
옥스퍼드셔	9.0	0.0	13.9	11.9	9.0	6.9	3.2	6.9	15.4	5.8
러트랜드	0.0	0.0	0.0	0.0	0.0	0.0	10.7	0.0	0.0	6.8
쉬롭셔	6.3	13.1	7.2	27.7	8.3	8.4	8.2	4.6	4.4	3.4
서머세트셔	3.8	2.0	9.9	8.0	16.1	13.3	13.2	11.2	5.2	3.2
스태퍼드셔	21.8	10.7	3.7	11.5	20.9	18.3	19.5	21.8	19.1	19.8
서포크	0.0	2.5	1.8	3.1	8.2	2.6	4.9	4.3	11.9	7.3
서섹스	0.0	0.0	0.0	11.1	4.7	8.7	14.0	3.1	4.8	6.3
워릭셔	18.2	50.4	45.4	53.5	42.0	59.9	59.5	66.9	59.6	60.0
웨스트라이딩	12.0	7.0	7.8	23.0	17.1	12.4	17.7	14.8	11.6	14.6
웨스트모랜드	0.0	0.0	0.0	7.5	0.0	0.0	0.0	3.8	1.7	11.3
윌트셔	4.5	4.9	5.4	7.7	8.7	0.0	5.3	12.2	15.9	29.4
우스터셔	0.0	3.6	2.7	9.1	7.6	15.1	17.6	17.6	15.5	20.3

주: 런던=100.
자료: Dowey(2017), 106쪽.

18세기 후반까지는 특허가 출원되는 주가 제한적이었다. 예를 들어, 1761년 자료를 보면, 런던을 제외한 39개 주 가운데 특허가 한 건이라도 출원된 주는 20개 주에 불과하였다. 그러나 산업 계몽주의가 전국적으로 확산됨에 따라 전국적 분포가 변화하였다. 1801년에는 2개 주를 제외하고는 모든 주에서 특허 출원이 이루어졌다. 또한 런던의 특허에 대비해 일인당 특허가 출원된 수도 시간이 흐름에 따라 지속적으로 증가하였다. 대표적으로 우스터셔의 경우를 보면, 1761년에는 특허 출원이 전혀 이루어지지 않았지만 1781년에 일인당 특허가 런던 대비 2.7%를 기록하였고, 1801년 7.6%, 1831년 17.6%, 그리고 1851년 20.3%를 기록하였다. 산업 계몽주의가 전국적으로 확산되었다는 점에 의문의 여지가 없다.

Chapter 6

특허 제도의 효과

Chapter 6
특허 제도의 효과

6.1. 특허 제도의 진화

특허 제도의 탄생

발명 및 혁신과 관련하여 가장 크게 주목을 받는 제도가 특허 제도이다. 원래 특허(patent)란 단어는 라틴어로 '열다', '노출하다'라는 의미의 파테오(pateo)에서 나왔다. 대중이 확실하게 알 수 있도록 공표한다는 의미이다. 중세를 거치면서 권력자가 특정인에게 토지, 작위, 혹은 특별한 권리나 혜택을 부여할 때 사용되었고, 점차 외국 기술자가 자신이 보유한 숙련 기술을 들여올 때 권력자가 부여하는 특권에서도 사용되었다.[1]

현대적 의미에 가까운 용어로서의 특허는 이탈리아의 상업 도시 베네치아에서 처음 사용되었다. 1474년 세계 최초의 특허법은 다음과 같은 문장을 담고 있다. '이 도시에는 머리가 아주 뛰어나 온갖 종류의 기발한 장치를 고안하

1 Bottomley(2014), 1쪽. 이하 내용의 상당 부분은 이 책에 의존한다.

고 발명할 수 있는 사람들이 있다. 또한 매일 도시의 위대함과 선함 때문에 다른 곳들로부터 찾아오는 그러한 사람들이 있다. 그들에 의해 발명된 작품과 장치들은 남들이 베끼지 못하도록 규정되어야 한다. 그래서 그들의 명예가 깎이지 않고, 그런 사람들이 머리를 써서 우리 국가에게 적지 않은 효용과 혜택을 가져다주는 물건들을 발명하고 제작하게 해야 한다.' 이 특허법에서는 새로운 기술의 발전을 돕는다는 점이 중요한 법률 취지였음을 알 수 있다. 베네치아에서 처음 제정된 특허법은 점차 이탈리아의 다른 지역들로, 그리고 유럽의 다른 지역으로 전파되어 갔다. 독일의 여러 공국들을 거쳐 프랑스와 스페인, 그리고 네덜란드와 벨기에, 그리고 영국에서 순차적으로 특허 제도가 확산되었다. 영국에서는 1562년에 특허법이 제정되는데, 여기에도 베네치아 특허법이 강조했던 것과 마찬가지로 뛰어난 기술을 새로 개발하도록 장려하기 위한 것임이 명시되어 있다.

특허 제도의 목적

그러나 특허 제도가 의도하는 바가 여기에 국한된 것은 아니다. 특허 제도가 여러 국가에서 해당 국가의 독특한 경제적 · 사회적 상황에 맞게 진화하면서 특허 제도의 구체적인 강조점에도 다양한 변화가 발생하였다. 특허의 목적에 대한 다양한 관념을 다음과 같이 정리할 수 있다. 첫째는 가장 널리 알려진 목적으로, 특허가 혁신 활동을 장려하기 위해 필요하다는 것이다. 발명을 하기 위해서는 많은 비용이 소요되는데, 발명품을 누구나 무료 혹은 그에 가까운 가격으로 사용할 수 있다면 앞으로 발명을 하고자 하는 사람은 없게 될 것

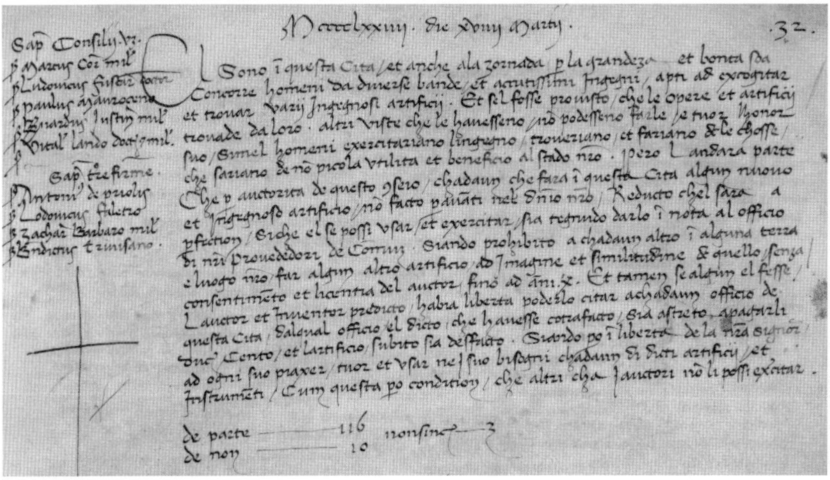

세계 최초의 특허법 1474년 이탈리아의 베네치아에서는 현대적 의미의 특허 제도를 내용으로 담은 특허법이 세계에서 처음으로 제정되었다. 사진은 베네치아 상원을 통과한 특허법안.

이다. 발명이 된 신기술은 본질적으로 비경합적(non-rivalrous)인 속성을 지닌다는 점이 이 주장의 핵심 근거가 된다. 신기술의 사용자가 늘어나도 기존 사용자는 여전히 같은 수준의 기술을 쓸 수 있다는 뜻이다. 더글러스 노스는 발명 활동이 비경합적이기 때문에 특허 제도가 없었던 전통 사회에서는 사회적 최적 수준에 미달하는 만큼의 발명만 이루어져 왔다고 분석하였다.[2] 이런 환경에서는 특허법을 통해 발명가에게 일정한 기간 독점 이윤을 보장함으로써 사람들에게 발명의 유인을 제공해야 한다는 것이다.[3] 여기에는 발명가만이 발명품을 배타적으로 쓸 수 있게 하는 방법과 더불어 발명가가 다른 사용자들에게 라이선스를 유료로 발급하는 방법도 포함된다.

---

2 North(1981).

3 이 주장의 대표로는 Arrow(1962).

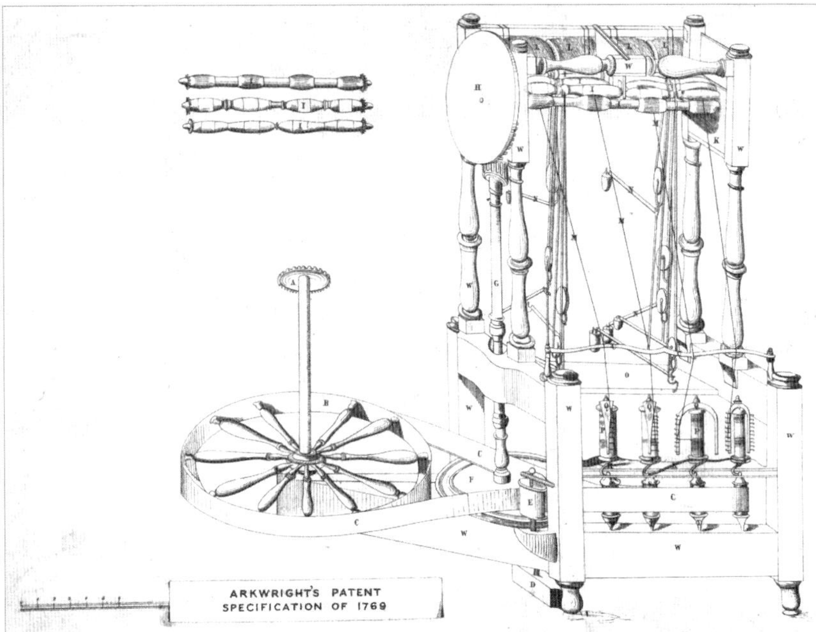

특허 기술 산업 혁명을 대표하는 기술 가운데 하나인 아크라이트의 수력 방적기의 특허 명세서.

둘째, 발명이 체계적으로 이루어지도록 만들기 위해서도 특허 제도가 필요하다. 특허 제도는 통상 특허 내용을 기술적으로 상세하고 정확하게 묘사하여 누구나 정확하게 이해할 수 있도록 강제하는 규정을 둔다. 특허를 통해 현재 시점에서 어떤 발명이 존재하는지 정보가 투명하고 신속하게 공개되면, 발명 노력이 중복되는 사회적 비용을 회피할 수 있다. 그리고 앞으로 어떤 부문에서 새로운 발명이 필요한지, 기존 기술 가운데 가장 앞선 기술을 누가 보유하고 있는지를 알 수 있기 때문에 발명 노력이 효율적으로 배분될 수 있게 한다.[4]

셋째, 특허는 발명된 내용이 쉽고 빠르게 전파되는 것을 돕는다. 특허 제도가 갖추어져 있지 않다면 발명가는 자신이 발명한 내용을 남에게 노출시키지 않은 채 상용화해야 한다. 그런데 비밀을 유지하며 작업을 하려면 다른 기술자와 협업을 하거나 잠재적 자본가를 찾는 데 어려움이 따르게 된다. 결국 최적의 기술적 협업자나 자본가를 찾지 못한 발명가는 상용화에 난관을 겪게 될 가능성이 크다. 특허는 비밀 작업이 초래하는 개인적 및 사회적 비용을 덜어 주는 역할을 한다.

넷째, 공공에 기여한 발명을 보호하고 사회적으로 인정하는 제도를 갖추는 것은 도덕적 의무라는 주장도 있다. 지금까지 알려지지 않은 새로운 발명을 위해서 발명가가 투여한 노동과 노력에 대해 응분의 보상이 주어져야 한다는 것이다. 영국의 철학자 존 스튜어트 밀(John Stuart Mill)은 발명가에게 아무런 보상을 주지 않고 아무나 발명 내용을 무상으로 사용하게 된다면 이는 '극히 비도덕적'이라고 언급한 바 있다.[5]

특허 제도의 실제 효과

이렇듯 특허 제도는 다양한 경로를 통해 발명과 기술 전파를 유도하는 것으로 많은 학자들이 설명해 왔다. 그렇다면 4장에서 살펴본 거시 발명과 미시 개량은 특허 제도와 어떤 관련이 있을까? 로버트 앨런은 조엘 모키어가 사용한 거시 발명과 미시 개량이라는 구분을 차용하여 왜 영국에서 산업 혁명이 가

4 Kitch(1977), 276쪽.
5 Penrose(1950), 18쪽.

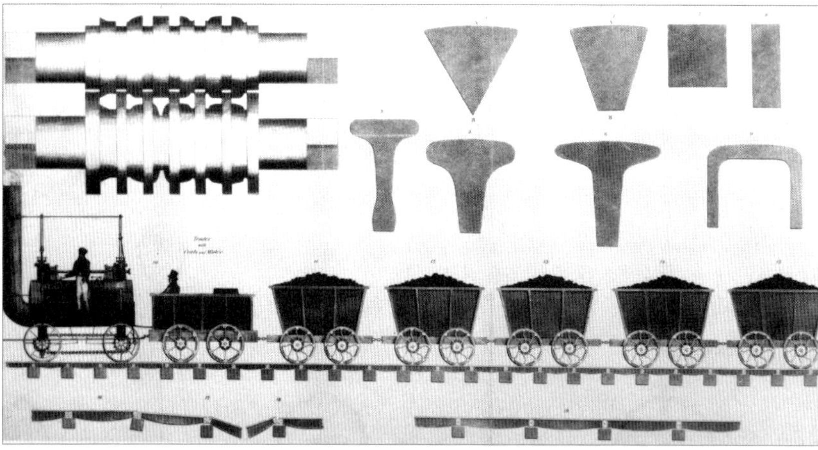

특허 제도의 효과 산업 혁명 시기에 특허 제도가 기술 진보에 얼마나 효과적이었는가에 대해 논쟁이 계속되고 있다. 그림은 1821년 연철 레일 기술의 특허 명세서.

장 먼저 일어났는가를 설명한 바 있다. 임금 수준이 높고 석탄 가격이 낮은 영국 경제의 부존 조건이 노동 절약적인 기술 진보를 낳게 되었으며, 거시 발명과 그 위를 잇는 다수의 미시 개량이 기술 진보의 구체적 궤적을 형성했다고 그는 주장하였다. 앨런의 설명에 따르면 특허는 생산 요소의 상대 가격이 발명을 유인하는 수준으로 무르익은 상황에서 발명가들이 발명에 소요되는 개발 비용을 회수할 수 있도록 보장해 주는 제도이다.[6] 그런데 그는 특허가 거시 발명에 유용하다고 강조할 뿐 미시 개량에서의 역할은 간과하였다. 수많은 구체적 사례에서 나타나듯이 미시 개량에서도 발명가들은 특허를 중요한 고려 대상으로 삼았다. 가장 대표적인 사례가 와트와 볼턴이 파트너십을 형성해 회전식 증기 기관(rotary steam engine)에 여러 차례의 개선을 이룬 경우였다. 시장 상황

6 Allen(2011b), 368쪽.

에 부합하도록 기계를 개선하는 이런 작업은 상당한 시간과 비용을 요구하는 것이었다. 이런 면에서 미시 개량은 거시 발명과 본질적으로 차이가 없었다. 실제로 이런 개선들은 특허의 대상이 되었다.[7]

특허 제도는 과연 기술 진보에 얼마나 강력한 영향을 미칠까? 특허 제도의 효과에 대해서 그간 많은 연구가 이루어져 왔다. 연구의 결과는 일률적이지 않다. 분석 대상이 된 국가, 분야, 기간 등 다양한 요인에 따라 상이한 결과가 도출되어 왔다. 적어도 특허가 창출하는 보호막이 기술 진보를 자동적으로 유발한다고 볼 수 없음은 명확하다. 예를 들어, 지난 150년 동안 60개국에서 발생한 271종의 특허 개혁을 연구한 조쉬 러너(Josh Lerner)는 특허의 강화 자체가 기술 진보를 가속화한다고 말할 수는 없다고 하였다. 그는 이미 보호 수준의 높고 보호의 범위가 포괄적인 경우 추가적 특허 강화의 효과가 미미하다고 결론 내렸다.[8] 발명을 따라하는 데 적지 않은 비용이 수반된다는 점이 강조되기도 한다. 여러 연구들은 산업의 종류에 따라 모방 비용에 차이가 크고 이런 차이가 과학 지식의 수준에 크게 의존한다고 지적한다. 예를 들어, 화학 공업의 경우 1869년 이전까지 모방 비용이 매우 높은 수준이었는데, 그때에 특허의 보호력은 상당히 제한적이었던 것으로 나타났다.[9] 별도의 연구에서 모키어는 영국 산업 혁명 시기에 특허 제도가 발명가의 이익을 충분히 보호하기에는 미흡한 면이 많았다고 지적하였다. 다른 생산자가 특허를 침해했을 경우 손해를 배상받을 확률과 배상의 범위에 대해 특허 출원자가 만족하지 못한 사례는 많다.

---

7 Allen(2009a), 149-172쪽.
8 Lerner(2002; 2009).
9 Mansfield, Schwartz, and Wagner(1981), 909쪽.

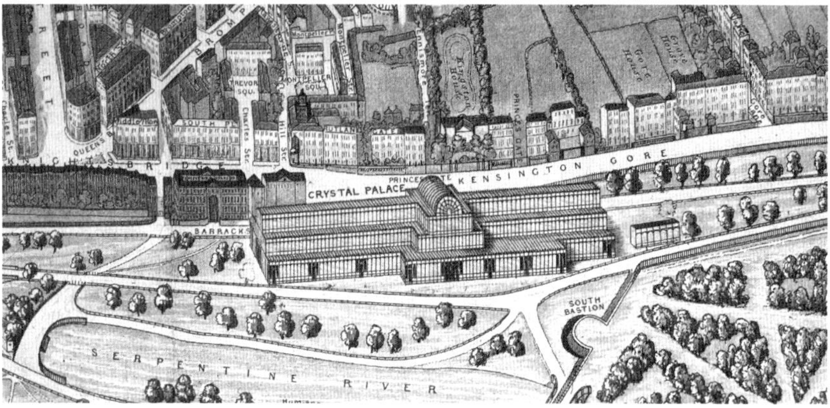

만국 박람회의 개최 장소 1851년 런던의 만국 박람회장은 최초의 대규모 철제 골조 건물이자 유리 건물로 명성이 높았다. 언론에서는 이 건물에 수정궁(Crystal Palace)이라는 별명을 붙여 주었다.

그렇지만 이 해석을 지나치게 확대하는 것도 위험하다. 당시 발명가들에게 여전히 특허가 중요한 관심사였다는 증거도 많기 때문이다.[10]

특허 제도의 존재 여부, 또는 특허 제도의 보호 수준이 발명과 혁신의 방향에 영향을 준다는 연구들도 있다. 대표적으로 페트라 모저(Petra Moser)는 1851년 런던에서 개최된 만국 박람회에 출품된 발명품들을 분류하고 이 비율을 특허 제도의 유무와 관련지어 해석하였다. 그의 조사에 따르면 당시 특허 제도가 존재하지 않았던 스위스와 덴마크에서 과학 도구가 자국의 전체 출품 제품에서 차지하는 비중이 각각 27%와 23%로 나타났다. 이는 여타 출품 국가들에서 과학 도구가 차지하는 비중이 평균 6%에 지나지 않았다는 사실과 뚜렷한 대조를 이룬다. 계측 기구, 광학 렌즈, 온도계 등의 과학 도구는 생산 규모가 크지 않고 생산 방법이 표준화되지 않았다는 특성이 있었다. 따라서 과학 도구는 통

10 Mokyr(2009a), 349-350쪽.

상 특허로 보호를 하기보다는 생산 방법을 비밀에 붙이는 방식이 많았다. 모저는 이런 관찰을 통해 다음과 같은 결론에 도달했다. 특허 제도가 존재하지 않거나 강력하게 시행되지 않고 있는 국가에서는 생산 방법이 다양하거나 역공학(reverse engineering)[11]이 가능한 업종으로 발명과 혁신 활동이 집중된다는 것이다.[12] 즉, 특허의 보호 수준에 따라 발명과 혁신이 이루어지는 방향이 강하게 영향을 받는다는 주장이다.

사법부의 태도

특허 제도가 얼마나 효과가 있었는가를 살펴보는 방법으로 특허 업무와 밀접하게 관련되어 있었던 사법부가 특허 제도를 어떻게 인식했는가를 탐구하는 길도 있다. 해럴드 더튼(Harold Dutton)은 사법부의 특허에 대한 부정적 태도가 특허 제도의 효과적 운영을 막았다고 주장하는 대표적인 학자이다. 특허에 대해 재판관들이 적대적 관점을 유지했다고 주장하는 더튼의 논거는 무엇일까? 그는 재판관이 특허에 대해 얼마나 적대적이었는지는 특허 관련 소송의 판결 결과를 통해서 측정할 수 있다고 주장하였다. 특허 관련 소송 건수도 특허권자에게 법적 제도가 우호적이었는지를 판단할 수 있는 근거가 될 수 있다.

표 6-1은 1770-1949년 영국의 특허 자료를 통해 통계를 정리한 것이다. 더튼은 이 기간의 특허 257건을 대상으로 분석을 진행하였다.[13] 이 자료를 보강하

11 제품을 분해하여 세부적으로 조사하는 방법을 통해 제조법을 밝혀내고 이를 기초로 모방 제품 혹은 유사 제품을 생산하는 방식을 말한다.
12 Moser(2005), 특히 1224쪽. 1851년 당시 특허 제도의 보호력이 강했던 미국과 영국에서는 박람회에 출품한 발명품들의 구성이 매우 유사했다. 또한 Moser(2013).
13 Dutton(1984). Woodcroft(1854)가 핵심 데이터베이스이다.

표 6-1 **영국의 특허 소송과 승소율 통계, 1770-1849년**

기간	건수	특허권자 승소율 (%)	특허 출원 건수	기소 건수	기소 비율 (%)
1770-1799	39 (21)	48 (38)	1,418	34 (16)	2.4 (1.1)
1800-1829	97 (61)	48 (34)	3,510	78 (50)	2.2 (1.4)
1830-1849	265 (175)	59 (69)	6,854	201 (142)	2.9 (2.1)

주: 괄호 안은 더튼의 통계.
자료: Bottomley(2014), 82쪽.

여 Bottomley(2014)는 총 401건의 특허를 분석 대상으로 삼았다. 괄호 안에 표시된 수치가 더튼의 분석 결과이다. 더튼은 이 기간을 1770-1799년, 1800-1829년, 1830-1849년으로 구분하여 연구를 진행하였다. 그의 분석에 따르면 앞의 두 기간에서 특허에 대해 기소가 이루어진 사례가 적고 특허권자의 승소율도 낮은 것으로 나타났다. 그러나 1830-1849년 기간에는 특허권자의 승소율이 상당한 정도 높아졌다. 이를 통해 그는 1830년경을 기점으로 해서 특허에 대한 재판관들의 태도가 우호적인 방향으로 변했다고 결론을 내렸다. 그는 또한 특허 관련 판결문에도 특허에 대한 부정적인 태도가 자주 발견된다고 지적하였다.[14]

1830년 이전에는 사법부가 특허에 대해 냉담한 태도를 견지했다는 더튼의 주장에 대해 비판을 제기할 수 있다. 당시 특허 관련 분쟁의 대다수는 법원까지 가는 상황을 맞기 이전에 합의를 보는 방식으로 해결되곤 하였다. 기술 사용료가 법률 비용보다 훨씬 저렴하였기 때문이다. 즉, 원고와 피고 둘 다 막대

14 Dutton(1984), 71-78쪽. 예를 들어, 1810년 수석 재판관 엘런버러(Ellenborough)는 플루트 제조에 관해 청원된 특허에 제목이 잘못되었다는 이유로 폐기를 명했다. 더튼은 이 실수에 청원자의 악의가 없었고 특허 명세서에서 발생한 중대 실수도 아니므로 재판관의 적대감만이 폐기 명령을 설명할 수 있다고 주장하였다. 더튼의 주장에 대해 동시대인들과 역사가들은 대체로 인정하지 않고 있다.

재판소 풍경 18세기 초 영국 형평 법원이 개회한 모습을 보여 준다.

한 금액의 법률 비용을 부담하는 것보다 적절한 수준의 기술 사용료를 지불하는 선에서 합의를 보는 것이 합리적이었다고 볼 수 있다. 또 특허 관련 분쟁 사례가 적다는 것은 다르게 해석하면 그만큼 특허의 안전이 보장되어 있었기 때문이었다. 재판에 이르지 않더라도 특허권자에게 유리하게 합의가 이루어질 수 있었다고 해석할 수도 있는 것이다.[15]

15 Bottomley(2014), 83-85쪽.

6.2. 영국 특허 제도의 실태

특허법의 변화

독점법의 한계 찰스 1세는 독점법의 제정에도 불구하고 지속적으로 특허 체제를 남용한 것으로 평가된다.

영국에서 특허 제도는 장기간 점진적인 과정을 거쳐서 제정되고 보완되었다. 1535년 제정된 인장 및 옥새서기법(Clerks of the Signet and Privy Seal Act)은 모든 종류의 특허 청원 절차를 여러 부서를 통하는 복잡한 과정으로 만들었다. 당시에는 사무원들이 임금을 받지 않고 서비스 이용자의 수수료에 의존하였기 때문에 의도적으로 절차가 복잡성을 띠게 되었던 것이다. 1562년 최초의 특허법이 제정된 데 이어, 1624년 독점법(Statute of Monoplies)이 의회를 통과하였다. 이 법은 특허법을 보통법 체제 내로 통합하는 내용이었는데, 개인에게 법에 의거해 사적 소유권을 안정적으로 보장하는 효력을 지녔다. 이 법의 제정으로 인해 발명가의 지적 재산이 실질적으로 보호될 기반이 마련되었다.[16] 이런 측면에서 볼 때 이 법은 영국의 근대적 특허 제도 확립에 중요한 분수령이 된다고 볼 수 있다. 하지만 실질적인 지적 재산의 보호는 시간이 흐르면서 여러 보완 입법이 마련되는 과정을 거쳐야만 견고해질 수 있었다.

1710년 회의는 앤여왕법이라는 불리는 저작권법을 통과시켰다. 이 법률은 모든 출판물에 14년의 저작권 존속 기간을 부여하고 저자가 생존하는 경우 1회 갱신할 수 있으며, 1710년을 기준으로 이미 출판된 저작물은 21년간만 존속한다고 규정하였다. 앤여왕법은 18세기에 발생한 다양한 사회 질서 변화의 일환으로 제정되었다. 일부 역사가들은 앤여왕법을 근대적 저작권의 본격적 출발점이라고 보기도 한다. 그러나 이후의 상황을 보면 앤여왕법 제정 이후 단기간에 저작권이 명확히 확립되지는 못했음이 분명하다. 저작권을 둘러싸고 치열한 논쟁과 소송들이 이어졌다는 사실이 이를 말해 준

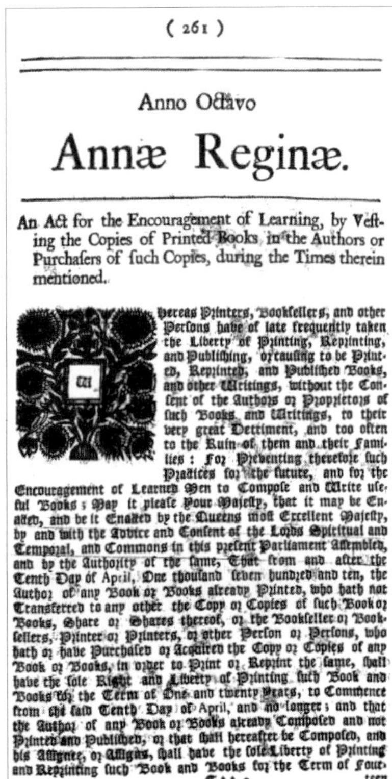
(261)

Anno Octavo

Annæ Reginæ.

An Act for the Encouragement of Learning, by Vesting the Copies of Printed Books in the Authors or Purchasers of such Copies, during the Times therein mentioned.

Whereas Printers, Booksellers, and other Persons have of late frequently taken the Liberty of Printing, Reprinting, and Publishing, or causing to be Printed, Reprinted, and Published Books, and other Writings, without the Consent of the Authors or Proprietors of such Books and Writings, to their very great Detriment, and too often to the Ruin of them and their Families: For Preventing therefore such Practices for the future, and for the Encouragement of Learned Men to Compose and Write useful Books; May it please Your Majesty, that it may be Enacted, and be it Enacted by the Queens most Excellent Majesty, by and with the Advice and Consent of the Lords Spiritual and Temporal, and Commons in this present Parliament Assembled, and by the Authority of the same, That from and after the Tenth Day of April, One thousand seven hundred and ten, the Author of any Book or Books already Printed, who hath not Transferred to any other the Copy or Copies of such Book or Books, Share or Shares thereof, or the Bookseller or Booksellers, Printer or Printers, or other Person or Persons, who hath or have Purchased or Acquired the Copy or Copies of any Book or Books, in order to Print or Reprint the same, shall have the sole Right and Liberty of Printing such Book and Books for the Term of One and twenty Years, to Commence from the said Tenth Day of April, and no longer; and that the Author of any Book or Books already Composed and not Printed and Published, or that shall hereafter be Composed, and his Assignee, or Assigns, shall have the sole Liberty of Printing and Reprinting such Book and Books for the Term of Fourteen

6 Ttt 2

지식 재산권의 보호 1710년에 제정된 앤여왕법은 지식 재산권 보호의 역사에서 중요한 위치를 차지한다.

16 North and Thomas(1973), 154쪽.

다. 즉, 근대적인 저작권 개념은 이러한 작용들이 누적되는 과정을 통해 점진적으로 다듬어진 것으로 보는 게 타당할 것이다.[17]

또 다른 중요한 변화는 1730년대를 거치면서 특허를 청원할 때 특허 명세서(patent specification)를 제출하도록 의무화한 것이다. 이는 법률적 변화이기보다 관행상의 변화였는데, 아래에서 살펴볼 것처럼 특허 제도의 효과에 대해 매우 중대한 의미를 지녔다. 1770년대 이후 특허 명세서를 정확하게 작성하는 것은 특허 청원 절차의 중요한 일부분으로 인식되었다.[18] 특허 명세서의 의무적 작성을 제외하고는 1852년 특허법개정법(Patent Law Amendment Act)이 제정되어 특허 제도가 전면적으로 정비될 때까지 영국의 특허 제도에 두드러진 변화는 발생하지 않았다.

사상사적 측면에서 영국 특허 제도의 특질을 살펴보는 것도 유익하다. 특허는 발명가에게 기술 개발의 인센티브로 작용하고, 이를 통해 공공의 이익이 창출된다는 것이 특허를 인정하고 일정 기간 독점 사용권을 허용하는 이유라고 볼 수 있다. 왕권과의 관계를 놓고 보면, 특허 제도를 확립한다는 것은 왕이 자의적으로 부여하던 관행에 대해 제동을 거는 의미를 지녔다. 이것은 특허를 자연권적 권리라는 개념으로 이해할 기초가 된다. 실제로 프랑스를 비롯해 브라질, 러시아, 스페인 등 많은 국가들에서 특허권은 자연권적인 권리로서 받아들여졌다.

그런데 이와 달리 영국에서는 특허가 자연권적 권리라는 개념이 덜 중요

17 대표적 소송으로 1769년 Miller v. Taylor와 1774년 Donalson v. Beckett을 들 수 있다. Bottomley(2014), 3장 참조.

18 이후 일단 제출된 명세서는 그 이후에 수정할 수 없다는 법안 조항이 마련됨으로써 명세서의 정확한 기재의 필요성을 특허권자에게 강요하는 요소로 작용하였다.

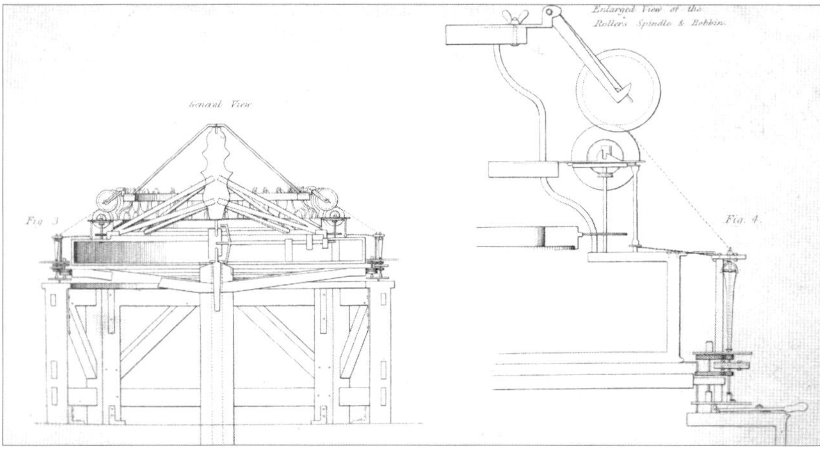

방적기 특허 명세서 특허 명세서의 도입은 기계의 특성에 대해 상세한 정보를 얻을 수 있게 했고, 특허 만료 후 다른 사용자가 유사한 기계를 만들 수 있도록 해주었다.

하게 생각되었다. 오히려 사회 계약의 관념에서 특허법을 발전시켜 나갔다는 특징을 보였다. 사회 계약은 서로 다른 두 주체가 합의를 통해 양자의 이익을 공동으로 도모할 수 있도록 제도를 완성해 간다는 것을 내용으로 한다. 특허 제도의 경우 발명가, 즉 특허권자의 사적 이익과 대중의 공익을 결합시키는 것이라는 점에 강조점을 둔다. 영국에서 군주는 특허권자에게 14년 동안 특허에 대한 독점적 권리를 부여하고 이 기간이 종료한 후에는 공공의 이익을 위해 특허가 개방적으로 사용되어야 한다는 내용으로 결론이 지어졌다. 특허 명세서에 기술적 내용을 명확하게 기재해야 한다는 요구 사항이 강조된 것도 바로 공익에 봉사할 수 있도록 해야 한다는 사상이 바탕에 깔려 있었다고 볼 수 있다.[19]

19 특허 명세서는 1778년 Liardet v. Johnson 사건의 판결이 사회 계약적 요소를 강조한 것을 계기로 특허 등록의 중요 요건으로 자리를 잡았다는 것이 통설이다. Bottomley(2014), 3장.

시기적 추이

영국의 특허 신청 건수는 시기적으로 어떤 추이를 보여 줄까? Madsen, Ang, and Banergee(2010)는 1620-2005년의 긴 기간에 영국에서 신청된 특허 건수를 계산하였다. 이를 그래프로 그린 것이 그림 6-1이다. 1620년부터 1770년경까지는 연도별 특허 신청의 편차가 매우 컸다. 그 후 편차가 지속적으로 작아지고 동시에 1770-1900년에 빠른 속도의 증가세를 보여 주었다. 20세기에 들어서면 특허 신청 건수는 증가 속도가 현저하게 느려짐을 알 수 있다. 우리의 논의와 관련해 중요한 점은 산업 혁명이 한창 진행된 18세기와 19세기가 특허 출원의 움직임이 매우 강했던 시기이기도 하였다는 사실이다.

그런데 이 시기에는 인구도 빠른 속도로 증가하였다. 영국은 유럽에서 가

그림 6-1 **영국의 특허 신청 건수, 1620-2005년**

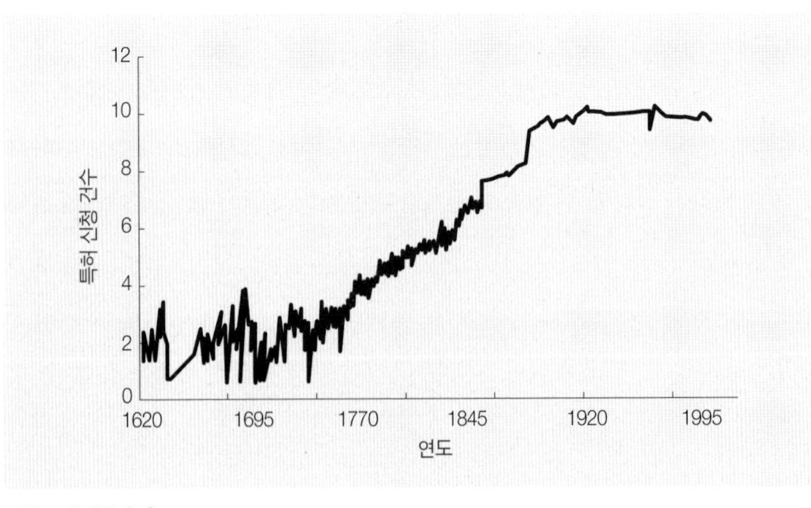

주: 5년 평균치 자료.
자료: Madsen, Ang, and Banerjee(2010), 275쪽.

그림 6-2 **노동자 일인당 특허 신청 건수, 1625-2005년**

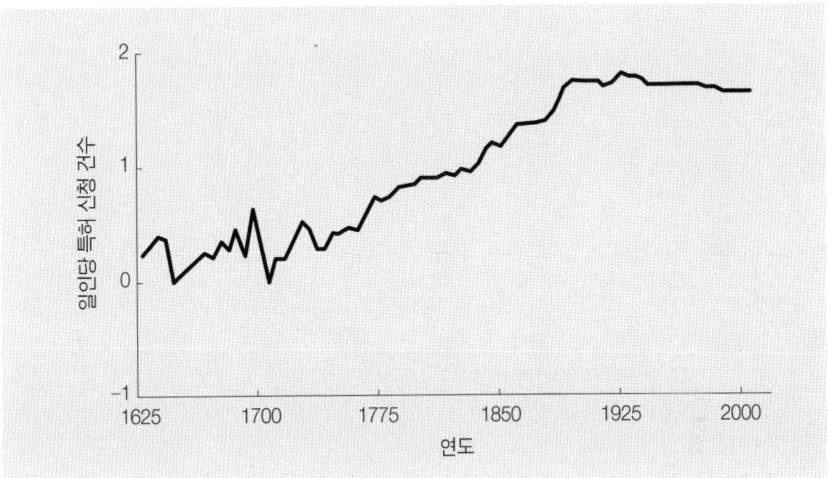

주: 5년 평균치 자료.
자료: Madsen, Ang, and Banerjee(2010), 275쪽.

장 빠른 인구 증가를 기록한 국가였다. 이런 사정을 감안하여 그림 6-2는 노동자 일인당으로 계산한 특허 신청 건수를 보여 준다. 역시 18세기 중반 이후 19세기 말까지 가장 빠른 속도로 노동자 일인당 특허 신청 건수가 증가했음을 보여 준다. 이를 통해 당시의 특허 건수 증가가 인구 증가에 기인한 것이 아니라, 생산 활동에 참가하는 노동자 일인당으로 계산해도 증가했다는 사실을 확인할 수 있다.

그림 6-3은 영국에서 얼마나 많은 특허가 출원되었는가를 보여 준다. 잉글랜드와 스코틀랜드, 그리고 아일랜드를 구분하여 표시하였다. 1700년에서 1850년에 이르는 기간을 대상으로 하는 이 그래프를 통해 시기적으로 특허 출원이 어떤 추이를 보였는가를 확인할 수 있다. 1760년대까지 약 60년 동안은 특허 출원이 적은 수에 불과하였다. 1700-1767년에 출원된 특허는 총 522건이었

그림 6-3 **잉글랜드, 스코틀랜드, 아일랜드의 특허 추이, 1700-1851년**

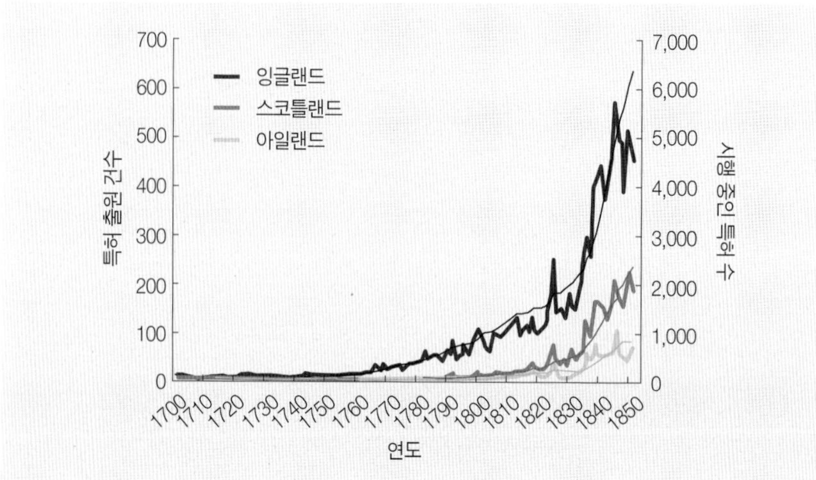

자료: Bottomley(2014b), 55쪽.

다. 이는 1790년대에 출원된 특허가 647건이었다는 점과 대조를 이룬다. 그러나 1767년 이전에 영국의 산업 혁명을 이끈 중요한 발명품들이 등장하였다는 사실은 중요하다. 뉴커먼(Newcomen)의 기압 기관, 케이(Kay)의 비사(flying shuttle), 웨지우드(Wedgwood)의 도자기, 다비(Darby)의 코크스 제련법 등이 모두 여기에 해당한다.[20] 1760년대부터는 특허가 서서히, 그렇지만 꾸준한 증가세를 보였다. 이 증가세는 1830년대까지 계속되었고, 이후 급증 추세로 변환되었다. 그 결과 1840년대에는 1830년대보다 약 두 배나 많은 특허가 출원되었다.[21]

그림 6-4는 잉글랜드에 대비하여 스코틀랜드와 아일랜드의 특허 비율을 보여 준다. 스코틀랜드의 경우 지속적으로 잉글랜드에 대한 비율이 상승하였

20 Bottomley(2014), 42쪽.
21 Bottomley(2014), 17-18쪽.

그림 6-4 **잉글랜드 대비 스코틀랜드와 아일랜드의 특허 비율, 1775-1851년**

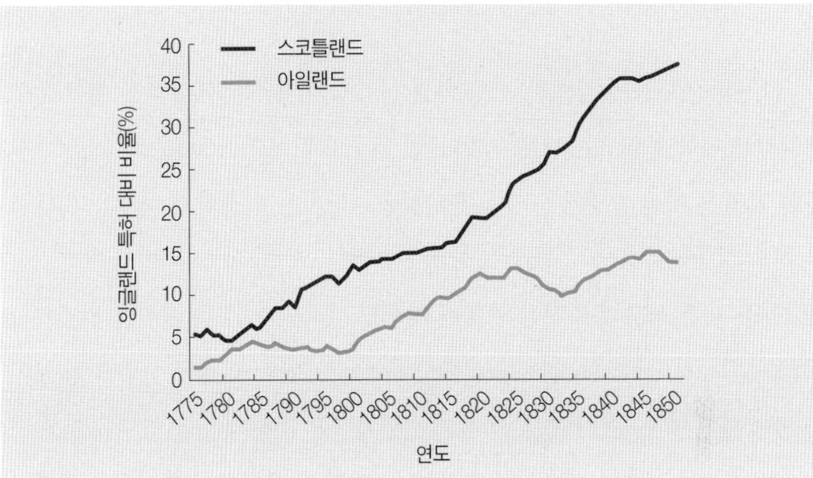

자료: Bottomley(2014b), 55쪽.

는데, 이는 스코틀랜드가 산업 혁명의 과정에서 소외되지 않았음을 의미한다. 한편, 이와 달리 아일랜드는 특허 출원 추세가 정체되었고 일시적으로는 하락하기까지 하였다. 서유럽에서 최빈국에 속했던 아일랜드는 잉글랜드에 종속된 형태의 농업 중심 경제 구조를 계속 보유하였기 때문에 나타난 현상이었다. 이런 차이는 인구 대비 특허 수의 통계에서도 그대로 나타난다. 스코틀랜드의 경우 100만 명당 특허의 수가 1781년에 13.0건, 1811년에 108.6건, 1851년에 818.0건으로 두드러진 상승세를 보였다. 반면에 아일랜드는 1781년에 3.7건, 1811년에 18.8건, 1851년에 134.0건으로 스코틀랜드에 비해 크게 뒤진 양상을 보여 주었다.[22]

22 Bottomley(2014b), 56쪽.

산업별 특허 분포

그간의 연구들에 따르면, 산업 혁명 시기에 특허 제도가 중요한 역할을 수행했다는 데에 동의하는 견해가 많다. 한 연구에 따르면 1660-1830년 기간에 활동한 72명의 핵심 발명가들 가운데 81%에 해당하는 발명가가 자신의 발명품은 어느 시점에서건 하나 이상 특허 출원하였다. 이 '슈퍼스타' 발명가들 가운데 21%는 10종 이상의 특허를 출원한 것으로 나타났다. 특허 출원을 원했으나 이러저런 사정으로 인해 취득에 실패한 사례도 있었다. 이렇듯 산업 혁명 시기에 발명 활동에 종사한 대부분의 유명 발명가들은 특허 취득을 염두에 두고 일을 진행하였다. 데이터베이스를 확장해 687명의 덜 유명한 발명가들을 추가하면, 수치는 다소 낮아진다. 40%가 특허를 출원하지 않거나 못했고, 둘 이상의 특허를 출원한 기술자의 비율은 35%로 나타난다.[23]

표 6-2는 산업 혁명이 한창 진행되고 있던 시기인 1775-1841년을 대상으로 산업별 특허 출원 분포를 보여 준다. 잉글랜드의 경우 총 8,112건의 특허 가운데 직물이 1,067건(13.15%), 기계가 1,051건(12.96%), 화학이 669건(8.25%)의 순이었다. 스코틀랜드의 경우 직물이 415건(20.89%), 기계가 303건(15.25%), 화학이 252건(12.58%)의 순이었고, 아일랜드는 직물이 163건(18.74%), 화학 135건(15.52%), 기계 104건(11.95%)의 순으로 나타났다. 약간의 차이는 있지만 직물, 기계, 화학이 특허 출원을 주도한 핵심 산업이라는 데에 이견을 달기 어렵다. 그 밖에 특허 출원이 활발하게 일어났던 산업으로는 운송, 음식, 하드웨어, 제조업, 야금, 제지

23 Meisenzahl and Mokyr(2011).

표 6-2 **잉글랜드, 스코틀랜드, 아일랜드의 산업별 특허 수와 비율, 1775-1841년**

산업	잉글랜드	비율(%)	스코틀랜드	비율(%)	아일랜드	비율(%)
농업	253	3.12	31	1.56	15	1.72
운송	454	5.60	73	3.67	29	3.33
화학	669	8.25	252	12.58	135	15.52
의복	170	2.10	31	1.56	13	1.49
건설	364	4.49	47	2.37	27	3.10
기계	1,051	12.96	303	15.25	104	11.95
음식	434	5.35	128	6.44	76	8.74
가구	443	5.46	38	1.91	20	2.30
유리	61	0.75	15	0.75	9	1.03
하드웨어	573	7.06	74	3.72	36	4.14
기구	358	4.41	38	1.91	20	2.30
피혁	139	1.71	34	1.71	18	2.07
제조업	416	5.13	102	5.13	48	5.52
제약	169	2.08	12	0.60	4	0.46
야금	389	4.80	116	5.84	46	5.29
군수	199	2.45	23	1.16	9	1.03
광업	46	0.57	6	0.30	5	0.57
제지	308	3.80	103	5.18	37	4.25
도기	134	1.65	22	1.11	8	0.92
조선	415	5.12	124	6.24	48	5.52
직물	1,067	13.15	415	20.89	163	18.74
합계	8,112		1,987		870	

자료: Bottomley(2014b), 57쪽.

등을 들 수 있다. 이들은 대부분 전통 산업이 아니라 산업 혁명 기간에 기술적 변화를 크게 경험한 신산업이라는 공통점을 지닌다.[24]

24 Bottomley(2014b), 59쪽.

지역 간 산업의 유사성은 한편으로는 기술과 그 기술을 바탕으로 제조된 상품이 통합도가 높은 시장을 통해 유통되었음을 의미한다. 다른 한편, 잉글랜드에서 출원된 특허가 동일한 내용 혹은 유사한 내용으로 스코틀랜드와 아일랜드에서 출원되었을 가능성을 보여 준다. 물론 스코틀랜드나 아일랜드에서 먼저 출원된 특허가 나중에 잉글랜드에서 출원될 수도 있었지만, 이런 사례는 전자에 비해 훨씬 낮은 비율을 보였다.[25]

초기의 특허 제도

초기에 특허 제도는 매우 비효율적으로 운영되었다. 1700년 이전에 대부분의 특허권은 정부 및 법원에 연줄이 있는 발명가들만이 현실적으로 특허 출원을 기대할 수 있었다. 또한 특허 출원을 위한 행정적 절차에 들어서면 발명가는 런던에 일시적 거주지를 마련하고 각종 행정 부서에 의무적으로 출석해야 하는 번거로움을 감수해야 하였다. 이를 위해서는 오랜 시간과 많은 비용을 들여야 하였다. 또한 담당 공무원들은 전문성을 갖춘 인력이 아니라 정부의 사무를 계약에 의해 위임 받은 자에 불과하였다. 잉글랜드에서 특허를 내고자 하는 발명가는 10단계에 걸친 행정 절차를 거쳐야 하였고, 만일 스코틀랜드와 아일랜드에서도 특허의 효력을 발생시키려면 이보다 두 배나 되는 행정 절차를 거쳐야만 하였다.[26] 이런 사정에 근거하여 크리스틴 맥리오드(Christine MacLeod)는 '복잡한 출원 절차'와 '권위적인 공무원들' 때문에 발명가들이 '특허 내기

25 Bottomley(2014b), 59쪽.
26 Bottomley(2014a), 36-42쪽.

를 꺼린다'고 결론을 내렸다.[27]

이러한 초기의 특허 제도는 시간이 경과하면서 서서히 개선되어 갔다. 비록 많은 동시대 발명가들이 기대했던 것만큼 빠른 속도는 아니었지만, 여러 차례의 입법과 실제 관행의 개선을 통해 악명 높았던 초기 상태를 벗어나 근대적 속성을 갖추어 갔다. 특히 1760년대-1770년대부터 이런 변화가 두드러지기 시작했다. 1830년대에는 증가하는 특허 청원에 발맞추어 다양한 개혁이 추진되었으며, 1840년대와 1850년대에는 보다 본격적인 개혁이 전개되었다.

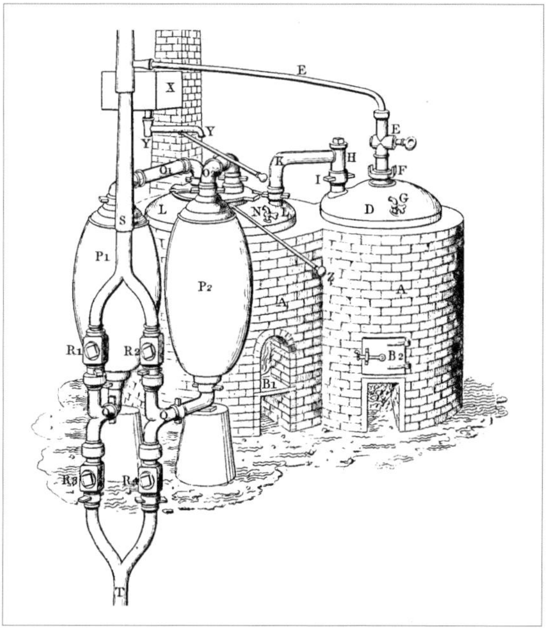

17세기 발명품 세이버리가 개발한 증기 기관은 증기 기관 발달사의 초반부를 장식하는 중요한 발명품이다.

특허 제도의 운영 방식

영국의 특허 제도는 발명과 혁신을 자극하였는가? 이를 살펴보는 한 관점

27 MacLeod(1988), 76쪽.

은 특허 출원의 절차를 면밀하게 고찰하는 것이다. 특허 출원의 과정이 행정적으로 얼마나 까다로웠는가, 시간과 비용이 많이 소요되었는가, 그리고 다른 특허 출원자와의 기술적 및 행정적 충돌 위험을 효과적으로 피할 수 있었는가? 이런 질문들에 답을 구함으로써 발명가들이 특허를 출원하려는 의지를 갖고 이를 현실화했을 것인가에 대해 판단을 해볼 수 있다.

특허 출원의 과정은 무척 까다로웠다는 것이 일반적 평가이다. 잉글랜드에서 10단계의 과정을 거쳐야 하였고, 스코틀랜드와 아일랜드에서는 잉글랜드보다 절차가 다소 간략해 각각 6단계와 9단계를 거쳐야 하였다. 세 지역의 절차는 부분적으로 동일하고 부분적으로는 차이가 있다. 핵심적 공통점은 법무관이 실질적인 심사를 담당하였다는 점, 런던의 국내 사무부를 거쳐야 하였다는 점, 그리고 국왕의 서명을 받아야 하였다는 점 등이었다. 세 지역 가운데 잉글랜드가 특허 업무의 중심이었다는 점은 분명하다.

세 지역에서 출원된 특허의 수에는 차이가 있었다. 18세기에 잉글랜드에서 2,002건의 특허가 출원된 반면에 스코틀랜드에서는 163건, 아일랜드에서는 62건이 출원되었다. 스코틀랜드와 아일랜드에서 출원된 특허 중에서 각각 87%와 84%가 잉글랜드에서 먼저 출원된 발명이라는 점도 잉글랜드의 중요성을 말해 준다. 스코틀랜드와 아일랜드는 잉글랜드의 특허 행정을 받아들였다고 이해하는 것이 타당해 보인다.[28]

먼저 1760년대까지의 특허 제도 운영 상황을 살펴보자. 17세기와 18세기의 대부분 기간에는 발명가들이 법원에 특별한 연줄을 갖지 않고서는 특허 심사

28 Bottomley(2014a), 41쪽.

자체를 받기 어려운 경우가 많았다고 한다.[29] 정부 기관이나 법무관이 다양한 이유로 심사 업무를 지연시키는 경우도 많았는데, 특히 당시 중상주의적 속성이 강했던 중앙 정부가 세수 확보나 고용 확보 등을 이유로 특허 출원에 반대한 사례가 많이 관찰되었다. 예를 들어, 새 발명품이 그간 재원으로 중요했던 물품을 대체할 것이라고 판단되면 특허 심사에서 반대가 많았고, 새 발명품이 많은 수의 인력을 고용할 기회를 낳을 것이라는 예측이 있으면 우호적인 분위기가 형성되었다.[30] 이렇듯 당시 특허 제도에는 기술적 요인만이 아니라 정부의 정책적 요인도 매우 중요하게 작용하였다.

잉글랜드의 법원 잉글랜드의 형평법이 열린 웨스트민스터 홀의 19세기 초 모습.

넓게 보자면 당시의 특허 제도는 행정의 역사 전문가인 제럴드 에일머(Gerald Aylmer)가 '구행정 체제'(old administrative system)라고 부른 17-18세기 모습과 유사하다. 에일머는 그 특징을 다음의 여섯 가지로 요약하였다.[31]

29 MacLeod(1988).
30 Bottomley(2014a), 42-43쪽; MacLeod(1988), 23-24쪽.
31 Aylmer(1980), 92쪽.

1. 천거, 음서, 관직 매매를 통해 등용

2. 임기는 종신 혹은 자발적 사임 시점까지

3. 관직은 사유재로 취급

4. 사무 방식은 파트타임 혹은 부재

5. 정기적 급여가 아닌 수수료와 퇴직금으로 보수 지급

6. 관직을 개인의 권리 혹은 이해관계로 이해

이런 특징은 영국의 공공 부문 전반에 만연해 있었다. 변화의 움직임은 1770년대에 시작되었다. 1776년 재무부의 조직 개혁이 신호탄을 쏘아 올렸다. 이후 약 60년에 걸쳐 공무원 사회는 비록 빠른 속도라고 하기는 어렵지만 지속적으로 개혁을 경험하였다. 그 결과 능력에 의한 등용, 임기의 제한, 개인적 연줄과 매관매직이 아닌 공적 과정을 통한 임용과 업무 수행, 전문성을 갖춘 풀타임 업무 처리, 복무 연차와 성과에 따른 승진, 정기적 급여의 지급 등을 특징으로 하는 근대적인 행정가 집단이 출현하게 되었다. 투철한 사명감을 갖춘 전문가로서의 공무원이 등장함으로써 공직이라는 직업 세계에 가히 혁명적인 변화가 발생한 것이다. 그리고 이런 변화는 특허 업무를 포함한 대부분의 정부 공공 서비스에서 두드러진 혁신을 이끌어 냈다.

혁신 이전까지, 그리고 상당한 정도는 그 이후에도, 구행정 체제적 특성이 특허 행정에서도 쉽게 발견되었다. 특허 업무 담당자는 전문성이 부족하기 일쑤였고, 수수료를 과다하게 청구하거나, 업무 시간에 자리를 지키지 않거나, 대리인을 시켜 일하거나, 수수료가 많은 업무에 우선순위를 두거나 하는 사례가 수없이 보고되었다.[32] 그러나 이런 문제점에도 불구하고 특허는 점차 많은

기술자들과 자본가들이 관심을 기울이는 대상으로 부상하였다. 특히 1820년대부터 특허 청원 건수가 눈에 띄게 늘어난 사실은 이런 대중적 인식의 변화를 잘 말해 준다.

적합성 판정과 출원 비용

특허 제도가 실질적으로 유효하게 작동하려면 기술적 및 금전적 장벽이 높지 않아야 한다. 영국의 특허 제도가 이런 조건을 충족하고 있었을까? 이와 관련해 정지 요청(caveat)이라는 특허의 적합성 판정 절차와 특허의 취득에 소요되는 비용이 각별한 관심 대상이 된다. 정지 요청은 기존에 특허를 취득한 자가 현재 심사 중인 신안이 자신의 이해와 상충하는 내용을 담고 있다고 판단할 경우 신안 청원자에게 경고장을 발송하는 제도를 의미한다. 경고장이 발송되면 기존의 특허 보유자는 자신의 이익이 침해된다는 내용을 청문회를 통해 밝힘으로써 이의를 공식화하게 된다. 당시에는 특허 청구 과정에서 전문적인 기술적 적합성 평가 절차가 없었으므로, 정지 요청은 이런 적합성을 판정할 공간을 마련해 준다는 제도적 역할을 담고 있었다.

표 6-3은 1838-1847년 기간의 자료를 통해 잉글랜드에서 법관에게 제출된 특허 청원이 어떤 결과로 이어졌는가를 보여 준다. 총 5,993건의 특허 청원이 이루어졌는데, 그 가운데 2,064건이 정지 요청의 대상이 되었고 1,687건에 대해서 청문회가 개최되었다. 정지 요청의 대상이 된 특허 가운데 181건, 즉 8.8%에

32 Bottomley(2014a), 51쪽.

표 6-3 잉글랜드 법관에게 제출된 특허 청원, 1838-1847년

연도	청원	정지 요청	청문회	거부	청원 수정	청원 승인	특허 출원
1838	480	154	127	25	38	417	394
1839	526	191	162	15	26	485	411
1840	567	210	157	13	34	520	440
1841	562	172	128	19	12	531	440
1842	524	187	158	11	18	495	371
1843	515	164	133	15	13	487	420
1844	662	222	194	23	15	624	450
1845	774	244	226	13	17	744	572
1846	650	201	179	18	10	622	493
1847	733	319	223	29	20	684	493
합계	5,993	2,064	1,687	181	203	5,609	4,484

자료: Bottomley(2014a), 56쪽.

대해서는 결국 특허 승인이 거부되었다. 또한 203건, 즉 9.8%에 대해서는 청원 내용에 수정이 가해졌다.[33] 이에 비추어 볼 때 특허 청원 과정이 단순한 등록 과정에 불과하다고 본 맥리오드의 주장은 타당하지 않다.[34] 표에 제시된 바와 같이 적지 않은 수의 특허 청원이 정지 요청의 대상이 되었고, 그 가운데 일부는 내용이 수정되거나 심지어 신청 자체가 거부되기도 했던 것이다. 따라서 영국에서 정지 요청 제도는 엉터리 내용을 담거나 이미 특허가 출원된 발명과 차별성이 없는 특허의 신청을 효과적으로 차단하는 역할을 상당한 정도 수행하였다고 판단할 수 있다.[35]

33 이런 결과는 1836년 이전에 특허 신청이 거부된 사례가 실질적으로 전무한 미국의 사례와 뚜렷한 대조를 보인다. Sokoloff(1988), 818쪽.

34 MacLeod(1988), 41쪽.

35 Bottomley(2014a), 56-57쪽.

특허 제도의 효과와 관련해 관심을 끄는 또 하나의 요인은 특허를 청원하여 최종적으로 승인을 얻기까지에 소요되는 비용이다. 18세기와 19세기에 발명가나 자본가가 특허를 얻기 위해서는 적지 않은 비용을 감수해야 하였다. 우선 사무 변호사는 1809년 기준으로 97파운드의 공식 수수료를 요구하였다. 1846년에는 공식 수수료가 95파운드로 하락하였지만 여전히 높은 수준이었다. 여기에 추가 부담이 필요한 경우도 많았다. 특허를 둘 이상의 파트너가 공유하는 형태로 청원하려면 1846년 기준으로 추가로 한 명당 18파운드를 내야 하였다. 특허의 효력을 국내만이 아니라 영국의 식민지까지 확장하려면 4파운드를 더 내야 하였다. 행정 처리를 빠르게 진행하기 위해서는 일종의 '급행료'로 추가 비용을 지불해야 하였다. 대리인에게 행정 업무를 대행시키기 위해서는 따로 10기니의 수수료를 부담해야 하였다. 특허 명세서를 준비하는 데에는 특별히 많은 비용이 소요되었다. 평균적으로 20파운드가 필요했다는 추정이 있는데, 그보다 10배나 비용이 든 사례도 여럿 보고된다. 특허 명세서의 길이와 그림을 첨부하느냐 여부에 따라 차이가 많이 발생하였다. 이런 여러 비용들을 다 합산하면 총비용은 145파운드가량이 된다. 구체

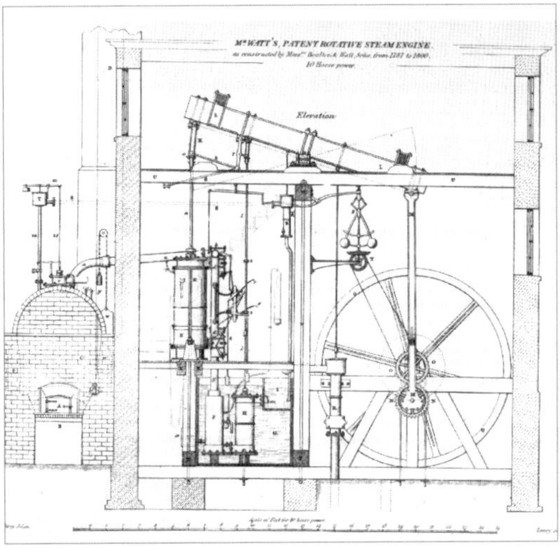

회전 기관의 구조도 와트가 개발한 회전 증기 기관은 동력의 전달을 수월하게 하는 효과가 탁월하였다. 특허 명세서에 발명품의 구조가 상세하게 묘사되어 있다.

적으로 1806년과 1846년의 총비용을 현재 가치로 환산하면 각각 약 11만 7,000파운드(한화 1억 9,000만 원)와 약 10만 7,000파운드(한화 1억 7,400만 원)에 달하였다. 이는 세계적으로 매우 높은 수준에 해당하는 수치였다.[36]

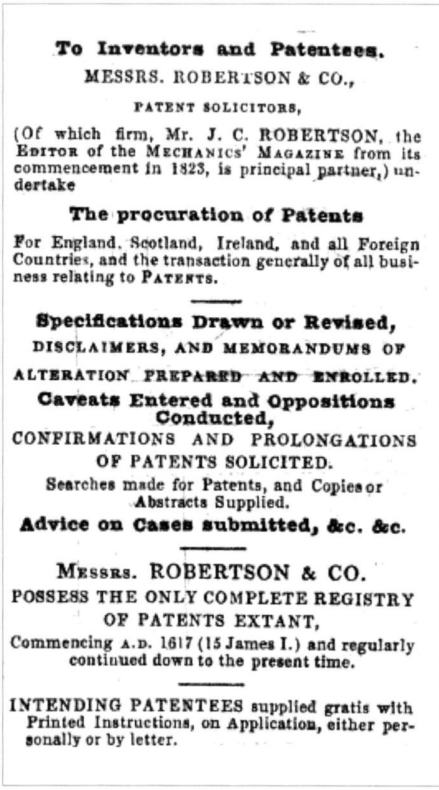

변호사 광고 특허 분야에 전문성이 있다고 강조하는 변호사 광고 문구.

이에 따라 영국의 특허 제도가 높은 비용 장벽 때문에 많은 발명가들에게 현실적으로 유용하지 못했다는 주장이 제기되곤 하였다. 실제로 1849-1851년의 특허 특별 위원회(Select Committee on Patents)에 출석한 다수의 증인들은 수수료를 낮추는 정책이 필요하다고 주장하였다. 그러나 이와 상반되는 주장도 있었다. 높은 비용 장벽은 엉터리 특허가 마구잡이로 청원되는 것을 막고 기술적 및 산업적으로 보호할 가치가 있는 것만을 특허 제도에 담는 역할을 한다는 것이다. 청원된 특허 내용에 대해 정지 요청을 하고 세밀한 조사를 실시하는 것도 이런 효과를 가져올 수 있다. 그러나 당시의 많은 발

36 Bottomley(2014a), 57-58쪽.

명가들과 자본가들은 자신이 보유한 기술이 이 과정에서 유출될 위험성에 대해 우려를 많이 하였다. 이 같은 우려가 현실적이었다면 비용 장벽이 상대적으로 나은 방어책이었다고 볼 수 있다.[37]

1852년의 특허법개정법은 특허 제도에 대한 접근성에 중대한 변화를 초래하였다. 영국 전역에 단일 특허 제도가 도입되어 잉글랜드, 스코틀랜드, 아일랜드 간의 각종 차이가 모두 소멸되었다. 특허 신청비가 통합되고 낮아진 것도 중요한 변화였다. 특허를 신청할 때 25파운드만을 내면 취득할 수 있게 되었고, 3년 후에 50파운드, 7년 후에 100파운드만 내면 그만이었다. 이렇듯 초기비용이 적게 들고 영국 전역에서 효력을 인정받게 되었기 때문에, 1853년부터 특허 건수는 급증할 것으로 기대할 만하였다. 실제로 1851년 455건이었던 특허 건수가 1853년에는 무려 2,187건으로 급증하였다. 이는 1852년 이전에 과도하게 높은 비용으로 인해 특허 신청을 주저한 혁신가가 많았음을 시사한다.

그러나 이렇게 결론을 내리기 전에 한 가지 더 고려할 사항이 있다. 1852년 이전에 신청된 특허와 해당 시점 이후에 신청된 특허를 질적으로 동일하게 볼 수 있는가 하는 것이다. 1852년 이전에는 특허가 신청된 후 6개월 이내에 특허 명세서가 제출되지 않은 경우가 5.4%였다. 이는 특허가 충분한 준비 없이 신청되었기 때문에 6개월이 지난 후에 신청자가 특허 신청 절차를 계속할 가치가 없다고 판단하였기 때문이다. 그러나 해당 시점 이후인 1853-1876년의 자료를 보면 특허 신청 6개월 이내에 특허 명세서가 제출되지 않은 경우가 34%로 크게 증가하였다. 이 시기는 특허 명세서의 길이와 무관하게 특허 명세서 제출

37 Bottomley(2014a), 57쪽.

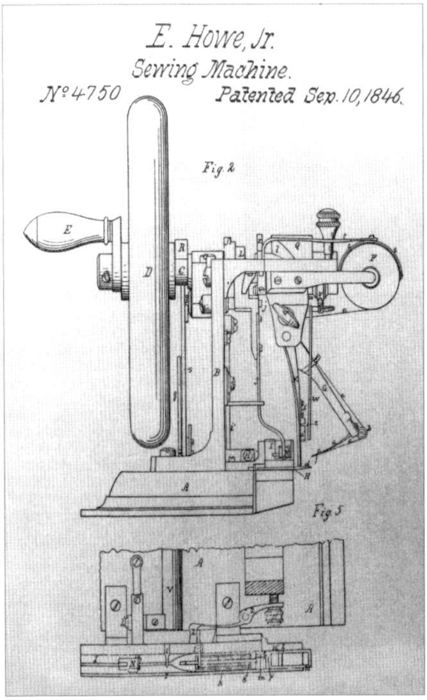

재봉기 특허 1846년에 특허 출원된 재봉기의 모습.

비용이 5파운드로 낮게 고정된 때였다. 낮은 비용에도 불구하고 6배나 많은 특허가 명세서 제출 없이 신청 과정이 종결되었다는 사실은 이 시기에 신청된 특허가 1852년 이전에 신청된 특허에 비해 질이 평균적으로 낮았음을 의미한다. 따라서 1852년 이전의 높은 행정 비용이 특허를 목표로 한 혁신 활동을 저해했다고 보는 것은 부적절하다. 높은 행정 비용이 양질의 발명만을 특허 신청 대상으로 삼게 만드는 효과가 있었기 때문이다. 만일 우리가 가상적으로 1852년 이전에 신청된 특허와 동질의 발명만을 선별할 수 있다면 1852년 이후에 신청된 특허의 수는 실제보다 크게 줄었을 것이다.[38]

대행업자의 영향

특허 제도가 실질적으로 얼마나 유효하게 작동했는가를 보기 위해서는

38 Bottomley(2014a), 64-65쪽.

특허 대행업자의 필요성 기술자 중에는 특허에 대한 지식과 시간이 부족한 이가 많았으므로 대행업자에게 의존해야 하는 경우가 많았다.

특허 신청을 대신해 주는 대행업자의 역할과 영향에 대해 살펴볼 필요가 있다. 이미 1852년 이전에 많은 수의 대행업자들이 활동을 하였다. 초창기에 활동한 대행업자는 대개 민간 의뢰인을 다양한 방법으로 도와주는 일반 공무원이었다. 의뢰자와 대행업자의 관계는 대행업자 특허에 관해 기술적 배경을 지닌 사람과 해당 특허의 행정 업무를 담당하는 공무원과의 공식적이 파트너십이라고 이해할 수 있다. 1850년을 기준으로 보면, 런던의 특허 대행업체 시장은 43%를 풀 앤드 카프맬(Poole & Carpmael)이 차지하고 있었고, 뒤를 이어 뉴턴사(Newton & Co.)가 24%, 그리고 로버트슨사(Robertson & Co.)가 13%를 담당하였다. 이들 세 기업이 강력한 과점 체제를 유지하는 가운데 20여 개의 특허 대행업체가 추가로 영업을 하였다.[39]

39 Bottomley(2014a), 66쪽.

특허 대행업자의 가장 기본적 업무는 발명가들이 특허 청원을 하는 과정에서 도움을 주는 것이었다. 대부분의 업자들은 특허 업무를 관장하는 관청들과 관련이 있었으므로 이런 업무를 수행하기에 적합하였다. 대행업자를 통하면 발명가는 개인적으로 여러 관청들을 돌아다니며 낯선 행정 업무를 보지 않아도 되었다. 그리하여 정지 요청에 따른 청문회에 출석해야 하는 것을 제외하고는 실질적으로 모든 일을 대행업자에게 맡길 수 있었다. 즉, 진술서를 작성하고, 대금을 지불하고, 특허 명세서를 작성하고 거기에 확인 서명을 하는 등의 거의 모든 행정 절차가 대행업자의 손에 의해 이루어졌다. 의뢰인들, 특히 런던 이외의 지역에 거주하기 때문에 특허 신청을 위해 런던으로 와서 짧지 않은 기간을 머물러야만 했던 지방 의뢰인들은 대행업자에게 의존하는 게 큰 힘이 되었다. 1840년대 말이 되면 런던에 거주하는 의뢰인조차도 대행업자에게 모든 업무를 맡기는 것이 보편화된 것으로 보인다.

대행업자의 전문성도 갈수록 높아졌다. 발명의 내용이 특허를 출원할 가치가 있는 것인지, 해당 발명을 새 발명으로 볼 수 있을 것인지, 특허 행정에 어떤 어려움이 예상되는지 등에 대해 기술적이고 상세한 자문을 제공할 수 있게 되었다. 대행업자는 의뢰인을 대신해서 자본가들 및 제조업자들과의 관계를 관리하는 역할도 담당하였다. 자금을 수혈 받거나 동업자가 될 기회로 관계가 발전하는 긍정적인 사례도 있었다.[40] 대행업자는 또한 특허를 유럽의 다른 국가들에서도 획득할 수 있도록 국제적 서비스도 제공하였다. 자신들이 구축해 놓은 해외 연결망을 통해 개별 국가의 특허 제도가 요구하는 특수한 조건들

40 Bottomley(2014a), 70-71쪽.

을 충족시켜 주는 역할을 수행하였다. 1847년 통계를 보면, 프랑스에서 취득한 특허 중에서 적어도 111건은 이미 영국에서 특허를 취득한 것이었다. 마찬가지로 벨기에에서 출원된 특허 가운데 81건은 이미 영국에서 출원된 것이었다. 해외 특허 출원은 발명가에게 종종 커다란 이익을 안겨 주었다.

가장 대표적인 사례가 양질의 철강을 저렴한 비용으로 생산하는 전로를 개발한 헨리 베세머(Henry Bessemer)였다. 그는 1856년 스페인에서 전로의 독점 사용권을 제공하는 대가로 5,000파운드라는 거금을 벌어들였다.[41] 마지막으로 대행업자는 최신 기술에 관한 잡지를 발간하는 책임을 지기도 하였다.[42] 이 잡지들이 중요한 이유는 수많은 특허 명세서를 수록하고 있기 때문이었다. 잠재적 발명가와 투자자들은 관청에 비싼 복사비를 지불하고서 특허 명세서를 얻

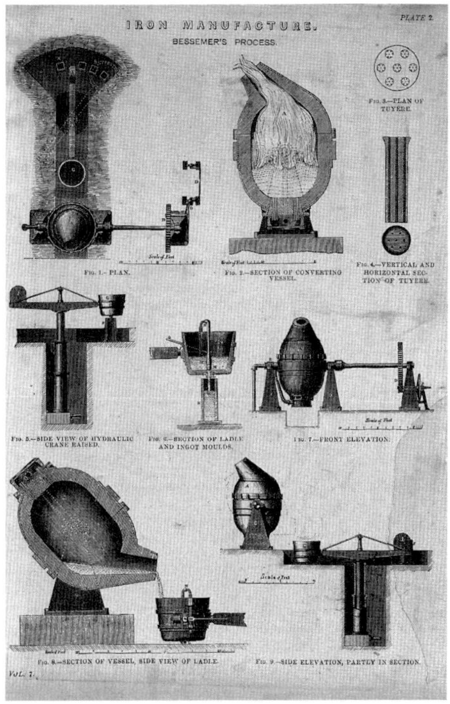

베세머 전로의 기술 헨리 베세머는 자신이 특허 출원한 전로의 사용권을 해외에 판매하여 큰 이익을 얻었다.

41 Pretel and Saiz(2012), 103쪽.

42 주요 잡지로는 *Repertory of Arts*, *London Journal of Arts and Sciences*, *Mechanics' Magazine*, *Practical Mechanics's Journal*, *The Patent Journal* 등이 있다.

는 대신에 이 전문 잡지들을 통해서 상세한 내용을 파악할 수 있었던 것이다. 공식적인 특허 데이터베이스가 없는 시절에 이 잡지들은 특허의 구체적 내용을 이해할 수 있도록, 그리고 특허가 중복되지 않도록 유용한 정보를 제공하였다.[43]

이상의 논의를 정리하면, 특허 대행업자는 영국에서 특허 제도가 원활하게 작동하는 데 중요한 기여를 하였다. 특허 청원을 준비하는 과정에서부터 특허를 신청하고, 심사를 받고, 최종 승인을 얻는 데까지 거의 모든 단계에서 대행업자는 의뢰인의 수고를 크게 덜어 주었다. 대행업자는 행정가로서의 전문성을 보유했음은 물론이고, 기술적 전문성을 바탕으로 특허 준비 중인 발명에 대한 평가, 자본가 및 생산업자와의 연결, 해외 특허 취득을 위한 정보와 편의 제공, 잡지 발간을 통한 기술 세부 사항 전파 등 다양한 역할을 수행하였다. 대행업자의 존재 덕분에 의뢰인은 발명과 개선 작업에 주력하고 행정적 · 법적 어려움을 피해 갈 수 있었던 것이다.

6.3. 특허권 시장의 분석

발명 활동을 장려하는 인센티브로서 특허를 살펴본 대표적인 학자는 케네스 애로우(Kenneth J. Arrow)였다. 그는 두 가지 가정을 제시함으로써 논의를 전개하였다. 첫째 가정은 발명의 초기에 드는 비용이 발명을 이용하려는 후발 주

43 Bottomley(2014a), 71-72쪽.

발명의 시행착오 새로 특허를 낸 증기 면도기가 제대로 작동하지 않는 사례를 들어 시대를 풍자한 그림.

자들의 모방 비용에 비해 훨씬 크다는 것이다. 둘째 가정은 발명이 비경합적인 속성을 지녔다는 것이다. 이런 가정 하에서 발명가는 발명 비용을 만회하는 규모의 이득을 얻을 수 없다. 따라서 이런 경제에서는 발명 활동이 사회적으로 최적인 수준보다 적게 이루어지게 된다. 그런데 특허는 특정인의 발명을 다른 사람들이 유용하지 못하도록 강제하는 역할을 하므로, 발명가가 독점적인 이윤을 누릴 수 있게 만든다. 이에 따라 발명이 과소 생산되는 사회적 문제를 해결할 길이 열리게 된다고 애로는 지적하였다.

특허의 가치는 발명가가 특허권을 지속적으로 보유하는 데에서 발생하는 것만은 아니다. 특허권을 소유한 이가 이를 다른 사람이나 기업에게 이전하고 그 대가를 받는 기회가 열려 있다면 특허의 가치는 이런 기회가 닫혀 있는 경우보다 높아질 것이다. 특허권을 이전하는 방식은 크게 세 가지로 볼 수 있다.

첫째는 특허 전체를 판매해 버리는 것이고, 둘째는 파트너십 등을 통해 특허권의 일부만을 넘기는 것이며, 마지막은 특허된 기술을 사용하기 원하는 이에게 라이선스를 제공하는 것이다.

특허는 비밀주의, 즉 법적인 보호 장치에 의존하지 않고 내밀한 기술적 비밀을 간직하는 행위에 비해 기술의 이전이 용이하고 명확하다. 비밀주의에 입각해 기술을 타인에게 넘기는 경우 여러 불확실성이 발생한다. 무엇보다도 비밀의 대상이 되는 내용이 무엇인지 명확하게 확인할 수가 없다. 특허의 경우 특허 명세서에 기술의 정확한 내용이 기술되어 있다는 점과 대조를 이루는 부분이다. 소유자가 비밀을 다른 사람에게 추가적으로 팔지 않겠다는 보장을 받을 길이 없다는 점도 비밀주의의 한계이다. 비밀이 누구로부터 누구에게로 전해지는가를 확인하고 통제할 방법이 없다는 것이다. 마지막으로 비밀주의를 고수하면 외부로부터 투자를 받을 길이 좁아진다. 투자가에게 기술의 내용을 자세히 설명할수록 투자를 유치할 가능성이 높아지는데, 비밀주의로서는 특허와 달리 지식 재산권의 사적 소유의 이전이라는 방법을 통해 이 문제를 극복할 수가 없다. 이상의 논의를 놓고 볼 때, 특허는 비밀주의에 비해 타인에게 이전하는 것이 용이하고 통제 가능하다는 장점을 지녔다고 결론을 내릴 수 있다. 이 분야에 대한 자세한 연구들에 의하면 비밀주의에 입각한 기술 이전은 의약과 화학과 같이 지극히 국한된 분야에서만 어느 정도 이루어졌던 것으로 보인다.[44]

그렇다면 구체적으로 영국에서는 특허권 시장이 얼마나 개방되고 발달해

---

44 Bottomley(2014a), 7장.

있었을까? 이에 대해 경제사학자들의 견해는 엇갈린다. 더튼은 법정에서 소송이 이루어진 사례들을 검토하였는데, 1830-1849년 기간에 소송을 당한 특허 가운데 22%가 권리 이양된 것이었다고 밝혔다. 1835-1852년 기간의 다른 소송 기록에서도 권리 이양의 비율이 25%로 나타났다고 그는 주장하였다. 그러나 더튼의 주장은 비판의 여지를 남기고 있다. 법정에서 다툼을 벌인 사례들은 경제적 가치가 높은 특허의 경우일 가능성이 높으므로, 이들에서 발견되는 권리 이양 비율을 일반화하는 데에는 무리가 따르기 때문이다. 하지만 권리 이양의 사례가 많이 발견된다는 사실은 특허권 시장이 상당히 높은 수준으로 활성화되어 있었을 가능성을 보여 준다는 점은 분명하다.

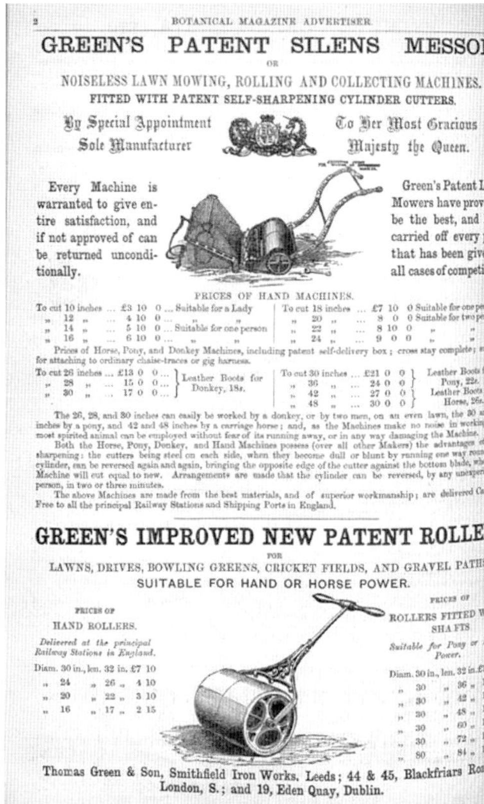

특허 상품의 광고 특허 제도는 개발품의 시장성에 영향을 끼친다. 1866년 한 잡지에 실린 특허 받은 제초기와 롤러 광고.

맥리오드는 영국에서 특허권이 불안정했다고 보았는데, 이 논리의 연장선상에서 특허권의 이전도 제대로 이루어지지 않았을 것이라고 주장하였다.

특허권을 법원이 충분히 보호해 주지 않았기 때문에 기업가들이 특허의 유효성을 의심하는 경우가 많았다는 것이다. 따라서 기업가들은 비밀주의에 비해 특허가 나은 면을 별로 찾을 수 없었을 것이라고 맥리오드는 분석하였다.

더튼과 맥리오드의 주장 가운데 어느 것이 현실에 더 가까웠을까? 우선 우드크로프트의 특허 목록을 살펴보자.[45] 특허를 출원할 때 청원자는 통상적으로 자신의 직업을 밝히도록 되어 있었다. 우드크로프트의 특허 목록에는 청원자의 직업이 특허의 내용과 연관되지 않은 사례가 많이 나타난다. 예를 들어, 1790년부터 1830년까지 기간에 섬유 산업 부문의 특허 가운데 절반가량만이 섬유 산업 종사자에 의해 취득이 되었다. 특허권자들이 이 섬유 산업에 종사하지 않으면서 특허를 보유했다는 사실은 특허권 거래가 활발하게 이루어졌다는 사실을 방증한다고 볼 수 있다.

근래의 연구들은 더튼의 주장이 맥리오드의 주장보다 현실에 더 가까웠을 것이라고 인정하는 경향을 보이고 있다. 예를 들어, 특허에 관한 권리 이양이나 라이선스 설정에 있어서 법적인 제약의 거의 없었다고 한다. 즉, 특허권자는 권리 이양 혹은 라이선스에 대한 보답으로 어떤 형태의 대가이든 당사자 간의 협상을 통해 결정할 수 있었다. 또한 라이선스를 제공할 때 특정인이 독점적으로 사용하도록 배타적으로 라이선스를 부여할 수 있었다. 배타적 라이선스를 주되 지역을 한정하는 것도 가능하였다. 파트너십도 특허와 관련해 자주 사용된 사업 형태였다. 발명에 대해 기술적 전문성을 가진 특허권자를 자본가나 제조업자와 연결해 주는 가장 일반적인 방식이 파트너십이었던 것이다.

45 Woodcroft(1855).

그리고 파트너십은 당사자들 간의 계약에 따라 자유롭게 내용을 구성할 수 있었기 때문에 여러 모로 편리하였다. 이를 종합해 보면, 권리 이양과 라이선스에 대하여 당시의 법은 허용의 폭을 넓게 유지하였기 때문에 특허권자와 이해당사자들은 기술적 특성과 사업적 필요성에 따라 다양한 방식으로 조정이 가능하였다. 법이 특허권의 거래를 막는 경우는 매우 적었고 특허권자 및 이해당사자들에게 적절한 보호를 제공한 사례가 훨씬 많았다는 것이 연구자들의 평가이다.[46]

46 Bottomley(2014a), 216-218쪽.

Chapter 7

산업별 분석

7.1. 직물 공업

7.2. 석탄 공업

7.3. 철강 공업

Chapter 7

산업별 분석

7.1. 직물 공업[1]

영국과 인도 면직 공업의 대역전[2]

영국이 면직물 분야에서 전통의 강자 인도를 무릎 꿇리고 세계 시장을 지배하게 되는 과정을 자세히 살펴보자. 근대 초기를 통해 세계 면직물 시장을 주도했던 국가는 인도였다. 인도는 원면의 공급이 국내적으로 가능했고, 방적과 방직을 담당할 인력이 풍부했다는 장점을 지니고 있었다.

당시 인도는 질이 낮은 면직물부터 최상급 면직물까지 모두 생산하는 체제를 구축하고 있었다. 거친 제품은 주로 지방의 시장에서 판매되었는데, 전국적으로 이 시장 네트워크가 작동하였다. 고급 제품은 대부분 구자라트, 펀자브, 코로만델 해안, 벵골의 네 지역에서 생산되었는데, 이들은 다른 지역으로 장거리 판매되거나 해외로 수출되었다. 구자라트의 생산품은 대개 홍해의

1 이 절의 논의는 송병건(2016)에서 부분적으로 발표되었다.

2 이 부분은 Broadberry and Gupta(2009)에 주로 의존한다.

인도의 방직업자 18세기까지 인도의 면직물은 세계 시장을 장악한 최대의 수출 품목이었다.

항구로 판매되었고, 펀자브의 생산물은 육로를 통해 지금의 아프가니스탄, 이란 동부, 중앙아시아 등으로 수출되었다. 코로만델 생산품은 동남아시아를 주요 수출 시장으로 삼았고, 벵골은 주로 인도 북부를 향했다. 17세기부터 영국과 네덜란드의 동인도 회사들이 무역 파트너로 등장하면서 인도의 면직물은 대량으로 유럽 시장에 판매되었다. 이 시기까지 영국의 면직업은 인도의 면직업과는 경쟁을 하지 못하는 수준이었다.

그러나 이후 영국의 면직업은 점차 성장하였다. 특히 18세기에 들어선 후 면직물 생산이 늘고 수출도 증가하였다. 표 7-1은 1697-1850년 기간의 영국 면직물 수출액 추이를 보여 준다. 미미한 금액에 불과하던 수출액은 1750년대부터 빠른 속도로 증가하기 시작하였다. 1780-1809년에는 특히 가파른 성장세를 보였다. 전반적으로는 1850년까지 면직물 수출액이 지속적으로 증가하였다.

면직물 생산 강국인 인도를 의식한 영국의 행보는 일찍 시작되었다. 1690년에 이미 인도산 면직물에 대해 수입 관세를 부과하였다. 하지만 관세율이 낮아 큰 영향을 끼치지는 못하였다. 1701년에는 영국이 강력한 정책을 도입하였

표 7-1 영국의 면직물 수출액, 1697-1850년

(단위: 1,000파운드)

기간	수출액	기간	수출액
1967-1969	16	1770-1779	246
1700-1709	13	1780-1789	756
1710-1719	8	1790-1799	2,626
1720-1729	16	1800-1809	8,352
1730-1739	14	1810-1819	18,845
1740-1749	11	1820-1829	29,830
1750-1759	86	1830-1839	51,605
1760-1769	227	1840-1849	85,947

주: 1697년 공식 가격을 기준으로 계산한 연평균 가치.
자료: Broadberry and Gupta(2009), 283쪽.

다. 이른바 '캘리코법'을 제정함으로써 날염된 캘리코와 일부 면직물에 대해 수입을 전면 금지하였다. 1721년에는 규제가 더욱 강화되었다. 이전까지는 영국 내에서 날염을 위해 흰색 면직물을 수입하는 것은 허용되었지만, 이제는 재수출용을 제외하고는 이것조차도 금지하였다. 이 금지 조치는 1774년에 폐지될 때까지 계속해서 실시되었다. 영국의 면 공업에게 중요한 보호막으로 작용했다는 데에 많은 학자들이 동의한다.[3]

표 7-2를 보면, 영국의 인도산 면직물 수입이 18세기 말까지 증가 추세를 보였으며 19세기에 들어서면서 감소세가 나타났다. 재수출도 대체로 유사한 양상을 보였다. 가장 눈에 띄는 특징은 수출액의 추이에서 나타난다. 18세기 중반까지 10만 파운드에 채 이르지 못하던 수출액이 이후 급격한 증가세를 보였다. 1800년대에 1,000만 파운드 이상을 수출했으며, 1830년대에는 2,000만 파

3 대표적으로 O'Brien, Griffiths, and Hunt(1991).

표 7-2 **영국의 인도산 면직물 수입액, 재수출액, 영국산 수출액, 1663-1856년**

(단위: 1,000파운드)

기간	수입액	재수출액	수출액
1663-1669	182		
1699-1701	367	340	20
1722-1724	437	484	18
1752-1754	401	499	83
1772-1774	697	701	221
1784-1786	1,344	395	797
1794-1796	1,687	1,148	3,801
1804-1806	823	777	16,339
1814-1816	515	433	18,994
1824-1826	363	430	17,375
1834-1836	347	406	22,398
1844-1846	478	450	25,835
1854-1856	481	532	34,908

주: 1663-1774은 1697년 공식 가격을 기준으로 계산한 연평균 가치; 1784-1856은 현재 가격으로 계산한 연평균 가치.

자료: Broadberry and Gupta(2009), 283쪽.

운드를 상회했고, 1850년대에는 무려 3,000만 파운드를 넘었다.

18세기 중반까지 인도와 경쟁할 위치에 서지 못했던 영국이 면직물 생산에 본격적으로 나서게 된 것은 기계를 발명하고 도입한 사실과 관련이 깊다. 특히 1770년대부터 영국의 면직물 수출이 괄목할 만한 성장세를 기록했다는 사실에 주목하자. 인도가 전통적인 노동 집약형 생산 형태를 계속 유지한 것과 달리, 영국이 기계화에 나서게 된 데에는 생산 요소의 가격 조건이 가장 직접적으로 작용하였다.

우선 임금 수준을 비교해 보자. 표 7-3은 면직공의 주급에 대한 영국 랭커셔 지방과 인도의 추계를 담고 있다. 1680년경에 영국이 인도보다 4배 높은 주

표 7-3 영국과 인도의 면직공 주급, 1680년경-1820년경 (단위: 실링(s.)/펜스(p.))

연도	(1) 랭커셔	(2) 인도	(1)/(2) (%)
1680년경	6 s./0 d.	1 s./6 d.	400
1770년경	6 s./11 d.	1 s./6 d.	460
1790년경	13 s./3 d.	2 s./0 d.	663
1820년경	10 s./4 d.	2 s./0 d.	517

자료: Broadberry and Gupta(2009), 288쪽.

표 7-4 영국과 인도의 원면 가격 비교, 1710-1830년 (단위: 파운드당 펜스)

연도	(1) 영국	(2) 인도	(1)/(2) (인도=100)
1710	8	4.4	182
1740	9	4.6	196
1792-1793	24	5.0	480
1802-1803	13	6.3	206
1812-1813	15	6.3	238
1822-1823	8	6.3	127

자료: Broadberry and Gupta(2009), 291쪽.

급을 기록했는데 그 후 1790년경에 6.6배까지 증가했다가 1820년경에는 5.2배 수준을 보인 것으로 나타났다. 영국과 인도의 면직물 시장 지배력이 역전되던 시기에 대체로 영국의 임금이 인도보다 5배가량 높았다고 이해할 수 있다.

다음으로 가격을 비교할 생산 요소는 원면(raw cotton)이다. 인도는 지역적인 공급망을 가지고 있었으므로 해외로부터의 수입에 의존해야 하는 영국에 비해 원면 가격이 낮았다. 전쟁으로 인해 원면 수입에 차질이 생겼을 때에는 영국에서 원면 가격이 인도에 비해 4.8배나 되었지만, 그 밖에는 대체로 2배 내지 그 이내에 머물렀다. 표 7-4에 구체적인 수치가 기록되어 있다. 특히 미국의 혁명 전쟁과 나폴레옹 전쟁이 모두 종료된 시기인 1820년대부터는 가격차가 30% 이내를 기록했음을 알 수 있다.

험프리스의 비판

영국이 고임금 경제였기 때문에 기계를 집약적으로 사용하는 형태의 기술을 일찍 받아들이게 되었다는 앨런의 주장에 대해 비판을 가한 대표적인 학자로 제인 험프리스(Jane Humphries)를 들 수 있다.[4] 험프리스는 당시 영국이 다른 경쟁국들에 비할 때 상대적 임금 격차가 크지 않았다고 주장하였다. 특히 가계의 인구 구성 및 여성 노동과 아동 노동의 역할에 주목하면서 실제 영국 노동자 가계의 소득이 그다지 높지 않았다는 주장을 폈다. 성인 남성이 가장인 가계의 비율이 높지 않았기 때문에, 성인 남성의 임금을 기초로 산정한 가계 소득과 가처분 소득이 비현실적으로 높게 설정된다는 것이다. 임금이 훨씬 낮은 여성과 아동을 고려할 때 영국은 전체적으로 고임금 경제로 보기 어렵다는 주장이다. 험프리스는 앨런이 평균 가계 규모를 실제보다 두드러지게 작게 추계함으로써 가계 구성원들의 생존에 필요한 소득을 과소평가하는 오류를 범했다고 주장하였다. 그녀는 여성들이 평균 다섯 내지 여섯 명이 자녀를 키웠다고 말하였다.

험프리스는 표 7-5에 수록한 스티븐슨(T. H. C. Stevenson)의 통계를 인용하였다. 19세기 중반에서 1881년에 이르는 기간에 농업 노동자는 6.7명 내지 7.9명

4 Humphries(2013).

표 7-5 영국의 업종별 노동자들의 평균 출생 아동 수와 생존 아동 수

혼인 연도	농업 노동자		광업 노동자		직물 노동자	
	출생 아동 수	생존 아동 수	출생 아동 수	생존 아동 수	출생 아동 수	생존 아동 수
-1861	7.94	5.68	8.23	5.00	7.36	4.73
1861-1871	7.28	5.55	8.27	5.50	6.71	4.51
1871-1881	6.70	5.36	7.76	5.44	5.84	4.18

자료: Stevenson(1920), 414-415쪽.

의 아이를 낳았고 그중에서 5.4명 내지 5.7명이 생존하였다. 광업 노동자의 경우 7.7명 내지 8.3명의 아이를 낳았고 5.0명 내지 5.5명이 생존하였다. 직물 노동자의 경우 해당 수치가 각각 5.8명 내지 7.4명과 4.2명 내지 4.7명이었다. 이 수치는 캠브리지 인구사·사회 구조 그룹(Cambridge Group for the History of Population and Social Structure)에서 훗날 가족재구성법(Family Reconstitution)을 사용하여 보다 정확하게 추계한 수치와 대략적으로 일

백인 노예 처지 당시 공장에서는 수많은 아이들이 고용되어 있었다. 이들은 저임금과 학대에 시달렸기 때문에 백인 노예라는 비유의 대상이 되었다.

표 7-6 가족 구성원별 FAO 에너지 요구량

(단위: kcal)

가족 구성	FAO 에너지 요구량
성인 남성	2,650-2,950
성인 여성	2,250-2,500
임산부	2,532-2,782
모유 수유 여성	2,925-3,175
7-9세	1,762
4-6세	1,412
1-3세	1,037

자료: Humphries(2013), 700쪽.

치한다.[5] 여기에서 알 수 있는 사실은 영국 가계가 평균적으로 많은 수의 아동을 양육하고 있었고, 여성이 임신 중이거나 모유 수유 중인 상태에 놓인 기간도 길었다는 점이다.

한편, 여성과 아동 각자에게 필요한 열량도 앨런이 가정했던 것보다 높았을 것이라고 험프리스는 주장하였다. UN의 FAO(식량농업기구)에서 추정한 인간의 에너지 요구량을 기초로 작성한 표 7-6을 보면, 성인 남성에 비해 성인 여성, 특히 임신 중인 여성에게 필요한 에너지 요구량은 많이 적지 않았고 심지어 모유 수유 중인 여성의 에너지 요구량은 성인 남성보다도 컸다. 아동도 생각보다 에너지 요구량이 많은 편이었다. FAO가 에너지 요구량을 산정한 시기와 산업 혁명 시기와는 좁지 않은 시간적 간극이 존재하지만, 가족 구성원 간에 필요한 상대적인 에너지 요구량은 크게 다르지 않았을 것이다.

앨런은 영국의 가계당 에너지 요구량을 추정하면서 성인 남성의 에너지

5 Humphries(2013), 704-705쪽.

여성 노동의 고용 1830년대 랭커셔의 면직 공장에서 많은 여성 노동자들이 일하고 있다. 여성 노동의 성격에 관해서 학자들은 논쟁을 벌인다.

요구량에 3을 곱하는 방식을 취하였다. 그런데 험프리스의 분석은 가계 구성원의 규모가 앨런의 예상보다 크며 여성과 아동의 에너지 요구량도 생각보다 많음을 보여 주었다. 달리 말하자면, 가계 소득에서 가계 구성원의 에너지 요구량을 충족시키기 위해 지불되는 금액을 제외한 액수를 앨런은 실제보다 크게 생각했다는 것이다. 험프리스의 분석에 따르면 이 금액은 대다수의 가계에서 실제로 별로 크지 않았다. 결국 영국을 고임금 경제로 보고 논의를 진행한 앨런의 분석 방법에 중대한 요소가 있다고 험프리스는 지적한 것이다.[6]

험프리스는 또한 영국의 수많은 가계는 성인 남성이 이끄는 형태가 아니

6 Humphries(2013), 698-703쪽.

었다고 주장하였다. 래슬릿(P. Laslett)의 연구에 따르면 근대 초기 영국 농촌 지역에서 조사된 전체 가족 중 20.7%가 편부 혹은 편모 가정이었다.[7] 그 가운데 편모 가정이 편부 가정보다 월등히 많았다. 대도시라고 볼 수 있는 브리스톨을 배경으로 한 연구에서 홀맨(J. R. Holman)은 편부 혹은 편모 가족의 비율이 24%라고 추정하였으며, 여기에서도 편모 가정이 비율이 더 높았다고 밝혔다.[8] 여성이 가장인 가계 이외에 부모 없이 아이들로만 구성된 가계, 아이들의 생존이 교회나 자선 단체나 친척에게 맡겨진 가계 등도 많이 있었다. 따라서 성인 남성이 가장인 가계를 표준으로 삼은 앨런의 접근법에 문제가 있다고 험프리스는 지적하였다.[9]

성인 남성이 가장인 경우라도 생애 주기에 있어서 그가 부양가족에게 필요한 소득을 충분히 벌지 못하는 단계도 생각해야 한다고 험프리스는 덧붙였다. 소득이 부족한 경우 돈벌이를 하는 가장에게 상대적으로 많은 식량을 제공하고 다른 가족들은 적게 음식을 섭취했을 수 있다. 그렇지 않으면 아내와 아이들을 고용 시장으로 내보내는 방법도 있었다. 여성과 아동이 노동 시장에서 남성에 비해 훨씬 낮은 임금을 받았다는 사실은 널리 알려져 있다.[10]

험프리스는 기계화와 혁신에 대해서 특히 인상적인 주장을 펼쳤다. 그는 산업 혁명 시기에 기계가 대체한 것은 숙련된 성인 남성 노동력뿐이었다고 강조하였다. 새로운 공장은 모든 노동력을 기계로 대체한 것이 아니며, 오히려 여성과 아동 노동은 더 많은 고용 기회를 가졌다는 것이다. 일부 공장주는 임

7 Laslett(1972), 13쪽.
8 Holman(1975), 41쪽.
9 Humphries(2013), 706쪽.
10 Humphries(2013), 708-709쪽.

금이 높고 다루기 힘든 성인 남성 노동을 대신해서 임금이 낮고 순종적인 여성과 아동을 고용할 수 있다는 장점을 발명과 혁신이 가져다주는 최고의 선물이라고 생각하였다. 리처드 아크라이트가 당시에 악명을 떨친 것도 다름 아니라 수많은 아이들을 힘들고 위험한 공장으로 끌어들였기 때문이었다. 이렇게 볼 때 앨런의 분석은 노동 전체를 단일한 속성을 가진 것으로 여기는 오류를 범하고 있는 것으로 험프리스는 파악하였다.[11]

앨런의 반박

험프리스의 비판에 대해 앨런은 어떻게 반박했을까? 앨런은 험프리스가 산업 혁명을 저임금 경제와 연관 짓는 전통적 해석에 집착하고 있다고 보았다. 산업 혁명 기간에 노동자층이 심한 빈곤에 시달렸고, 여성과 아동이 남성에 비해 더 큰 고통을 당했으며, 이들의 값싸고 풍부한 노동 공급이 공장의 도입과 기계화를 이끄는 기반을 제공했다는 험프리스의 주장이 타당하지 않다고 앨런은 반박하였다. 산업 혁명은 18세기 영국 경제의 고임금 체제로부터 출발했다는 주장을 앨런은 굽히지 않는다. 그에 따르면 영국의 노동자들은 산업 혁명 이전부터 비교적 고임금을 받았으며, 여성과 아동의 생활 수준도 높은 편이었다. 또한 고임금의 노동을 저렴한 에너지로 대체함으로써 영국 경제는 생산 비용을 절감할 수 있었기 때문에 공장 기계화가 이루어졌다고 그는 주장하였다.[12] 앨런의 주장을 더 자세히 살펴보자.

---

11 Humphries(2013), 709-711쪽.
12 Allen(2015).

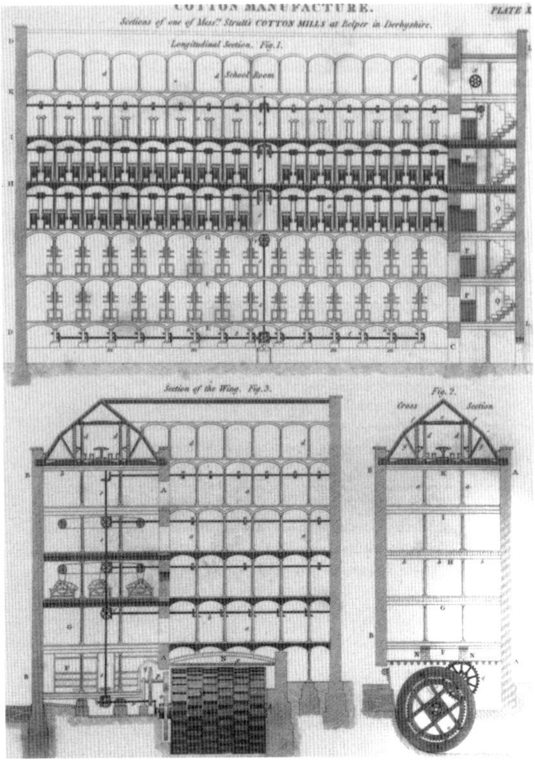

면직 공장의 구조 더비셔에 건설된 면직 공장의 내부 구조. 수력으로 작동하는 기계들이 공장을 가득 채우고 있다.

첫째, 험프리스는 앨런의 분석이 가부장적인 기준에 따라 이루어졌다고 보았다. 즉, 앨런이 남성이 생계를 책임지는 가정을 기준으로 분석을 진행했는데 이것이 실제 역사상에 부합하지 않는다고 험프리스는 지적하였다. 가족의 형태는 다양하였고 가족을 부양하는 남성이 부재한 사례도 많았다고 그녀는 강조하였다. 사실 많은 수의 아동이 고아였으며, 여성과 아이들의 수익은 조사에 포함되지 않았다. 즉, 그녀는 앨런이 사용한 모형이 여성과 아동을 부양하는 남성 중심으로 만들어져 있다고 지적하면서 이는 적절하지 못한 분석이라고 주장하였다. 이에 대해 앨런은 지배적인 가족 형태를 무시할 수는 없다고 반박하였다. 험프리스가 연구한 584명 가운데 433명, 즉 74%의 아동들이 아버지가 존재하는 가정에서 자랐다는 점을 앨런은 지적하였다. 따라서 노동자층 수익의 대부분이 남성 부양자로부터 얻게 되는 것이

표 7-7 영국과 프랑스의 실질 임금, 1833년

구분	영국 임금 (페니/일)	프랑스 임금 (프랑/일)	영국 실질 임금	프랑스 실질 임금	영국/프랑스
남성	35.1	2.13	7.61	5.12	1.49
여성	16.5	1.00	3.58	2.40	1.49
아동	9.9	0.62	2.15	1.49	1.44

자료: Allen(2015), 10쪽.

사실이라는 주장이다. 또한 통상적으로 남성은 전체 가계 수입 중에서 70-80%를 벌고, 여성과 아동은 대략 20%를 벌었는데, 이중에서 여성보다는 아동이 훨씬 크게 기여를 했다고 밝혔다. 이런 사정을 염두에 두고 볼 때, 남성의 수익을 기준으로 삶의 질을 평가하는 것은 별 문제가 되지 않는다고 앨런은 설명하였다.[13]

둘째, 앨런은 영국의 노동자들이 다른 국가들의 노동자들에 비해 높은 소득을 얻었다고 주장하였다. 이는 남성 노동자만이 아니라 여성 노동자와 아동 노동자의 경우도 해당한다고 그는 강조하였다. 이를 보이기 위해 앨런은 비교 가능한 자료가 풍부한 프랑스의 경우를 영국과 비교하였다.[14] 그 결과가 표 7-7에 정리되어 있다. 1833년을 기준으로 볼 때 영국 남성 노동자는 프랑스 남성 노동자보다 실질 임금이 49% 높았다. 또한 여성 노동자의 경우에도 영국이 프랑스보다 49% 높은 실질 임금을 보여 주었다. 아동 노동자의 경우 영국의 실질 임금이 프랑스의 실질 임금에 비해 44% 높은 것으로 나타났다. 요약하자면 남성 노동자, 여성 노동자, 아동 노동자 모두 영국인이 프랑스인에 비해 훨씬 높

13 Allen(2015), 2-4쪽.
14 자료의 자세한 속성에 관해서는 Allen(2015), 9-10쪽.

은 수준의 소득을 누렸다는 것이다.

셋째, 기술의 노동 대체에 관해서도 앨런은 험프리스의 주장을 반박하였다. 1770-1780년대에 등장한 하그리브스의 제니 방적기와 아크라이트의 수력 방적기는 어느 정도 여성과 아동 노동을 대체한 게 사실이지만, 1780년대에 등장한 크롬프턴의 뮬 방적기의 경우에는 여성과 아동 노동이 아니라 오히려 남성 노동을 대체했다는 것이다. 즉, 험프리스의 주장과는 달리 남성의 높은 임금 수준이 기술 변화를 촉진한 배경을 이루었다고 앨런은 험프리스에 대해 반박했던 것이다.

넷째, 여성 노동자의 남성 노동자 대비 소득에 관해서도 앨런은 논박을 이어 나갔다. Muldrew(2012)는 16세기부터 18세기 중반에 이르는 기간에 여성 방적공의 수입에 관한 자료를 모아 분석한 바 있다. 앨런은 이 분석 결과를 이용해 여성 방적공의 임금을 잉글랜드 북부의 건설 노동자 임금 자료와 비교하여 그림 7-1의 그래프를 얻었다. 16세기와 17세기에는 여성 방적공이 남성 건설 노동자의 약 1/3에 해당하는 수입을 얻었다. 17세기 말부터 이 비율이 상승하기 시작하여 1750년대가 되면 여성 임금이 남성 임금의 2/3에 이른다. 이 비율은 당시 다른 국가들에 비해 매우 높은 수준이었다. 영국에서 여성이 고임금 경제에 참여하고 있었을 뿐만 아니라, 잉글랜드 북부에서는 여성의 임금이 점차 상승하는 추세를 보이고 있었다. 1770년대부터 기계화가 이루어진 이후에 여성의 상대적 임금은 하락하게 된다.[15] 이상의 논의는 험프리스가 염두에 두었던 남녀 임금과 기계화의 관계가 실제와 매우 달랐음을 의미한다.

15 Allen(2015), 15쪽.

그림 7-1 건설 노동자 수입과 비교한 방적공 수

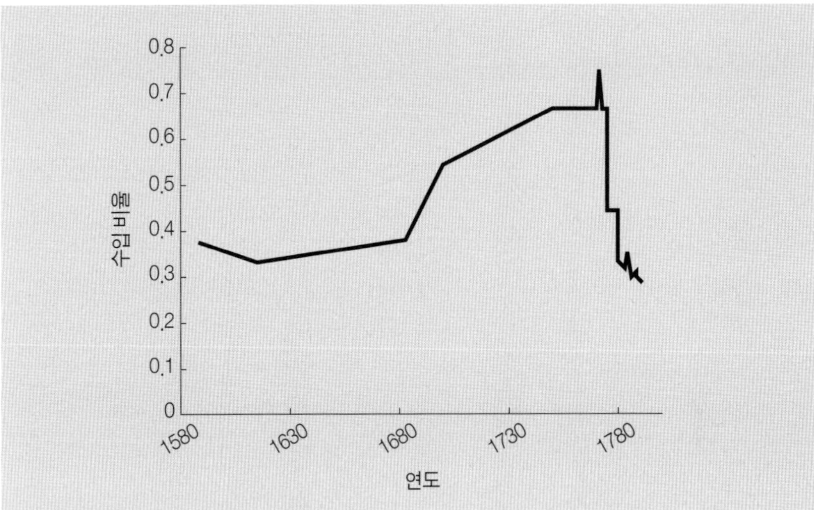

자료: Allen(2015), 15쪽.

여성 방적공의 임금 추이에 대해 좀 더 살펴보자. 방적공의 소득이 증가한 것은 양모와 린넨 산업의 증가와 관련이 있다. 표 7-8은 Muldrew(2012)의 자료에 기초하여 1500-1770년까지의 모 방적량과 이를 생산하기 위해 필요한 방적공의 수, 25-59세 범위에 있는 여성 인구, 그리고 마지막으로 이 연령대 여성 인구 가운데 필요 방적공이 차지하는 비율을 차례로 보여 준다. 먼저 모 방적량은 1500-1770년 기간에 약 6배 증가하였다. 한편, 필요 방적공은 '기혼 여성 방적공으로 계산한 변환치'인데, 1500-1770년에 약 8만 9,000명에서 약 78만 6,000명으로 14배의 상승을 보여 주었다. 같은 기간 25-59세 여성의 수는 약 49만 명에서 약 127만 명으로 3배 이하의 증가에 머물렀다. 그 결과 25-59세 여성 인구 중 필요 방적공이 차지하는 비중은 1500년 18%에서 1770년 62%로 크게 증가하였다.

표 7-8 **방적과 여성 인구, 1500-1770년**

연도	모 방적량	필요 방적공(인)	25-59세 여성 인구(인)	비율(%) (2)/(3)
1500	14.0	88,889	487,500	18
1590	35.5	225,083	770,480	29
1615	48.0	338,427	889,120	38
1640	44.7	342,299	1,062,134	32
1700	57.0	495,974	1,106,688	46
1750	71.6	651,038	1,194,601	54
1770	86.4	785,627	1,270,542	62

자료: Allen(2015), 16쪽.

특히 18세기에 방적공을 수요하는 노동 시장이 크게 팽창하였다.[16]

방적공의 수입 증가는 기계를 도입할 유인이 커졌다는 의미였다. 만일 우리가 제니 방적기와 수력 방적기를 실제와 다른 시점에 도입했다는 반(反)사실적 가정을 세우면 어떤 결과가 도출될까? 그림 7-2는 이런 가정 하에 계산된 예상 수익률을 보여 준다. 제니 방적기를 대상으로 하는 경우 1700년 이전에는 예상 수익률이 한 번도 3%를 넘지 못하였다. 1700년에 이 수치가 20%로 급증하였고 절정기인 18세기 중반에는 33%에 이르렀다. 이 증가를 낳는 핵심 요인이 바로 여성 임금의 상승이었다. 수력 방적기를 대상으로 동일한 분석을 해보자. 1700년 이전에는 예상 수익률이 3%를 밑돌다가 18세기 중반에는 20%로 급증하게 된다. 제니 방적기의 경우보다 증가의 폭은 작지만 전체적인 추이는 대동소이하다.[17]

16 Allen(2015), 15-16쪽.
17 Allen(2015), 16-17쪽.

그림 7-2 **제니 방적기와 수력 방적기를 다른 시점에 가동했다는 가정 하의 예상 수익률**

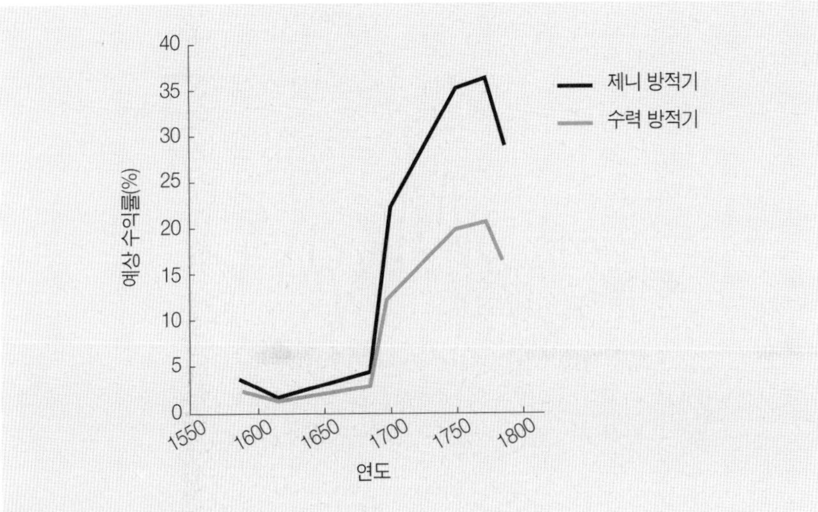

자료: Allen(2015), 17쪽.

19세기 전반 섬유 공업의 기계화는 구조적 실업(structural unemployment)을 낳았다. 기술 변화의 추세에 의해 야기된 실업이었던 것이다. 그 효과는 얼마나 컸을까? 그림 7-3은 산업 혁명 기간을 거치면서 세 직업에 종사한 사람들의 생계율, 즉 평균 수입을 최저 생계 비용으로 나눈 값을 보여 준다. 세 직업은 수직포공, 공업 노동자, 건설 노동자이다. 1770년에는 직업 간의 수입 차이가 미미하였다. 가장 높은 임금을 받았던 건설 노동자는 가장 낮은 임금을 받았던 수직포공보다 25%가량 높은 수익을 얻었을 뿐이다. 수직포공은 19세기 초반 황금 시대를 구가했으나, 1830년에는 셋 중에서 가장 낮은 소득을 기록하였다. 1840년에는 건설 노동자가 수직포공보다 3배나 되는 수입을 올리게 되었다. 농업 노동자는 중간의 위치를 차지했는데 실질 임금은 별로 상승하지 않았다.

그림 7-3 잉글랜드 북부 지방의 생계율, 1770-1850년

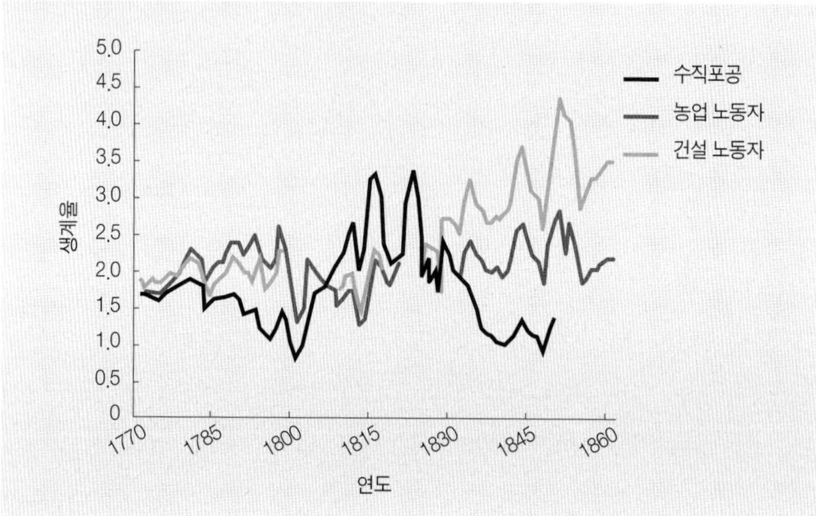

자료: Allen(2015), 19쪽.

오직 건설 노동자만이 1850년 실질 소득이 두드러진 상승을 보였다.

7.2. 석탄 공업

기술 변화의 수요

석탄 공업에서의 기술 변화는 산업 혁명의 연대기 가운데 앞선 시기에 속하는 사건이다. 이미 18세기 중반에 프랑스의 관리들과 저자들은 영국의 석탄 채굴 증가 추세에 대해 이례적인 관심을 보였다. 그들은 영국의 상황을 면밀하

열악한 노동 환경 탄광에서 일하는 노동자들은 덥고 습하고 먼지 가득한 공간에서 위험을 무릅쓰고 장시간 일을 해야 했다.

게 조사하고 프랑스와의 차이점을 찾아내기에 힘썼다. 영국의 광산 소유주와 노동자들이 상당한 경제적 자유를 누리고 있었다는 점도 기술 진보와 더불어 자주 언급된 내용이었다.[18] 이런 기술 변화는 어떻게 일어났을까? 석탄 공업이 가장 발달했던 잉글랜드 북부 지역에 초점을 맞추어 살펴보자.

잉글랜드 북동부의 노섬벌랜드(Northumberland)의 석탄 매장 지대는 규모가 컸지만 경제성 측면에서는 그다지 유리한 조건이 아니었다. 질이 나쁜 석탄이 위쪽에 매장되어 있었고 보다 양질의 석탄은 아래쪽에 위치한 경우가 많았다. 따라서 말의 힘을 이용해 끌어올리는 장치를 작동하거나 기관을 이용한 펌프

18 Jacob(2014), 57쪽.

탄광의 풍경 영국의 전형적 탄광 전경. 탄광주는 대규모 탄광의 운영을 위해 많은 기술적 지식이 필요했다.

로써만 질이 좋은 석탄을 얻을 수 있었다. 말을 유지하는 비용이 상당히 비쌌기 때문에 탄광주들은 일찍부터 말을 대신해 증기 기관을 사용하는 대안을 적극적으로 고려하였다. 1753년에 일부 기술자들은 42인치 실린더를 가진 증기 기관이 말에 의해 작동하는 기관보다 시간당 3배나 많은 일을 할 수 있다고 보고하기도 하였다.[19] 파리에서 프랑스 기술자 자크 페리에(Jacques Perier)는 자신의 증기 기관 기술을 보호하기 위해 특허를 신청했는데, 그는 석탄 채굴에 이 증기 기관이 적용하였을 때 얻을 수 있는 이익이 주로 말의 사용을 줄임으로써 발생하는 절약이라고 언급하였다. 광산에서 말에 대한 소비는 나라별로 크게

19 Jacob(2014), 57-58쪽.

다르지 않았다. 그러나 증기 기관의 설치에 대해서는 영국이 경쟁국인 프랑스나 벨기에보다 훨씬 빨랐다.[20] 그 원인 가운데 중요한 하나는 전문성을 갖춘 기술자들이 얼마나 유용한 정보와 기술을 잘 제공하느냐에 있었다.

증기 기관을 운영하고 감독할 누군가를 찾을 때 탄광주는 기관의 실용적인 부분과 이론을 잘 이해하고 있어야만 하였고 업무에 관해 전문성을 지녔어야 하였다. 1800년에는 이미 증기 기관을 효과적으로 작동시키기 위해 필요한 개념적 및 수학적 설명을 담은 안내서가 출판되고 있었다. 이런 자료를 제공할 수 있는 사람은 중산층 소득인 연 150파운드를 벌 수 있었다. 이는 평균적인 탄광부 소득의 10배에 해당하고 회계사에 비교해서도 3배나 되는 수준이었다.[21] 영국인이 프랑스인이나 벨기에인보다 똑똑하거나 우월하지는 않았지만, 석탄에서 이윤을 추구하는 사람들을 도울 수 있는 과학적 · 기술적 지식을 영국에서 더 쉽게 구할 수 있었음은 분명하다.

증기 기관의 도입 과정

18세기에 영국의 탄광 지역에서는 어떻게 본격적으로 석탄 채굴이 진행되게 되었을까? 18세기 초반까지만 해도 석탄 채굴은 전적으로 사람의 노동, 축력, 수차, 풍차에 의존하였다. 19세기까지도 지역에 따라서는 이들이 계속 사용되었다. 1702년 토머스 세이버리(Thomas Savery)가 특허 출원한 기관이 있었지만 산업 현장에서의 쓰임은 아직 크게 제한적이었다. 그러나 1710년대 토머스

20 Jacob(2014), 58-60쪽.
21 Jacob(2014), 60쪽.

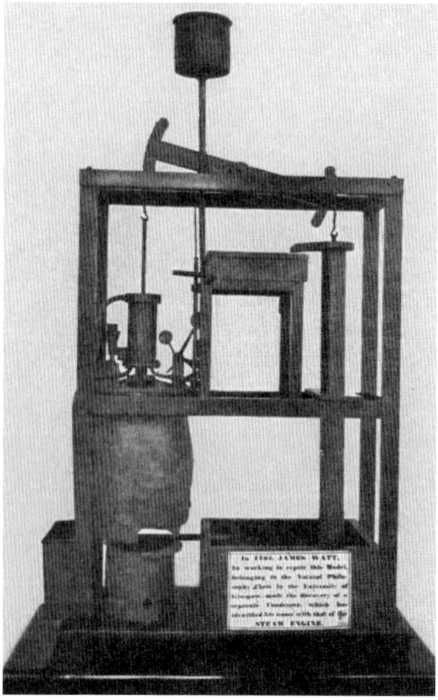

뉴커먼의 기압 기관 그가 개발한 증기 기관은 탄광에서 사용되기에 편리했지만 효율은 높지 않았다.

뉴커먼의 증기 기관인 기압 기관이 나오면서 인류 역사상 처음으로 석탄을 에너지원으로 하는 시대가 본격적으로 시작되었다. 1720년대에는 증기 기관이 말보다 더 저렴한 비용으로 광산에서 물을 뽑아낼 수 있다는 것이 분명해졌다. 초기에 뉴커먼의 증기 기관은 가격이 매우 비쌌기 때문에 주로 대여의 형태로 증기 기관이 공급되었다. 1740년대에도 기압 기관을 설치하는 데 약 600-700파운드라는 거금이 소요되었다. 당시의 기술자들은 뉴커먼의 증기 기관을 구매하여 광산에 설치하면 수익을 내기 어려울 것이라는 기록을 많이 남겼다. 그렇지만 증기 기관에 대한 관심은 점차 탄광 지역 전역으로 확산되어 갔다.

시간의 흐르면서 기압 기관의 성능은 개선되었고, 대여된 기관의 운영을 통해 증기 기관의 운영에 대해 상세한 기술적 지식을 가진 사람들이 점차 늘어났다. 이들은 탄광에 기관을 설치하고 운영해 본 기술자들과 감독관들이었다. 이들은 실제 경험과 다양한 시행착오를 통해 탄광주가 증기 기관 설치를 고려할 때 필요로 하는 지식과 정보를 제공할 수 있는 능력을 갖추어 갔다. 이들은 기관의 설치가 특정 탄광에 현실적인지, 현실적이라면 바람직한 기관의 크기,

그리고 그것을 설치하는 데 필요한 시간과 비용, 기관의 운영에 소요될 비용, 기관의 향후 교체 시기와 비용 등에 대해 조언을 할 수 있었다. 그들은 또한 면밀한 측정을 통해 주어진 시간에 기관이 몇 차례의 행정(stroke)에 도달하는지를 기록하고 분석하였다. 그들은 탄광주 또는 투자자가 이해할 수 있는 방식으로 자신들의 계산을 정리해 보여 주었고, 이를 토대로 속도와 시간을 경제적 수익으로 환산해 주었다. 이런 전문적이고 기술적인 지식 덕분에 탄광주와 투자자는 증기 기관의 설치 여부나 크기를 결정하기에 수월하였다. 그 결과 노섬벌랜드에서만 1769년에 100개가량의 증기 기관이 설치되어 작동하게 되었다.

이는 유럽의 다른 어느 국가에서도 찾아볼 수 없는 수준이었다. 1816년의 프랑스 정부 기록을 보면 프랑스 전체에서 작동중인 증기 기관이 48개에 불과하였다. 1830년에 증기 기관에 대한 지식을 갖춘 영국의 기술자들은 프랑스에서 일자리를 찾기 쉬웠다. 영국 기술자에 대한 수요는 더 먼 곳으로부터도 왔다. 스페인과 포르투갈, 독일은 물론 러시아와 미국, 캐나다, 오스트레일리아에서도 영국의 산업 현장에서 경험을 쌓은 기술자들은 높은 임금으로 고용되었다. 증기 기관 부문에서 영국이 보여 준 성과는 대단한 것이었다. 1840년을 기준으로 보면 프랑스에 있는 증기 기관으로부터 3만 4,000마력의 동력이 생산되었는 데 반해, 영국의 증기 기관으로부터는 무려 10배가 넘는 35만 마력이 출력되었다고 추정된다.[22]

뉴섬벌랜드의 주도인 뉴캐슬(Newcastle)에서 뉴커먼의 기관은 1714-1721년 사이에 사용되기 시작하였다. 1769년까지 설치된 모든 기관은 뉴커먼 스타일

22 나폴레옹 정부 하에서 프랑스가 기계 수리학을 적극적으로 장려했음에도 이런 차이를 쉽게 좁히지 못했다. Jacob(2014), 2장.

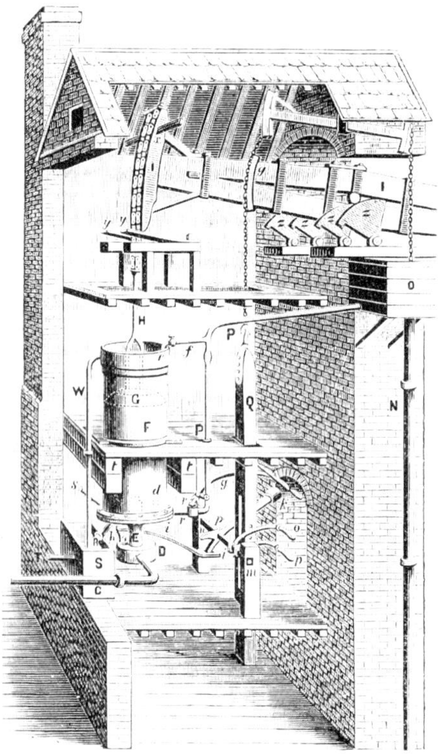

기압 기관의 작동 광산에 설치되어 운영되고 있는 뉴커먼의 증기 기관 모습.

이었다. 그리고 곧이어 존 스미턴(John Smeaton)이 고안한 기관이 등장하였고, 1780년대에 들어서 제임스 와트의 혁명적 증기 기관이 뒤따랐다.

당시 증기 기관이 가진 가장 심각한 문제점은 마찰에 의한 에너지 손실이었다. 이에 대해 감독관과 기술자들이 매우 훌륭하게 대처하고 개선책을 찾아냈다는 점이 인상적이었다. 기계적 문제에 대한 지속적 관심은 일련의 혁신을 가져왔다. 그 과정에서 기술적 지식은 더욱 탄탄히 축적되었고, 전문가적 능력을 갖춘 인력도 늘어났다. 1790년대에 와트의 증기 기관을 대상으로 법정에서 논의를 한 법률가들, 기술자들 그리고 모방자들은 모두 와트의 증기 기관이 기계적인 지식의 베이스를 필요로 한다는 점을 인정하였다. 그리고 그들은 와트가 1769년에 획득한 특허의 명세서가 훗날 특허가 없어졌을 때에 다른 사람들이 모방할 수 있도록 충분히 정확한지에 대해 길게 토론을 하는 상황이었다.

기술자 커뮤니티의 활동

1790년대 뉴캐슬에 거주하는 지성적인 엘리트 집단은 '감독관으로 고용된 천재적인 사람들'에 의해 축적된 실용적 지식에 대한 접근성을 높이는 작업에 착수하였다. 그들은 이런 목적으로 '문학 · 철학 협회'(Literary and Philosophical Society)를 결성하였다. 이 조직에서 많은 정보가 교류되었고 산업 현장에서 도입된 개선 방안들이 고안되었다. 이런 활동은 결국 석탄 산업에서 얼마나 많은 수익을 실현할 수 있는가라는 현실적인 고민과 결부되어 많은 사람들의 관심을 받았으며 적지 않은 성과를 도출해 냈다. 19세기 전반을 거치면서 심지어 탄광부조차도 승진을 원하고 향후에 독립된 에이전트로 성장하기를 꿈꾼다면 과학적 원리를 교육 받고 익혀야 한다고 생각하게 되었다. 1830년대에는 더럼 대학교(Durham University)에서 탄광 기술자 존 버들(John Buddle)을 초청해 탄광업과 토목 공학 과정의 자문 위원

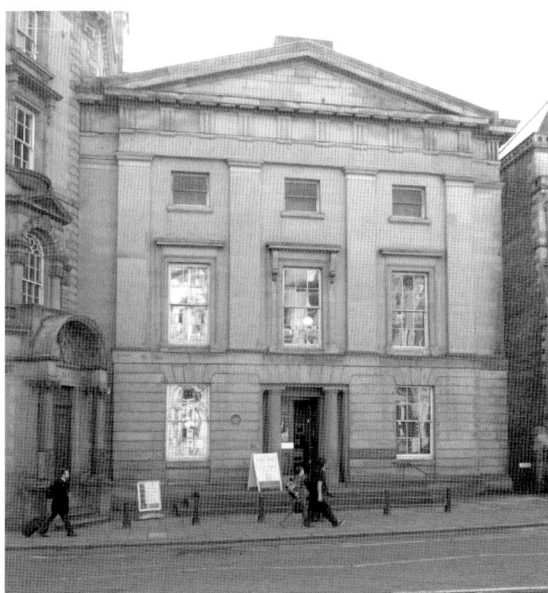

기술자들의 커뮤니티 뉴캐슬에서 창립된 문학 · 철학 협회가 열린 건물의 오늘날 모습.
자료: Andrew Curtis, CC BY-SA 2.0.

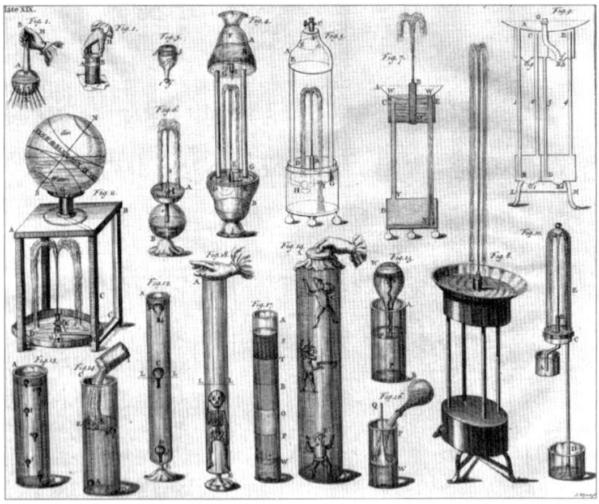

전문 기술서의 출간 데사귤리에의 1744년 책에 수록된 실험 장비들.

으로 임명하였다. 이는 전문적인 기계 공학과 실용적인 시행착오가 복잡한 상호 작용을 했다는 증거이다.

이미 1720년대에 여러 과학 강의가 뉴캐슬과 주변 지역에서 이루어졌다는 사실도 중요하다. 과학과 기술을 주제로 한 책과 잡지가 존재했음은 물론이고, 기계 공학, 광학, 수력학 등에 대한 과학 강의들이 개최되었다. 이 주제들은 이후에도 가장 자주 등장하는 단골 주제였다. 예를 들어, 뉴턴의 학설을 따르는 제임스 주린(James Jurin)과 장로교 목사이면서 과학 지식이 풍부했던 존 홀슬리(John Horsley)는 대표적인 강사였다. 이 둘은 모두 뉴캐슬 문법 학교(Newcastle Grammar School)와 연결이 있었던 인물이었는데 강의에서 과학 장치를 사용했다는 특징을 공통으로 지녔다. 기술 지식에 대한 '시장'에서 이들은 수요가 많은 인기 '상품'이었다.

믿을 만한 전문 서적의 출간도 이루어졌다. 기술적 선택과 이윤의 관계는 1744년에 출판된 데사귤리에(J. Desaguliers)의 『실험 철학 코스』(*A Course of Experimental Philosophy*)에 간결하게 저술되어 있다. 그는 비용을 낮추기 위해 광산 소유주들이 전문 지식을 갖춘 사람을 반드시 찾아 도움을 청해야 한다고 강조하였다.[23] 그의 실험 과정은 초기 산업 발전의 대표적 교과서와 같은 지위를

획득하였고, 1790년대까지도 프랑스의 학교 교육 과정의 일부로 채택되었다.[24]

1740년대에 도제 훈련을 완료하고 새로 탄광의 감독관으로 임명된 존 왓슨(John Watson)이라는 인물은 어려운 단어나 탄광업에서 사용되는 과학 용어를 설명해 주는 사전을 만들 필요가 있다고 판단했다. 30년 후 존 버들은 탄광업에서 사용되는 용어를 일상어로 번역하여 자신을 위한 사전을 만들었다. 이들의 노력, 그리고 이들과 문제의식을 공유한 이들의 헌신을 통해 다양한 사전이 만들어졌고, 그 가운데 일부는 인쇄된 형태로 다른 사람들에게 보급되었다. 이러한 안내서는 탄광에서의 경험이 없는 사람들도 탄광업의 복잡한 내용을 알 수 있게 해주었다. 탄광업의 범위를 넘어서는 지식의 축적에 반드시 필요한 과정이었다.

과학적 원리는 점점 깊이 연구되었고 그 성과는 널리 확산되었다. 중요한 과학적 개념인 진공과 공기압에 대해 이해하는 사람들이 늘어났다. 지식의 증대와 전파는 석탄 공업의 발달을 더욱 촉진하였다. 탄광에서 구매해야 하는 가장 비싼 품목은 증기 기관이었는데, 새롭게 기술적 지식으로 무장한 기술자와 감독관은 기관의 선택, 설치, 작동, 관리에 대해 잘 이해하고 있었다. 이제 그들은 과거에는 생각할 수 없는 수준의 비용 절감을 탄광주와 투자자에게 약속할 수 있었다. 계속된 기술 진보와 수요 증가에 따른 생산 단가의 하락은 기관의 가격을 낮추는 효과를 가져왔다.[25]

---

23 Desaguliers(1744), 2권 468쪽.
24 Jacob(2014), 78쪽.
25 Jacob(2014), 73-74쪽.

7.3. 철강 공업

18세기 철강업

경제사에서 일반적으로 강철(steel)은 19세기 중반 이후의 이른바 '제2차 산업 혁명'을 주도한 재화로 인식된다. 베세머(Bessemer) 전로와 지멘스-마르탱(Siemens-Martin) 고로가 이 시기 철강 기술의 혁신을 대표하였다. 그러나 18세기에도 영국에서 강철이 생산되어 판매되고 있었다. 1720년대에 제작된 광고를 보면 영국의 '다트퍼드 강철'(Dartford steel)은 '모든 베네치아 및 독일산 강철을 넘어서는' 최고의 원료를 고집하여 생산하였다고 한다.[26] 18세기에 생산된 철강은 19세기와는 양적으로 비교하기 어려운 수준이었으며 수공업적 방식에 의해 생산되었지만, 보다 전문적인 수요자들에 의해 소비되었던 것만은 분명하다.

이 절에서는 강철 분야에서 어떤 과정을 거쳐 기술적 진보가 발생하고 그것이 전파되었는가를 살펴본다. 특히 이런 기술 개발을 가능하게 만든 문화적 요인에 대해 주목할 것이다. 17세기 후반부터 영국에서는 강철 분야의 혁신이 간헐적으로 진행되었다. 이른바 침탄(浸炭, cementation) 공법으로부터 시작하여 1740년경에 벤저민 헌츠맨(Benjamin Huntsman)이 개발한 주강(鑄鋼, cast steel) 제조 공법으로 이어지는 발전 경로를 살펴보기로 한다. 특히 조엘 모키어가 강조한 산업 계몽주의의 관점에서 기술 진보의 과정을 추적할 것이다. 달리 말하면,

26 Evans and Withey(2012), 533쪽.

철강업의 진화 18세기 이래 영국의 철강업은 기술 진보를 거듭해 질적 발전을 거두었다.

강철 무역의 증가와 같은 요인보다 기술자들 사이에서 강철에 관한 '유용한 지식'이 어떻게 순환되고 성문화되기에 이르렀는가에 더 관심을 둔다는 의미이다.[27]

강철의 제조 기술에는 분명히 가시적인 혁신들이 존재하였다. 혁신은 대체적으로 좁은 영역에 집중되었고 일부 특수한 분야에서 나타났다. 계몽주의적인 문화적 환경이 강철 산업의 발달과 관계가 있음은 분명하였다. 이른바 계몽된 기술자들과 제조업들은 자신이 일하는 분야에서 최고의 제품 생산으로 이어질 아이디어와 가치를 추구하였다. 이런 계몽주의적 혁신은 제조 분야만이 아니라 디자인과 마케팅에서도 두드러지게 발생하였다.[28]

---

27 Mokyr(2019b).
28 Evans and Withey(2012), 533-534쪽.

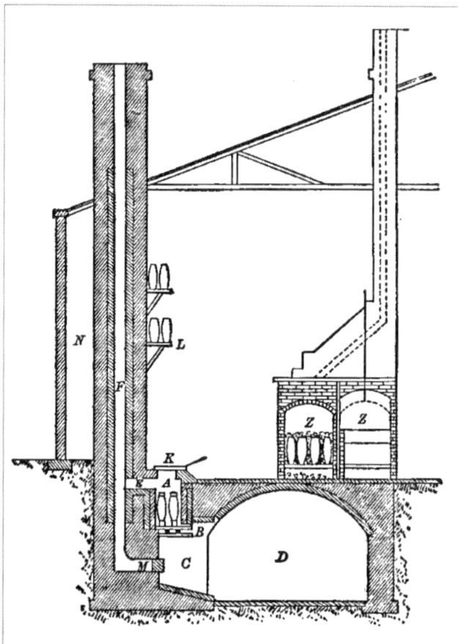

새로운 주강 기술 헌츠맨이 개발한 주강 생산 설비.

영국적 특성의 침탄 공법

17세기 중반 영국은 강철 제조에 있어서 유럽의 변방에 위치하였다. 가장 큰 명성은 독일의 몫이었다. 라인강을 통하여 수출되는 강철 또는 알프스 고산 지대에서 생산되어 베네치아를 거쳐 운송되는 강철이 최고의 명성을 구가하였다. 17세기 말까지도 영국 시장에서는 독일산 수입 제품이 우월한 위치를 점하였다. 그러나 국내적 성장은 독일의 제강 기술을 도입하는 방식으로 이루어질 수 없었다. 독일식 방법은 인을 함유하지 않은 철광석을 필요로 했는데, 이런 철광석은 영국에서 구할 수 없었기 때문이다. 대신에 영국의 강철 제조자들은 근본적으로 새로운 침탄(cementation) 공정을 이용하여 생산을 급증시킬 수 있었다. 이 기술은 유럽 대륙으로부터 유래한 것이기는 하였지만 사람들이 보기에 충분히 '영국적' 방식이라고 이해되었다.

영국의 철강업은 독특한 측면이 있었다. 유럽에서 대부분의 강철 제조 시설은 철광석이 매장된 지역에 인접하였지만, 영국의 침탄 용광로(cementation furnace) 시설은 이런 지역으로부터 멀리 위치하였다. 또한 침탄 공정은 유럽의 전통적 기술과는 거리가 멀었다. 강철은 철과 탄소가 융합된 것이다. 강철이 되려면 탄소의 함량이 2-3%이어야 하며, 탄소 함량이 5%이면 경성의 선철(pig iron)인 것이고, 탄소가 거의 포함되지 않으면 연성의 봉철(bar iron)이 된다. 대부분의 유럽 강철은 탄소가 많이 함유된 철에서 탄소를 산화시켜서 탄소 함량을 낮춤으로써 만들어졌다. 이와 달리 침탄 공정은 탄소를 최소한으로 포함한 봉철에서 시작하여 원하는 강철의 단단함이 생길 때까지 탄소를 계속 주입하는 것이었다.

철강업에서 영국이 성공한 데에는 외국에서 유래한 기술만으로는 충분하지 않았다. 적절한 원료의 수입이 뒤따라야 했는데, 인을 함유하지 않은 봉철을 스웨덴으로부터 조달함으로써 문제를 해결하였다. 이러한 특별한 종류의 철을 영국인들은 발트해의 항구 이름을 따서 '오르구룬즈'(Orgrounds)라고 불렀다.[29] 이 강철은 17세기 중반까지 네덜란드 상인들에 의해 관리되었지만, 18세기 초반에는 영국 시장으로 곧바로 유입되었다. 영국 기술자들이 도입한 침탄 용광로는 발틱해로부터 들어오는 고품질의 원료와 결합하여 영국을 강철 제조의 선두에 설 수 있게 하였다.[30]

1688년 명예혁명의 시기에 영국의 강철 생산량은 독일로부터의 수입량을 약간 초과하였다. 침탄 용광로의 수는 아직도 다섯 내지 여섯 개에 불과하였고 생산량은 연 200톤 수준에 머물렀다. 그러나 명예혁명 이후 약 15년 동안 영국의 철강업은 가파르게 성장하였다. 잉글랜드 북부 지역과 셰필드 지역에서 본격적인 발전이 이루어졌다. 18세기에 들어서 침탄 용광로의 숫자는 더욱 늘어났고, 그에 따라 강철 생산량도 크게 증가하였다. 18세기 중반에 가장 큰 침탄

---

29 스웨덴에 위치한 항구 Oregrund로부터 유래하였다.

30 Evans and Withey(2012), 535쪽.

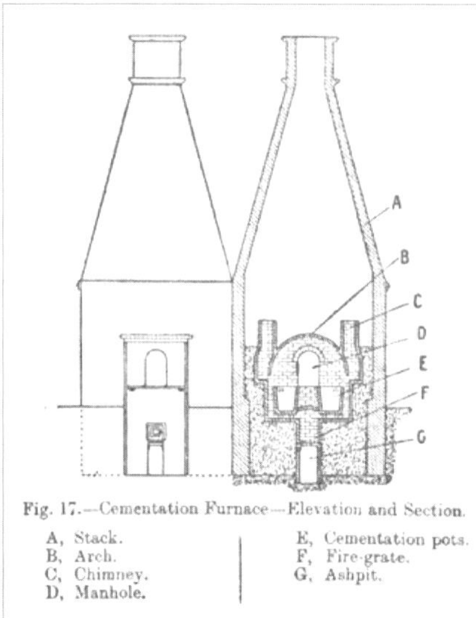

새로운 기술 침탄 용광로의 내부 구조.
자료: California Digital Library.

용광로는 한 번에 10톤의 봉철을 강철로 변환시킬 수 있었다. 이 시기 영국의 조강(粗鋼, blister steel) 생산 능력은 2,500톤에 달하였다.

이런 과정을 통해 영국의 철강 시장은 재편되었다. 17세기 말 독일산 수입 강철은 잉글랜드산 강철과 거의 비슷한 수준이 되었다. 18세기 중반이 되면 독일산의 수입은 절대적으로는 늘었지만 시장 점유율로 보면 영국과 비교가 되지 않을 정도로 축소되었다.[31] 영국인들은 부존이 풍부한 석탄을 이용해 전통적 경제의 맬서스적 한계를 극복하였다. 그때까지 닫혀 있었던 숨은 에너지 저장고를 개봉함으로써 영국 경제는 무한 성장의 길을 열었다. 석탄 소비 기술로서 침탄 용광로는 광물 에너지 시대를 선도하는 역할을 담당하였다.

헌츠맨의 주강 생산은 18세기 영국 강철 부문의 또 다른 특성을 보여 준다. 주강 제조법의 발달은 침탄 용광로로부터 나오는 조강에 대한 불만에서 출발하였다. 생산 과정에서 목탄과 접촉한 조강의 표면이 중심부보다 단단해져 탄소가 불균등하게 되는 것이 원인이었다. 이러한 결함 탓에 독일산 고급 강철

31 Wrigley(1988; 2010)는 영국의 침탄 공업이 부족한 자원에 대한 영국식 대응 방법이었다고 평가하였다.

시장은 그대로 유지되고 있었다. 주강은 이러한 난제를 해결하였다. 강철이 용해되면서 더욱 균질화되었고 탄소가 균등하게 분포되게 되었다. 그에 더해서 표면에 떠서 삼탄강의 균열점을 유발하던 본래 봉철의 슬래그 잔여물도 제거할 수 있게 되었다. 광물 경제는 주강의 등장으로 한 단계 더 나아갔다.[32]

다수의 혁신자들

헌츠맨의 성공 사례는 당시 영국 철강업 부문에서 발생한 유일한 기술 진보라고 볼 수 없다. 수많은 기술자들이 철강업에서 크고 작은 혁신을 이루었다는 사실을 놓쳐서는 곤란하다.[33] 외로운 선구자라는 이미지는 헌츠맨과 맞지 않았다. 동시대의 여러 기록에는 헌츠맨 이외의 철강 기술자와 회사가 생산한 양질의 철강에 대한 묘사가 적지 않다. 심지어 경쟁자들 중에서는 헌츠맨이 만든 강철의 우수성에 대해 반박하는 글을 남긴 사례도 있다. 혼(H. Horne)은 헌츠맨이 주강 생산으로 다른 곳에서 수입을 거둔 것은 분명하지만 철강업 중심지인 셰필드 지방에서는 확실치 않다고 주장하였다. 런던의 존 월러(John Waller)는 압연기를 만든 공로가 널리 인정되어 제련 기술자로서의 명성을 누렸다.[34]

당시의 기록들을 종합해 보면 18세기 금속에 대한 기술사학자들의 전통적 믿음에 반하는 측면이 관찰된다. 예를 들어, 셰필드에만 초점을 맞추는 것은 지나치게 편협한 것이며, 당시 철강 제품은 생각보다 다양하고 차별화되어 있

32 Evans and Withey(2012), 537-538쪽.
33 헌츠맨의 명성은 Smiles(1863)에서 헌츠맨의 사례를 다룬 데에서 비롯되었다.
34 Horne(1774).

었으며, 기술자들은 시장 경쟁에 깊은 관심을 두었다는 것이다. 다수의 기술자들이 다수의 지역에서 다수의 분야에 걸쳐 수많은 혁신을 이루어 냈다고 보는 것이 당시의 역사상에 부합한다는 결론을 이로부터 도출할 수 있다.

Chapter 8

맺는 글

Chapter 8
맺는 글

8.1. 산업 혁명과 지식 혁명[1]

영국 예외주의와 상대 가격 이론

영국의 산업 혁명에 관한 연구와 논쟁은 오늘날에도 끊임없이 이어지고 있다. 특히 왜 영국에서 세계 최초로 산업 혁명이 일어나게 되었는가에 관해서는 수많은 논의가 계속되고 있다. 이 책에서 우리는 이 주제에 관한 연구 동향과 주장들을 설명하고, 이들을 둘러싼 논쟁들을 검토하고, 이들이 경제사 연구에 제공하는 함의가 무엇인가에 대해 살펴보았다. 먼저 산업 혁명의 의의와 기술 진보의 역할에 관해 논의를 하였다. 다음으로 산업 혁명 시기에 영국 경제가 혁신에서 다른 국가들에 앞선 이유에 대한 여러 주장들을 검토하였다.

우선 영국 예외주의의 관점을 취하는 연구들을 살펴보았다. 명예혁명의 성공적 완수 이후 시민들의 재산권을 보호하는 제도가 잘 갖추어져 있었기 때

1 이 장은 송병건(2016)에 상당 부분 의존한다.

문이라는 주장, 석탄 및 각종 천연자원의 부존이 풍부했기 때문이라는 주장, 조세 및 금융 제도가 상공업자층에게 유리하였다는 주장, 국제 무역에 적극적인 상인층이 폭넓게 존재하였다는 주장, 중상주의 시절 군사적 우위로 해상 교역로를 장악할 수 있었다는 주장, 많은 식민지를 확보하여 항해법과 같은 보호주의 정책의 이익을 크게 볼 수 있었다는 주장, 투자율이 경쟁국에 비해 높았다는 주장, 사회 활동에 종교적 장벽이 높지 않았다는 주장, 도제 제도가 효과적으로 유지되어 숙련 기술자가 원활하게 재공급되었다는 주장, 장자 상속제가 장남 이외의 상류층 자제들이 금융과 교육에 뛰어들게 하였다는 주장 등이 특별히 관심을 끌었다.[2] 그리고 이런 접근들의 설명력이 충분하지 않다는 점을 지적하였다. 이들 가운데 어떤 요인도 기술 변화에 의지하지 않고서는 독립적으로 근대적 경제 성장을 설명할 수 없기 때문이다.

영국에서만 독특하게 나타났던 역사적 및 제도적 특성들을 추출해 내고 이들을 기술 진보의 핵심 성공 요인으로 연결 짓는 방식은 편향된 해석의 위험을 내포한다.[3] 과연 논의된 특성이 없었더라면 산업 혁명 시기에 기술 진보가 불발하거나 심각하게 지연되었을 것이라고 단정할 수 있을까? 이런 특성을 갖지 못한 국가들은 기술 진보에 기초한 경제 발전을 성공적으로 이끌 길이 없었을까? 이러한 질문은 오늘날에도 여전히 유효하다. 이 문제는 경제 발전에 필수적인 요건이 있는지, 아니면 '대체 가능성'을 인정할 수 있는지라는 중요한 논점을 우리에게 제시한다. 과연 일찍이 로스토(W. W. Rostow)가 주장했던 것처럼 전통 사회가 도약을 위한 '특정한' 종류의 준비를 마쳐야만 경제 발전의 가

2 이에 대한 논의는 Crafts(1989), Cox(2011), 송병건(2008).
3 양동휴(2014).

도에 들어설 수 있었던 것인지, 아니면 거셴크론(A. Gerschenkron)이 지적한 것처럼 부족한 선행 조건을 그 국가 특유의 방식으로 대체하는 방안을 찾으면 경제 발전의 대안적 경로를 마련할 수 있는지가 핵심적 질문이다.[4] 20세기 중국의 비약적 경제 발전은 후자를 지지하는 모습을 보여 주는 듯하다. 반면에 '워싱턴 컨센서스'(Washington Consensus) 그룹의 논자들은 경제 발전에 '모범 답안'이 있다는 입장을 견지하고 있다.[5]

다음으로 생산 요소의 상대 가격에 초점을 맞추는 연구들을 검토하였다. 영국의 산업 혁명에 초점을 맞춘다면, 과연 영국의 경제 발전 성공 요인은 영국에 특유한 것이었던가? 이에 대해 만장일치의 동의를 얻을 수는 없지만, 오늘날 대다수의 학자들이 영국 예외주의를 벗어나 국제적 비교가 가능한 방식의 분석과 그에 기초한 일반화된 설명을 선호하고 있음은 부인하기 어렵다. 일반화된 설명이 가능하다고 보는 학자들이 가장 주목하는 주제인 생산 요소의 상대 가격이라는 관점을 통해서 이 주제를 탐구하였다. 특히 모키어가 주창한 거시 발명-미시 개량의 분석틀을 염두에 두고서 이를 자세히 살펴보았다.

영국 경제가 높은 임금과 낮은 석탄 가격을 특징으로 하였으므로 추구해야 할 기술 혁신의 방향은 분명해 보였다. 노동 절약적인 기술 진보, 특히 가격이 저렴한 석탄을 집중적으로 사용하게 만드는 기술 혁신이 주목을 받았다. 이것이 증기 기관과 이를 도입한 기계들이 영국에서 각별히 각광을 받은 이유였다. 영국과 달리 저임금 경제 구조를 보인 국가에서는 이런 유인이 존재하지 않았으므로, 발명을 위한 노력이 적고 발명이 이루어져도 기술이 확산되기 어

4 Rostow(1959), Gerschenkron(1962).
5 World Bank(2005), Trinidad(2006), Rodrik(2008).

려웠다. 이렇듯 영국이 산업 혁명 시기에 눈부신 기술 진보를 이룩한 데에는 생산 요소의 상대 가격 조건이라는 요인이 중요하게 작용하였다는 것이다. 이것이 앨런이 주장하는 상대 가격 설명이다.

하지만 이에 대해서는 험프리스의 주장으로 대표되는 반론이 존재한다. 앨런과 험프리스의 논쟁은 한 쪽의 압도적 승리로 귀결되지 않는 것으로 보인다. 여러 쟁점들이 연구자가 어떤 데이터를 사용하느냐, 어떤 가정을 전제하느냐, 현대적 근거 자료를 어떻게 가져다 쓰느냐에 따라 여전히 미해결로 남는다. 그렇지만 거시적 시각에서 본다면 생산 요소의 상대 가격을 중심으로 한 앨런의 논의가 근본적으로 무너질 것으로 보이지는 않는다. 험프리스의 주장은 상대 가격의 차이가 앨런이 생각한 것보다 작다는 것을 보여 줄 수는 있겠지만, 혁신의 방향을 완전히 부인할 만큼 앨런의 상대 가격 추정이 근본적으로 잘못되었다고 주장하기는 어렵다.

그러나 앨런의 주장에는 해결하기 힘든 더 근본적인 문제가 있다. 왜 영국 이후 다른 유럽 국가들이 큰 시차를 두지 않고 점차 공업화 대열에 합류하게 되었는가를 설명하기 어렵다는 점이다. 단기간 내에 영국과 같은 고임금 경제가 형성되기는 어려웠을 것이고, 석탄과 같은 부존자원은 대규모 무역으로 국가 간 이동이 없었다면 대폭적인 가격 변화가 발생했을 것이라 보기 어렵다. 따라서 상대 가격에 입각한 앨런의 설명은 이런 면에서 설명력이 제한적이라고 보아야 할 것이다.

'대분기' 논의를 통해 포메란츠가 제시한 주장도 재조명할 필요가 있다.[6]

---

6 Pomerantz(2000).

영국이 최초로 산업 혁명에 성공한 이유로 포메란츠는 영국에서 석탄의 매장이 풍부했다는 점과 영국이 국제 무역의 주도권을 쥐고 있었다는 점을 들었다. 맬서스 함정을 벗어나기 위해서는 생태계에 영향을 적게 미치는 새로운 에너지원의 확보가 중요한데, 이를 석탄 사용과 원료 수입을 통해 해결할 수 있었다는 것이 그의 주장이다. 이 주장 역시 영국이 당시의 경제 대국 중국을 따돌리고 산업 혁명을 주도할 수 있었던 이유에 대한 설명으로는 가치가 높지만, 어떻게 영국을 뒤따라 유럽의 여러 국가들이 공업화에 들어설 수 있었는가에 대해서는 설명력이 약하다. 석탄의 매장이 많지 않았던 국가들도 공업국으로 전환할 수 있었다면, 이것이 목탄과 같은 대체 연료를 사용한 결과이든, 석탄을 수입해 사용한 결과이든, 에너지를 적게 사용하는 산업 중심으로 성장한 결과이든 상관없이 포메란츠의 연구 결과를 확장해 일반화하기 어렵다는 문제가 제기되는 것이다.

산업 계몽주의의 역할

마지막으로, 산업 계몽주의의 역할에 주목하는 연구들을 주요 분석 대상으로 삼았다. 산업화의 요인으로서 계몽주의 사조에 주목하는 것은 논의의 초점을 기술로 옮겨 오는 역할을 하였다. 한동안 경제사학자들은 역사 속에 등장하는 주된 경제 변화를 설명하는 데 기술이 그다지 중요하지 않다고 여겼다. 특히 20세기 후반 경제사학자들 중에서는 제도적 요소들을 강조하여 산업화의 성공 요인을 설명하는 모델을 선호한 이가 많았다. 이들에게 기술 변화는 부차적인 중요성 이상을 갖지 못하였다.[7] 그러나 혁신에 필요한 '유용한 지식'

의 원천으로서 계몽주의 사조가 강조되면서 기술에 대한 관심도 되살아났다. 근래의 연구들을 종합해 보면, 우선 계몽주의는 전통적으로 생각되었던 만큼 프랑스적인 현상이 아니었다. 계몽주의는 영국을 포함한 유럽 전역 및 대서양 너머 북아메리카까지 영향을 끼친 사조였다. 내용면에서도 전통적 견해보다 폭이 넓어져야 한다는 것이 대체적인 합의점이다. 즉, 철학과 문학에서 두드러진다거나 교회 권력에 대한 정치적 반대를 강조한다거나 하는 차원을 넘어서, 사회와 문화 전반에 매우 넓고 깊은 영향을 끼친 다층적 변화로 보아야 한다는 주장이 힘을 얻고 있다. 특히 계몽주의를 '근대적인 속성의 자의식적인 개선 움직임'이라고 적극적으로 해석하기도 하는데, 이런 해석이 영국의 경우에 더욱 적절한 것으로 보인다.[8]

산업 계몽주의는 계몽주의를 현실 경제에 적용하려는 시도로 이해할 수 있다. 모키어에 따르면 산업 계몽주의는 세 가지 핵심적 측면을 보여 준다. 첫째, 장인적 기술에 대한 면밀한 조사와 체계적인 목록화를 통해 지식을 축적하고 지식에 대한 접근성을 확대한다. 이를 통해 동시대에 사용 가능한 최상의 기술을 보급하는 효과를 거둔다. 둘째, 현존하는 기술들은 복잡하고 다양하기 마련인데 이들을 세심하고 객관적으로 분석함으로써 보편성을 지니는 '일반적 원리의 한정된 집합'을 수립하는 것이다. 셋째, 지식을 집대성한 학자들과 기술을 생산에 직접 응용하는 현장 기술자들 사이의 상호 작용을 이해하고 이를 강화시킨다. 요약하자면, 산업 계몽주의는 과학 혁명을 현실 경제에 응용하여 실제 산출물을 창조해 내는 사회적 과정이었다.[9]

---

7 Evans and Withey(2012), 541쪽.
8 Evans and Withey(2012), 542쪽.

영국이 기초 과학 부문의 약점에도 불구하고 산업 혁명에 앞서갈 수 있었던 이유는 당시의 경제 발전을 이끈 핵심적 기술 혁신이 고도의 기초 과학 지식을 요구하기보다는 기존에 알려진 과학적 원리를 응용하여 경제성이 높은 기계를 제작하고 운영하는 능력을 필요로 하였기 때문이었다. 달리 말해, 영국은 기초 과학의 수준에서는 일류가 아니었지만 높은 숙련도를 지니고 실용적인 기계를 만들고 개량하고자 하는 의욕이 충만한 인력을 어느 나라보다 풍부하게 보유하고 있었다. 이런 면에서 개발과 상용화의 비교 우위가 영국의 기술적 우위를 가져온 핵심 요인으로 볼 수 있다는 것이다. 계몽주의자들, 그리고 이들을 이어받은 산업 계몽주의자들은 새로 축적한 과학과 지식을 인류의 후생 증대를 위해 누구나 사용하도록 개방된 일종의 공공재라고 여기는 경향이 강했다. 실제로 영국의 과학자와 발명가들은 외국에서 이룬 과학 기술의 성과를 획득하는 데 큰 어려움이 없었던 것으로 보인다. 특히 특허 제도가 완비되지 않았던 산업 혁명 초기에는 이런 개방성이 더욱 뚜렷하였다.[10] 유럽의 개별 국가에서 이룩된 혁신은 해당 국가만의 성과가 아니라 범유럽적인 계몽주의적 집단 지성의 성과라고 보는 게 타당할 것이다.

산업 계몽주의적 관점에 따르면 순수 과학이 응용 과정을 거쳐 기술로 만들어지게 된다는 통상의 관념도 비판의 대상이 된다. 예를 들어, 제임스 와트의 증기 기관이 순수 기초 과학의 성과에 의존한 바는 제한적이었고, 오히려 증기 기관의 개발과 확산을 통한 활용 사례가 축적됨으로써 열역학이라는 기초 과학의 발전으로 이어졌다는 것이다. 따라서 기술자, 특히 실제 생산 과정

---

9 Evans and Withey(2012), 542쪽.

10 Mokyr(2009b), 6장; Bottomley(2014).

에서 작업을 하는 숙련공의 기여를 과학자의 기여에 비해 상대적으로 낮게 평가하던 학계의 관행을 되돌아보아야 한다는 주장이 나온다. 그리고 기술자와 숙련공이 어떤 채널을 통해 새로운 기술에 대한 정보를 습득하고 상호 교류를 했는가에 주목해야 한다고 강조된다. 이렇듯 산업 계몽주의적 접근은 유럽 전체의 공업화를 설명하는 데 장점이 있을 뿐만 아니라, 그중에서 영국이 가장 일찍 산업 혁명 과정을 경험한 이유에 대해서도 유용한 설명력을 지닌다.

8.2. 지식 기반 사회와 시사점

산업 혁명과 지식 기반 사회

이상에서 우리는 산업 혁명 시기 영국의 선도적 경제 발전을 둘러싼 논의들을 검토하였다. 우선 영국 예외주의에 기초하는 전통적 해석은 더 이상 받아들여지기 어렵다. 특정한 사회적 혹은 제도적 요인이 경제적 성취의 결정적 요인이었다고 설득력 있게 주장하기 어렵다. 현재 가장 널리 통용되는 학설은 생산 요소의 상대 가격이 영국 기술 진보의 근본적 추동력이며 영국이 세계 최초의 산업 혁명을 이루게 된 핵심 요인이라는 견해이다. 영국은 고임금 경제 구조를 보유했기 때문에 노동 절약형 기술 진보의 유인이 강했다는 주장이다. 상대 가격 설명은 구체적인 시대적 상황과 다소 불일치하는 등 부분적인 약점을 갖지만 넓게 보면 전면적으로 반박될 만큼 부실하지는 않다. 오히려 사회와 문화적 특질에 관한 주관적 판단을 배제하고 국제적 비교를 가능하게 하는 장점이 있다. 그렇지만 상대 가격 설명은 유럽 전체의 공업화를 설명하는 데에는 한계를 지닌다. 영국이 고임금 경제 구조여서 일찍 산업 혁명에 들어선 것은 설득력이 있지만, 유럽의 후발 공업국들이 모두 단기간 내에 고임금 경제 구조를 갖게 되었다고 보기는 어렵기 때문이다.

이런 문제 의식에서 출발하여 논의의 초점을 공업화에 앞선 유럽과 공업화가 지체된 아시아의 비교에 맞춘다면, 모키어가 강조하는 산업 계몽주의적 해석에 주목하게 된다. 유럽은 계몽주의적 사고와 연구에 공통적인 영향을 받았고, 산업 혁명 시기까지도 합리적 탐구와 발명을 통해 인류의 복리를 향상시킨다는 산업 계몽주의 사조가 널리 작용하였다. 영국에서 이루어진 혁신 가운데에도 이런 집단 지성의 도움을 받은 바가 적지 않다는 점은 새로 강조될 필요가 있다.

영국이 누린 기술상의 우위는 어디에서 연원하였는가? 전통적인 장인적 요소, 즉 과학적 탐구와는 별 관계가 없이 긴 기간에 걸쳐 습득되고 훈련된 숙련된 손기술이 영국에 유리하게 작용한 것은 분명하다. 그러나 산업 혁명 시기의 기술 진보를 단순히 빼어난 손재주의 덕이라고 평가할 수는 없다. 크고 작은 수많은 혁신은 분명 손재주를 넘어선 차원에서 발생했으며, 이런 혁신이 끊임없이 이어지기 위해서는 '유용한 지식'에 대한 접근 비용이 낮게 유지되어야만 하였다. 영국은 교육과 훈련, 사회적 보상, 출판과 협회 활동 등을 통해 이 접근 비용을 낮추는 데 성공한 결과로 혁신 활동을 자극하여 기술 선진국이 될 수 있었다고 해석할 수 있다. 산업 혁명 당시의 경제는 단순히 생산 요소의 양적 증가가 아니라 기술 혁신이 중요했던 사회, 즉 '지식 기반 사회'의 초기적 모습을 이미 보여 주었던 것이다.

이런 의미에서 산업 혁명은 단순한 생산 요소의 공급 증가나 근면혁명과 같은 수요 증가가 원인이 되어 발생한 현상으로 볼 수 없다. 산업 혁명은 본질적으로 당시 가용한 지식을 가장 잘 사용할 수 있는 기반을 영국이 보유하고 있었기 때문에 영국에서 발생할 수 있었던 지식 혁명이었던 것이다. 4차 산업 혁명에 대한 논의가 한창 뜨거운 오늘날 근대 경제사를 지식 혁명의 진화사라는 입장에서 논의하는 것은 우리에게 많은 시사점을 던져 줄 것이다.

참고 문헌

1. 의회 자료

House of Commons(1826), *Returns of the Expenses Incurred in Taking Out a Patent*(P.P. 1829, XXI(216)).

______(1829), *Report from the Select Committee on State of Law and Practice Relative to Patents for Inventions*(P.P., III(415)).

______(1837-8), *Fees Payable on Taking Out a Patent of Invention in The United Kingdom*(P.P., XX(278)).

______(1838), *Return of the Total Amount of Fees and Other Expenses Payable on Taking Out a Patent of Invention*(P.P., XXXVI(729)).

______(1839), *Fees and Other Expenses Payable on Taking Out a Patent of Invention in The United Kingdom*(P.P., XXX(172)).

______(1848), *Abstract Return of the Number of Letters Patent for Inventions Granted in 1845, 1846 and 1847*(P.P., XXXIX(457)).

______(1849a), *Report of the Committee on the Signet and Privy Seal Offices*(P.P., XXII(1099)).

______(1849b), *Number of Letters Patent for Inventions*(P.P., XLV(23)).

______(1864), *Report of the Commissioners Appointed to Inquire Into the Working of the Law Relating to Letters Patent for Invention*(P.P., XXIX(321)).

2. 1900년 이전 자료

Billing, S. and A. Prince(1845), *The Law and Practice of Patents and Registration of Designs*, London: Benning & Co.

Browne, T.(1849), *A Treatise on the Laws and Practice Relating to Patents of Invention and the Registration of Designs*, Manchester.

Desaguliers, J.(1744), *A Course of Experimental Philosophy*, London.

Farey, J. A.(1827), *A Treatise on the Steam Engine, Historical and Descriptive*, London: Longman.

Hands, W.(1808), *The Law and Practice of Patents for Inventions*, London: W. Clarke.

Hindmarch, W.(1846), *The Law and Practice of Letters Patent for Invention*, London: Stevens.

Horne, H.(1774), *Essays concerning Iron and Steel*, London: T. Cadell.

Lund, H. A.(1851), *A Treatise on the Substantive Law Relating to Letters Patent for Inventions*, London: S. Sweet.

Mill, J. S.(1861), *Considerations on Representative Government*, London.

Phillips, W.(1837), *Inventor's Guide for Securing Patent Rights*, Boston: S. Colman.

Smiles, S.(1874), *Lives of the Engineers: The Steam Engine*, London: John Murray.

______(1884), *Men of Invention and Industry*, London: John Murray.

______[1889](1901), *Industrial Biography: Iron-workers and Tool Makers*, London: John Murray.

Spence, W.(1851), *Patentable Invention and Scientific Evidence*, London: Stevens and Norton.

Turner, T.(1850), *Counsel to Inventors of Improvements in the Useful Arts*, London: F. Elsworth.

Webster, T.(1841), *The Law and Practice of Letters Patent for Inventions*, London: Crofts and Belkarn.

Woodcroft, B.(1854), *Chronological Index of Patents, 1617-1852*, London: Eyre & Spottiswoods.

______(1855), *Patents for Invention: Reference Index, 1617-853*, London: Eyre & Spottiswoods.

3. 1900년 이후 자료: 국문

강진아(2011), 「중국의 부상과 세계사의 재조명」, 『역사와 경계』 80: 145-186.

골드스톤, 잭 지음, 조지형 · 김서형 옮김(2011), 『왜 유럽인가?: 세계의 중심이 된 근대 유럽 1500-1850』, 파주: 서해문집(원저: J. Goldstone(2009), *Why Europe?: The Rise of the West in World Economy, 1500-1850*, New York: McGraw-Hill Humanities).

김종현(1992), 『공업화와 기업가 활동』, 서울: 비봉출판사.

______(2006), 『영국 산업혁명의 재조명』, 서울: 서울대학교출판부.

______(2015), 『경영사: 근대 기업발전의 국제 비교』, 서울: 서울대학교출판문화원.

데 소토, 엘난도 지음, 윤영호 옮김(2003), 『자본의 미스테리』, 서울: 세종서적(원저: Ernando de Soto(2000), *The Mystery of Capital*, New York: Harper Collins).

드러커, 피터 지음, 이재규 옮김(2002), 『자본주의 이후의 사회』, 서울: 한국경제신문사(원저: P. F. Drucker(1993), *Post-Capitalist Society*, New York: HarperCollins).

매클렐란 3세, 제임스 E.와 해럴드 도른 지음, 전대호 옮김(1999), 『과학과 기술로 본 세계사 강의』, 서울: 모티브북(원저: James E. McClellan III and Harold Dorn(2006), *Science and Technology in World History: An Introduction*, Baltimore: Johns Hopkins University Press).

모리스, 이안 지음, 최파일 옮김(2013), 『왜 서양이 지배하는가』, 글항아리(원저: Ian Morris (2010), *Why the West Rules-For Now: The Patterns of History*, Farrar, Straus and Giroux).

모키르, 조엘 지음, 김민주 · 이엽 옮김(2018), 『성장의 문화: 현대 경제의 지적 기원』, 에코리브르(원저: Joel Mokyr(2016), *A Culture of Growth: The Origins of the Modern Economy*, Princeton: Princeton University Press).

미사, 토머스 J. 지음, 소하영 옮김(2015), 『다빈치에서 인터넷까지』, 서울: 글램북스(원저: Thomas J. Misa(2011), *Technology and Culture from the Renaissance to the Present*, 2nd edn., Baltimore: Johns Hopkins University Press).

송병건(2004), 「직종분화의 역사와 산업혁명의 재해석」, 『영국연구』 12: 273-285.

______(2008a), 『영국 근대화의 재구성: 산업혁명, 사회변동과 직업분화의 경제사, 1700-1900』, 서울: 해남.

______(2008b), 「영국의 인구통제체제와 산업혁명」, 『영국연구』 18: 157-190.

______(2014), 『경제사: 세계화와 세계 경제의 역사』, 서울: 해남.

______(2015), 『산업재해의 탄생: 직업병과 사고에 대한 산업사회 영국의 대응, 1750-

1900』, 서울: 해남.

______(2016), 「산업혁명 시기 영국 기술선도의 요인」, 『경제사학』 62: 487-520.

애쓰모글루, 대런 · 제임스 A. 로빈슨 지음, 최완규 옮김(2012), 『국가는 왜 실패하는가?』(원저: D. Acemoglu and J. Robinson(2012), *Why Nations Fail?: The Origins of Power, Prosperity, and Poverty*, New York: Random House).

양동휴(2014), 『유럽의 발흥: 비교경제사 연구』, 서울: 서울대학교출판문화원.

엘빈, 마크 지음, 정철웅 옮김(2011), 『코끼리의 후퇴: 3000년에 걸친 장대한 중국환경사』, 서울: 사계절(원저: Mark Elvin(2004), *The Retreat of the Elephants: An Environmental History of China*, New Haven CT: Yale University Press).

이영림 · 주경철 · 최갑수(2011), 『근대 유럽의 형성 16-18세기』, 까치글방.

이영석(2016), 『영국사 깊이 읽기』, 푸른역사.

클라크, 그레고리 지음, 이은주 옮김(2009), 『맬서스, 산업혁명, 그리고 이해할 수 없는 세계』, 서울: 한스미디어(원저: G. Clark(2009), *A Farewell to Alms*, Princeton: Princeton University Press).

포메란츠, 케네스 지음, 김규태 · 이남희 · 심은경 옮김(2016), 『대분기: 중국과 유럽, 그리고 근대세계 경제의 형성』, 서울: 에코리브르(원저: K. Pomeranz(2001), *The Great Divergence: China, Europe and the Making of the Modern World Economy*, Princeton: Princeton University Press).

헌트, E. K. 지음, 김성구 · 김양화 옮김(1982), 『경제사상사 I』, 서울: 풀빛(원저: D. Ricardo(1817), *On the Principles of Political Economy and Taxation*, London).

헤드릭, 대니얼 R. 지음, 서순승 옮김(2011), 『정보화 혁명의 세계사 1700-1850』, 서울: 너머북스(원저: D. R. Headrick(2000), *When Information Came of Age: Technologies in the Age of Reason and Revolution, 1700-1850*, Oxford: Oxford University Press).

4. 1900년 이후 자료: 국외

Acemoglu, D., S. Johnson, and J. Robinson(2002), "Reversal of fortune: geography and institutions," *Quarterly Journal of Economics* 107(4): 1231-1294.

______(2005a), "The rise of Europe: Atlantic trade, institutional change, and economic growth," *American Economic Review* 95(2): 546-579.

______(2005b), "Institutions as a fundamental cause of economic growth," P. Aghion and S. Durlauf, eds., *Handbook of Economic Growth*, Amsterdam: Elsevier, 385-465.

Aghion, P. and P. Howitt(1992), "A model of growth through creative destruction," *Econometrica* 60(2): 323-351.

A'Hearn, B.(2014), "The British industrial revolution in a European mirror," R. Floud, J. Humphries, and P. Johnson, eds., *The Cambridge Economic History of Modern Britain,* Vol. 1: *1700-1870*, Cambridge: Cambridge University Press, 1-52.

Allen, R. C.(2009a), *The British Industrial Revolution in Global Perspective*, Cambridge: Cambridge University Press.

______(2009b), "The Industrial Revolution in miniature: the spinning jenny in Britain, France, and India," *Journal of Economic History* 69(4): 901-927.

______(2009c), "Engel's pause: technical change, capital accumulation, and inequality in the British industrial revolution," *Explorations in Economic History* 46: 418-435.

______(2011a), "The spinning jenny: a fresh look," *Journal of Economic History* 72(2): 461-464.

______(2011b), "Why the industrial revolution was British: commerce, induced invention, and the scientific revolution," *Economic History Review* 64(2): 357-384.

______(2011c), "Technology and the great divergence: global economic development since 1820," *Explorations in Economic History* 49(1): 1-16.

______(2015), "The high wage economy and the industrial revolution: a restatement," *Economic History Review* 68(1): 1-22.

______et al.(2011), "Wages, prices, and living standards in China, 1738–1925: in comparison with Europe, Japan, and India," *Economic History Review* 64(1): 8-38.

Anderson, B.(2004), "If 'intellectual property rights' is the answer, what is the question? Revisiting the patent controversies," *Economics of Innovation and New Technology* 13(5): 417-442.

Antras, P. and H.-J. Voth(2003), "Factor prices and productivity growth during the British industrial revolution," *Explorations in Economic History* 38(1): 52-77.

Arrow, K.(1962), "Economic welfare and the allocation of resources for invention," in NBER, *The Rate and Direction of Inventive Activity: Economic and Social Factors*, Princeton NJ: Princeton University Press.

Aylmer, G.(1980), "From office–holding to civil service: the genesis of modern bureaucracy," *Transactions of the Royal Historical Society* 30: 91-108.

Barnett, V.(1998), *Kondratiev and the Dynamics of Economic Development*, London: Macmillan.

Becker, G.(1993)[1964], *Human Capital: A Theoretical and Empirical Analysis, with Special Reference to Education*, 3rd edn., Chicago: University of Chicago Press.

Berg, M.(2005), *Luxury and Pleasure in Eighteenth-Century Britain*, Oxford: Oxford University Press.

______(2007), "The genesis of useful knowledge," *History of Science* 45, Pt 2(148): 123-134.

Berman, M.(1972), "The early years of the Royal Institution 1799-1810: a re-evaluation," *Science Studies* 2: 205–240.

Besley, T. and T. Persson(2009), "The origin of state capacity: property rights, taxation, and politics," *American Economic Review* 99(4): 1218–1244.

Bessen, J.(2005), "The patents and the diffusion of technical information," *Economics Letters* 86(1): 121-128.

Blaug, M.(1990), *On the Historiography of Economics*, Cambridge: Cambridge University Press.

Boberg–Fazlic, N., P. Sharp, and J. Weisdorf(2012), "Survival of the richest?: social status, fertility and social mobility in England 1541-1824," *European Review of Economic History* 15: 365-392.

Bottomley, S.(2014a), *The British Patent System during the Industrial Revolution 1700-1852: From Privilege to Property*, Cambridge: Cambridge University Press.

______(2014b), "Patenting in Scotland and Ireland during the industrial revolution, 1750-1852," *Explorations and Economic History* 54(1): 48-63.

Boulding, K. E.(1966), "The economics of knowledge and the knowledge of economics," *American Economic Review* 56(1): 1-13.

Broadberry, S. and B. Gupta(2009), "Lancashire, India, and shifting comparative advantage in cotton textiles, 1700-1850: the neglected role of factor prices," *Economic History Review* 62(2): 279-305.

Brown, L.(1958), *The Board of Trade and the Free-Trade Movement 1830-42*, Oxford: Clarendon Press.

Bunch. B. H. and A. Hellemans(2004), *The History of Science and Technology: A Browser's Guide to the Great Discoveries, Inventions, and the People Who Made Them, from the Dawn of Time to Today*, Boston: Houghton Mufflin Company.

Brundage, A.(1978), *The Making of the New Poor Law 1832-39*, New Brunswick NJ: Rutgers University Press.

Buringh, E. and J. L. van Zanden(2009), "Charting the 'rise of the west': manuscripts and printed books in Europe, a long-term perspective from the sixth through eighteenth centuries," *Journal of Economic History* 69: 409-445.

Butterfield, H.(1957), *The Origins of Modern Science 1300-1800*, New York: The Free Press.

Cantoni, D.(2015), "The economic effects of the Protestant Reformation: testing the Weber hypothesis in the German land," *Journal of the Eurpean Economic Association* 13(4): 561-598.

Cardwell, D. S. L.(1972), *Turning Points in Western Technology*, New York: Neale Watson, Science History Publications.

______(1994), *The Fontana History of Technology*, London: Fontana Press.

Chang, C. and Y. Wang(1996), "Human capital investment under asymmetric information: the Pigovian conjecture revisited," *Journal of Labor Economics* 14.

Clark, G.(2005), "The condition of the working-class in England, 1209-2004,"

Journal of Political economy 113(6): 1307-1340.

______and D. Jacks(2007), "Coal and the Industrial Revolution," *European Review of Economic History* 11(1): 39-72.

Cohen, H. F.(2004), "Inside Newcomen's fire engine, or the scientific revolution and the rise of the modern world," *History of Technology* 25: 111-132.

Cowan, B.(2005), *Social Life of Coffee: The Emergence of the British Coffeehouse*, New Haven: Yale University Press.

Cowherd, R. G.(1977), *Political Economists and the English Poor Laws*, Athens, Ohio: Ohio University Press.

Cox, G. W.(2011), "Was the Glorious Revolution a constitutional watershed?" *Journal of Economic History* 71(1): 567-600.

Crafts, N. F. R.(1985), *British Economic Growth During the Industrial Revolution*, Oxford: Oxford University Press.

______and K. Harley(1992), "Output growth and the British industrial revolution: a restatement on the Crafts-Harley view," *Economic History Review* 45: 703-730.

Crouzet, F.(1985), *The First Industrialists: The Problems of Origins*, Cambridge: Cambridge University Press.

Cullen, M. J.(1975), *Statistical Movement in Early Victorian Britain: The Foundations of Empirical Social Research*, Hassocks: Harvester Press.

Davies, M. G.(1956), *The Enforcement of English Apprenticeship: a Study in Applied Mercantilism, 1563-1642*, Cambridge MA: Harvard University Press.

Day, L. and I. McNeil(1996), *Biographical Dictionary of the History of Technology*, London: Routledge.

De Vries, J.(2008), *The Industrious Revolution: Consumer Behavior and the Household Economy, 1650 to the Present*, New York: Cambridge University Press.

Diamond, J.(1999), *Guns, Germs and Steel: The Fates of Human Societies*, New York: Norton.

Dicken, P.(2007), *Global Shift: Mapping the Changing Contours of the World*

Economy, 5th edn., London: SAGE.

Dittmar, J. E.(2011), "Information technology and economic change: the impact of the printing press," *Quarterly Journal of Economics* 126(3): 1133-1172.

Dowey, J.(2017), "Mind over matters: access to knowledge and the British Industrial Revolution"(unpublished Ph.D thesis, LSE).

Dunlop, O. J.(1912), *English Apprenticeship and Child Labour: a History*, London: T. Fisher Unwin.

Dutton, H. I.(1984), *The Patent System and Inventive Activity during the Industrial Revolution*, Oxford: Oxford University Press.

Eastwood, D.(1989), "'Amplifying the province of the legislature': the flow of information and the English state in the early nineteenth century," *Historical Journal* 62(149): 279-294.

______(1994), "Men, morals and the machinery of social legislation," *Parliamentary History* 13(2): 190-205.

Elbaum, B.(1989), "Why apprenticeship persisted in Britain but not in the United States," *Journal of Economic History* 49(2): 337-349.

Epstein, S. R.(1998), "Crafts guilds, apprenticeship, and technological chage in preindustrial Europe," *Journal of Economic History* 53(4): 684-713.

______(2004), "Property rights to technical knowledge in premodern Europe, 1300-1800," *American Economic Review* 94(2): 382-387.

______and M. Prak, eds.(2004), Guilds, *Technology and Economy in Europe 1400-1800*, London: Routledge.

Escosura, L. P. de la ed.(2004), *Exceptionalism and Industrialisation: Britain and Its European Rivals, 1688-1815*, Cambridge: Cambridge University Press.

Evans, C. and A. Withey(2012), "An enlightenment in steel?: innovation in the steel trades of eighteenth-century Britain," *Technology and Culture* 53(3): 533-560.

Feinstein, C.(1981), "Capital accumulation and the industrial revolution," in R. Floud and D. McCloskey, eds., *The Economic History of Britain since 1700*, Vol. 1: *1700-1860*, Cambridge: Cambridge University Press, 128-142.

Feldman, N. E. and K. van der Beek(2016), "Skill choice and skill complementarity in eighteenth century England," *Explorations in Economic History* 59(1): 94-113.

Finlay, R.(1981), *Population and Metropolis: the Demography of London*, Cambridge: Cambridge University Press.

Findlay, R. and K. H. O'Rourke(2007), *Power and Plenty: Trade, War and the World Economy in the Second Millennium*, Princeton: Princeton University Press.

Floud, R. and P. Johnson, eds.(2004), *The Cambridge Economic History of Modern Britain, I: Industrialisation, 1700-1860*, Cambridge: Cambridge University Press.

Fox, C.(2009), *The Arts of Industry in the Age of Enlightenment*, New Haven CT: Yale University Press.

Freeman, C. and C. Perez(1988), "Structural crises of adjustment, business cycle and investment behaviour," in G. Dosi et al., eds., *Technical Change and Economic Theory*, London: Pinter.

Frumkin, M.(1947-49), "Early history of patents for invention," *Transactions of the Newcomen Society* 26: 48-56.

Gragnolati, U. M., D. Moschella, and E. Puglise(2014), "The spinning jenny and the guillotine: technology diffusion at the time of revolutions," *Cliometrica* 8: 5-26.

Greenwald, B.(1996), "Adverse selection in the labour market," *Review of Economic Studies* 53(3): 325-347.

Goldin, C. and L. Katz(1998), "The origins of technology-skill complementarity," *Quarterly Journal of Economics* 113(3): 693-732.

Goldman, L.(1983), "The origins of British 'social science': political economy, natural science and statistics, 1830-5," *Historical Journal* 26: 587-616.

Goldstone, J. A.(2002), "Efflorescences and economic growth in world history: rethinking the 'rise of the West' and the Industrial Revolution," *Journal of World History* 13: 323-389.

______(2004), *The Happy Chance: The Rise of the West in Global Context, 1500-1800*, Cambridge MA, Harvard University Press.

Golinski, J.(1992), *Science as Public Culture: Chemistry and Enlightenment in Britain, 1760-1820*, Cambridge: Cambridge University Press.

Gordon, R. B.(1988), "Who turned the mechanical idea into mechanical reality?" *Technology and Culture* 29(4): 744-778.

Graham, M.(1987), *Oxford City Apprentices 1697-1800*, Oxford: Clarendon.

Greasley, D. and L. Oxley(1997), "Causality and the first industrial revolution," *Industrial and Corporate Change* 7(1): 33-47.

______(1998), "Vector autoregression, cointegration and causality: testing for causes of the British industrial revolution," *Applied Economics* 30(10): 1387-1397.

______(2000), "British industrialization 1816-1860: a disaggreagte time series perspective," *Explorations in Economic History* 37(1): 98-119.

Grief, A.(2005), *Institutions: Theory and History*, Cambridge: Cambridge University Press.

Griffiths, T., P. A. Hunt, and P. O'Brien(1992), "Inventive activity in the British textile industry, 1700–1800," *Journal of Economic History* 52(4): 881-906.

Harley, C. K.(1993), "Reassessing the industrial revolution: a macro view," J. Mokyr, ed., *The British Industrial Revolution: An Economic Perspective*, Oxford: Westview.

Harris, J. R.(1998), *Industrial Espionage and Technology Transfer: Britain and France in the Eighteenth Century*, Aldershot: Ashgate.

Harris, R.(2004), "Government and the Industrial Revolution: a macro view," R. Floud and P. Johnson, eds., *The Cambridge Economic History of Modern Britain*, Vol. 1: *Industrialization, 1700-1860*, Cambridge: Cambridge University Press.

Harrison, J.(2006), *Encouraging Innovation in the Eighteenth and Nineteenth Centuries*. Gunnislake, Cornwall: High View.

Headrick, D. R.(2000), *When Information Came of Age: Technologies of Knowledge in the Age of Reason and Revolution, 1700-1850*, Oxford: Oxford University Press.

Helpman, E.(2004), *The Mystery of Economic Growth*, Cambridge, MA: Harvard

University Press.

Herman, A.(2001), *How the Scots Invented the Modern World: The True Story of How Western Europe's Poorest Nation Created Our World & Everything in It*, Crown Publishing Group.

Hilaire-Pérez, L.(1991), "Invention and the state in 18th century France," *Technology and Culture* 32(4): 911-931.

Hills, R. L.(1989), *Power from Steam: A History of the Stationary Steam Engine*, Cambridge: Cambridge University Press.

Hinde, A.(2003), *England's Population*, Oxford: Oxford University Press.

Holman, J. R.(1975), "Orphans in pre-industrial towns: case of Bristol in the late seventeenth century," *Local Population Studies* 15: 40-44.

Hoppit, J.(2014), "Political power and British economic life, 1650-1870," R. Floud, J. Humphries, and P. Johnson, eds., *The Cambridge Economic History of Modern Britain*, Vol. 1: *1700-1870*, Cambridge: Cambridge University Press, 344-367.

Humphries, J.(2003), "English apprenticeships: a neglected factor in the first Industrial Revolution," P. A. David and M. Thomas, eds., *The Economic Future in Historical Perspective*, Oxford: Oxford University Press, 73-102.

______(2013), "The lure of aggregates and the pitfalls of the patriarchal perspective: a critique of the high wage economy interpretation of the British industrial revolution," *Economic History Review* 66(3): 693-714.

Jacob, M. C.(1997), *Scientific Culture and the Making of the Industrial West*, 2nd edn., Oxford: Oxford University Press.

______(2007), "Mechanical science of the factory floor," *History of Science* 45(2)(148): 197-221.

______and M. Kadane(2003), "Missing now found in the eighteenth century: Weber's protestant capitalist," *American Historical Review* 108(1): 20-49.

______and L. Stewart(2005), *Practical Matter: Newton's Science in the Service of Industry and Empire, 1687-1851*, Cambridge, MA: Harvard University Press.

Jaffe, A. B. and J. Lerner(2004), *Innovation and Its Discontents: How Our Broken Patent System is Endangering Innovation and Progress, and What to Do*

About It, Princeton NJ: Princeton University Press.

Jones, E. L.(2003), *The European Miracle: Environments, Economies and Geopolitics in the History of Europe and Asia, 3rd edn.*, Cambridge: Cambridge University Press.

Jones, P. M.(2008), *Industrial Enlightenment: Science, Technology, and Culture in Birmingham and the West Midlands, 1760-1820*, Manchester: Manchester University Press.

Justman, M. and K. van der Beek(2014), "Market forces shaping human capital in eighteenth century London," *Economic History Review* 68(4): 1177-1202.

Khan, B. Z.(2010), "Premium inventions: patents and prizes as incentive mechanisms in Britain and the United States, 1750–1930," N. Lamoreaux, ed., *Understanding the Sources of Long Run Economic Growth*, Chicago IL: University of Chicago.

______(2011), "Premium inventions: patents and prizes as incentive mechanisms in Britain and the United States, 1750-1930," D. L. Costa and N. R. Lamoreaux, eds., *Understanding Long-Run Economic Growth: Geography, Institutions, and the Knowledge Economy*, Chicago: University of Chicago Press.

Kitch, E.(1977), "The nature of resources for invention," *Journal of Law and Economics* 20(2): 265-290.

Komlos, J.(2000), "Industrial revolution as the escape from the Malthusian trap," *Journal of European Economic History* 29(2): 307-331.

Kronick, D. A.(1991), *Scientific and Technical Periodicals of the Seventeenth and Eighteenth Centuries: A Guide*, Metuchen, NJ: Scarecrow Press.

Landau, N.(1991), "The eighteenth-century context of the laws of settlement," *Continuity and Change* 6(3): 417-439.

Lane, J.(1996), *Apprenticeship in England*, 1600-1914, London: UCL Press.

Laslett, P.(1974), "Parental deprivation in the past: a note on the history of orphans in England," *Local Population Studies* 13: 11-18.

Lenman, B. P.(2009), *Enlightenment and Change: Scotland 1746-1832*, 2nd edn., Einburgh: Edinburgh University Press.

Lerner, J.(2002), "150 years of patent protection," NBER Working Paper 8977.

______(2009), "The empirical impact of intellectual property rights on innovation: puzzles and clues," *American Economic Review* 99(2): 343-348.

Ma, D.(2004), "Growth, institutions and knowledge: a review and reflection on the historiography of 18th-20th century China," *Australian Economic History Review* 44(3): 259-277.

______(2012), "Political institutions and long run economic trajectory: some lessons from two millennia of Chinese civilization," M. Aoki, T. Kuran, and G. Roland, eds., *Institutions and Comparative Economic Development*, London: Palgrave Macmillan.

Machulup, F. and E. Penrose(1950), "The patent controversy in the nineteenth cnetury," *Journal of Economic History* 10(1): 1-29.

MacLeod, C.(1988), *Inventing the Industrial Revolution*, Cambridge: Cambridge University Press.

______(1999), "Negotiating the rewards of invention: the shop-floor inventor in Victorian Britain," *Business History* 41(1): 17-36.

______(2004), "The European origins of British technological predominance," in L. Prados de la Escousura, ed., *Exceptionalism and Industrialisation: Britain and its European Rivals, 1688-1815*, Cambridge: Cambridge University Press, 111-126.

______(2007), *Heroes of Invention: Technology, Liberalism and British identity, 1750-1914*, Cambridge: Cambridge University Press.

______, J. Tann, J. Andrew, and J. Stein(2003), "Evaluating inventive activity: the cost of nineteenth-century UK patents and the fallability of renewal data," *Economic History Review* 56(3): 537-562.

Maddison, A.(2001), *The World Economy: A Millennium Perspective*, Paris: OECD.

______(2003), *The World Economy: Historical Statistics*, Paris: OECD.

Madsen, J. B., J. B. Ang, and R. Banerjee(2010), "Four centuries of British economic growth: the role of technology and population," *Journal of Economic Growth* 15(4): 263-290.

Malcomson, J. M., J. W. Maw, and B. McCormick(2003), "General training by firms, apprentice contracts, and public policy," *European Economic Review* 47(2): 197-227.

Mansfield, E., M. Schwartz, and S. Wagner(1981), "Imitation costs and patents: an empirical study," *Economic Journal* 91(364): 907-918.

McClellan, J. E. III(1981), "The Academie Royale des Sciences, 1699-1793: a statistical portrait," *Isis* 72(4): 547.

______(1985), *Science Reorganized: Scientific Societies in the Eighteenth Century*, New York: Columbia University Press.

______(2003), "Learned societies," A. C. Kors, ed., *Encyclopedia of the Enlightenment 3*, Oxford: Oxford University Press, 371-377.

______and H. Dorn(2006), *Science and Technology in World History: An Introduction*, Baltimore: Johns Hopkins University Press.

Meisenzahl, R. and J. Mokyr(2011), "The rate and direction of invention in the British Industrial Revolution: incentives and institutions," NBER Working Paper 16993: 1-50.

Minns, C. and P. Wallis(2013), "The price of human capital in a pre-industrial economy: premiums and apprenticeship contracts in 18th century England," *Explorations in Economic History* 50(3): 335-350.

Mitch, D.(1998), "The role of education and skill in the British Industrial Revolution," J. Mokyr, ed., *The British Industrial Revolution: An Economic Perspective*, 2nd edn., Boulder CO: Westview Press, 241-279.

Mokyr, J.(1990), *The Lever of Riches: Technological Creativity and Economic Progress*, Oxford: Oxford University Press.

______(2001), "The Industrial Revolution and the economic history of technology: lessons from the British experience, 1760–1850," *Quarterly Review of Economics and Finance* 41: 295-311.

______(2002), *The Gifts of Athena: Historical Origins of the Knowledge Economy*, Princeton: Princeton University Press.

______(2005), "The intellectual origin of modern economic growth," *Journal of Economic History* 65(2): 285-351.

______(2006), "The great synergy: the European enlightenment as a factor in modern economic growth," W. Dolfsma and L. Soete, eds., *Understanding the Dynamics of a Knowledge Economy*, Cheltenham: Edgar Elgar.

______(2008), "The institutional origins of the Industrial Revolution," E. Helpman, ed., *Institutions and Economic Performance*, Cambridge, MA: Harvard University Press, 64-119.

______(2009a), "Intellectual property rights, the Industrial Revolution, and the beginning of modern economic growth," *American Economic Review* 99(2): 349-355.

______(2009b), *The Enlightened Economy*, New Haven: Yale University Press.

______and H.-J. Voth(2010), "Understanding growth in Europe, 1700-1870: theory and evidence," S. Broadberry and K. O'Rourke, eds., *The Cambridge Economic History of Modern Europe*, Vol. 1: *1700-1870*, Cambridge: Cambridge University Press, 7-42.

Moser, P.(2005), "How do patent laws influence innovation?," *American Economic Review*, 94(4): 1214–1236.

______(2013), "Patents and innovation: evidence from economic history," *Journal of Economic Perspectives* 27(1): 23-44.

Muldrew, C.(2012), "'Th'ancient distaff' and 'whirling spindle': measuring the contribution of spinning to household earnings and the national economy in England, 1550-1770," *Economic History Review*, 65(2): 498-526.

Musson, A. E. and E. Robinson(1969), *Science and Technology in the Industrial Revolution*, Manchester: Manchester University Press.

North, D. C.(1981), *Structure and Change in Economic History*, New York: Norton.

______and R. Thomas(1973), *The Rise of the Western World: A New Economic History*, Cambridge: Cambridge University Press.

______and B. R. Weingast(1989), "Constitutions and commitment: the evolution of institutions governing public choice in seventeenth-century England," *Journal of Economic History* 49(4): 803-832.

Nuvolari, A. and V. Tartari(2011), "Bennet Woodcroft and the value of English patents, 1617-1841," *Explorations in Economic History* 48(1): 97-115.

O'Brien, P. K., T. Griffiths, and P. Hunt(1995), "There is nothing outside the text, and there is no safety in numbers: a reply to Sullivan," *Journal of Economic History* 55(03): 671-672.

Outram, D.(1995), *The Enlightenment*, Cambridge: Cambridge University Press.

Oxford Dictionary of National Biography (2004).

Pamuk, S. and J.-L. van Zanden(2011), "Standard of living," S. Broadberry and K. H. O' Rourke, eds., *The Cambridge Economic History of Modern Europe*, Vol. 1: *1700-1870*, Cambridge: Cambridge University Press, 217-234.

Parthasarathi, P.(2010), *Why Europe Grew Rich and Asia Did Not: Global Economic Divergence, 1600–1850*, Cambridge: Cambridge University Press.

Perkin, H.(2002), *The Origins of Modern English Society 1780-1880*, 2nd edn., London: Routledge.

Phillips, J.(1982), "The English patent as a reward for invention: the importation of an idea," *Journal of Legal History* 3(1): 71-79.

Plumb, J. J.(1972), "Reason and unreason in the eighteenth century," *In the Light of History* 3-24, New York: Delta Books.

Porter, R.(2000), *Enlightenment: Britain and the Creation of the Modern World*, London: Penguin.

______, ed.(2003), *The Cambridge History of Science*, Vol. 4: Cambridge: Cambridge University Press.

Pretel, D. and P. Saiz(2012), "Patent agents in the European periphery: Spain 1826-1902," *History of Technology* 31: 98-114.

Reid, D.(2006), "A science for polite society: British dissent and the teaching of natural philosophy in the eighteenth century," *History of Universities* 21(2): 117-158.

Renneboogm L. and C. Spaenjers(2012), "Religion, economic attitude, and household finance," *Oxford Economic Paper* 64(1): 103-127.

Rider, R. E.(1990), "Measure of ideas, rule of language: mathematics and language in the 18th Century," T. Frangsmyr, J. L. Heilbron, and R. E. Rider, eds., *The Quantifying Spirit in the 18th Century*, Berkeley: University of California Press, 113-140.

Rolt, L. T. C.(1965), *A Short History of Machine Tools*, Cambridge MA: MIT Press.

Rooney, D., G. Hearn, and A. Ninan(2005), *Handbook on the Knowledge Economy*. Cheltenham, UK: Edward Elgar.

Rosenthal, J.-L. and R. B. Wong(2011), *Before and Beyond Divergence: The Politics of Economic Change in China and Europe*, Cambridge MA: Harvard University Press.

Schultz, T. W.(1993), "The economic importance of human capital in modernization," *Education Economics* 1(1): 13-19.

Schwab, K.(2016), *The Fourth Industrial Revolution*, Geneva: World Economic Forum.

Schofield, R. E.(1957), "The industrial orientation of science in the Lunar Society of Birmingham," *Isis* 48(4): 408-415.

______(1963), *The Lunar Society of Birmingham: A Social History of Provincial Science and Industry in Eighteenth-Century England*, Oxford: Clarendon Press.

Schumpeter, J. A.(1947), "The creative response in economic history," *Journal of Economic History* 7(2): 149-159.

______(1949), "Economic theory and entrepreneurial history," R. R. Wohl, ed., *Change and the Entrepreneur: Postulates and the Patterns for Entrepreneurial History*, Cambridge MA: Harvard University Press.

______(1954), *History of Economic Analysis*, London: Allen & Unwin.

Shapin, S.(1996), *The Scientific Revolution*, Chicago: University of Chicago Press.

Shaw-Taylor, L. and E. A. Wrigley(2014), "Occupational structure and population change," R. Floud, J. Humphries, and P. Johnson, eds., *The Cambridge Economic History of Modern Britain*, Vol. 1: *1700-1870*, Cambridge: Cambridge University Press, 53-88.

Skempton, A. W. et al., eds.(2002), *A Biographic Dictionary of Civil Engineers in Great Britain and Ireland*, I: *1500-1830*, London: Thomas Telford for the Institution of Civil Engineers.

Smith, S. R.(1973), "The London apprentices as seventeenth-century adolescents," *Past and Present* 61: 149-161.

Smits, W. and T. Stromback(2001), *The Economics of the Apprenticeship System*, Cheltenham: Edward Elgar.

Snell, K. D. M.(1985), *Annals of the Labouring Poor: Social Change in Agrarian England, 1600-1800*, Cambridge: Cambridge University Press.

Sokoloff, K.(1988), "Inventive activity in early industrial America: evidence from patent records, 1790-1846," *Journal of Economic History* 48(4): 813-850.

Solar P. M.(1995), "Poor relief and English economic development before the industrial revolution," *Economic History Review* 48(1): 1-22.

Song, B. K.(1998), "Landed interest, local government, and the labour market in England, 1750-1850," *Economic History Review* 51(3): 465-488.

Soskice, D.(1994), "Reconciling markets and institutions: the German apprenticeship system," L. M. Lynch, ed., *Training and the Private Sector: International Comparisons*, Chicago: University of Chicago Press.

Spolaore, E. and R. Wacziarg(2012), "How deep are the roots of economic development?" NBER Working Paper 18130.

Stehr, N.(2012), *Knowledge Societies*, Oxford: Wiley-Blackwell.

Stevenson, T. H. C.(1920), "The fertility of various social classes in England and Wales from the middle of the nineteenth century to 1911," *Journal of the Royal Statistical Society* 83: 401-432.

Stewart, L.(1986), "The selling of Newton: science and technology in early eighteenth-century England," *Journal of British Studies* 25(2): 178-192.

______(1992), *The Rise of Public Science*, Cambridge: Cambridge University Press.

______(1998), "A meaning for machines: modernity, utility, and the eighteenth-century British public," *Journal of Modern History* 70(2): 259-294.

Stromback, T.(2001), *The Economics of Apprenticeship System*, Cheltenham: Edward Elgar.

Sullivan, R. J.(1989), "England's 'Age of Invention': the acceleration of patents and patentable invention during the industrial revolution," *Explorations in Economic History* 26(4): 424-452.

______(1990), "The revolution of ideas: widespread patenting and invention during the English industrial revolution," *Journal of Economic History* 50(2): 349-362.

______(1994), "Estimates of the value of patent rights in Great Britain and Ireland, 1852-1876," *Economica* 61(241): 37-58.

______(1995), "Patent counts and textile invention: a comment of Griffiths, Hunt, and O'Brien," *Journal of Economic History* 55(3): 666-670.

Sutton, G.(1995), *Science for a Polite Society: Gender, Culture, and the Demonstration of Enlightenment*, Colorado: Westview Press.

Temin, P.(1997), "Two views of the British Industrial Revolution," *Journal of Economic History* 57(1): 63-82.

Tylecote, A.(1991), *The Long Wave in the World Economy: The Current Crisis in Historical Perspective*, London: Routledge.

Uglow, J.(2002), *The Lunar Men: Five Friends Whose Curiosity Changed the World*, London: Faber & Faber.

Van der Beek, K.(2014), "England's eighteenth-century demand for high-quality workmanship: evidence from apprenticeship, 1710-1770," A. G. John Nye and L. Kiesling, eds., *Institutions, Invention, and Industrialization: Essays in Economic History and Development*, Princeton: Princeton University Press, 268-274.

Voigtlander, N. and H.-J. Voth(2006), "Why England? demographic factors, structural change and physical capital accumulation during the Industrial Revolution," *Journal of Economic Growth* 11(4): 319-361.

Von Tunzelman, N.(2003), "Historical coevolution of governance and technology in the industrial revolution," *Structural Change and Economic Dynamics* 14: 365-384.

Wallis, P.(2008), "Apprenticeship and training in premodern England," *Journal of Economic History* 68(3): 832-861.

Weller, T.(2007), "Information history: its importance, relevance and future," *Aslib Proceedings* 59(4/5): 437-447.

Winch, D.(1993), "The science of the legislator: the Enlightenment heritage," M. J. Lacey and M. Furner, eds., *The State and Social Investigation in Britain and the United States*, Cambridge: Cambridge University Press.

Woodcroft, B.(1854), *Alphabetical Index of Patentees of Invention, 1617-1852*, London: Evelyn, Adams & McKay.

Wrigley, E. A.(1988), *Continuity, Chance and Change: The Character of the Industrial Revolution in England*, Cambridge: Cambridge University Press.

______(2010), *Energy and the English Industrial Revolution*, Cambridge: Cambridge University Press.

______and K. L. Sokoloff(1998), "Patent institutions, industrial organization and early technological change: Britain and the United States, 1790-1850," M. Berg and K. Bruland, eds., *Technological Revolutions in Europe: Historical Perspectives*, Cheltenham: Elgar, 292-313.

Yun-Casalilla, B. and P. O'Brien, eds.(2012), *The Rise of Fiscal States: A Global History, 1500-1914*, Cambridge: Cambridge University Press.

찾아보기

[ㅂ]

[ㅅ]

[ㅇ]

[ㅈ]

[ㅊ]

[ㅋ]

[ㅌ]

[ㅍ]

[ㅎ]